WISSENSCHAFTLICHE BEITRÄGE
AUS DEM TECTUM VERLAG

Reihe Rechtswissenschaften

Wissenschaftliche Beiträge aus dem Tectum Verlag

Reihe Rechtswissenschaften

Band 39

Daniel Rainer Kronseder

Die Strafbarkeit von Mitarbeitern des Jugendamtes bei häuslicher Kindeswohlbeeinträchtigung

Tectum Verlag

Daniel Rainer Kronseder

Die Strafbarkeit von Mitarbeitern des Jugendamtes bei häuslicher Kindeswohlbeeinträchtigung
Wissenschaftliche Beiträge aus dem Tectum Verlag:
Reihe: Rechtswissenschaften; Bd. 39

Zugl.: Diss. Univ. Regensburg, 2009

ISBN: 978-3-8288-2198-9

ISSN: 1861-7875

Umschlagabbildung:- browndogstudios : www.istock.com

Besuchen Sie uns im Internet
www.tectum-verlag.de

Bibliografische Informationen der Deutschen Bibliothek
Die Deutsche Bibliothek verzeichnet diese Publikation in der Deutschen Nationalbibliografie; detaillierte bibliografische Angaben sind im Internet über http://dnb.ddb.de abrufbar.

Vorwort

Die vorliegende Arbeit wurde im Wintersemester 2009/2010 von der Juristischen Fakultät der Universität Regensburg als Dissertation angenommen. Für die umfassende Betreuung, die fruchtbaren Gespräche und die rasche Begutachtung möchte ich meinem Doktorvater, Herrn Professor Dr. Henning Ernst Müller, ganz herzlich danken. Stets hatte er ein offenes Ohr für meine Anliegen und Fragen. Die Zeit als wissenschaftlicher Mitarbeiter an seinem Lehrstuhl für Strafrecht und Kriminologie war für mich äußerst lehr- und abwechslungsreich; auch dafür danke ich ihm. Mein Dank gilt ebenfalls Herrn Professor Dr. Bernd von Heintschel-Heinegg für die schnelle Erstellung des Zweitgutachtens.

Ferner danke ich meinen Kolleginnen am Lehrstuhl, insbesondere Frau Annemarie Schmoll, für ihren fachlichen und freundschaftlichen Beistand. Gewidmet ist die Arbeit meinen Eltern, denen ich für ihr Vertrauen und ihre Unterstützung dankbar bin. Meiner Freundin Monika schulde ich für ihre Geduld, ihren fachlichen Rat und ihren Zuspruch ganz besonderen Dank.

Regensburg, im Dezember 2009 Daniel Rainer Kronseder

Inhaltsverzeichnis

Abkürzungsverzeichnis

a. F.	alte Fassung
AG	Amtsgericht
ASD	Allgemeiner Sozialer Dienst
AT	Allgemeiner Teil
B/W/M	Baumann/Weber/Mitsch
BAT	Bundesangestelltentarifvertrag
BayBG	Bayerisches Beamtengesetz
BayUnterbrG	Bayerisches Unterbringungsgesetz
BBG	Bundesbeamtengesetz
BbgPsychKG	Gesetz des Landes Brandenburg über Hilfen und Schutzmaßnahmen sowie über den Vollzug gerichtlich angeordneter Unterbringung für psychisch Kranke
BayObLG	Bayerisches Oberstes Landesgericht
BGB	Bürgerliches Gesetzbuch
BGBl	Bundesgesetzblatt
BGH	Bundesgerichtshof
BGHSt	Entscheidungen des Bundesgerichtshofs in Strafsachen
BK	Bonner Kommentar zum Grundgesetz
BOK	Beck'scher Online Kommentar
BRRG	Beamtenrechtsrahmengesetz
BT-Drucksache	Bundestagsdrucksache
BtMG	Betäubungsmittelgesetz
BVerfG	Bundesverfassungsgericht
BVerfGE	Entscheidung des Bundesverfassungsgerichts
BVerwG	Bundesverwaltungsgericht
BVerwGE	Entscheidung des Bundesverwaltungsgerichts
DAVorm	Der Amtsvormund
DÖV	Die öffentliche Verwaltung
DVBl	Deutsches Verwaltungsblatt
EJ	Evangelische Jugendhilfe
FamFG	Gesetz über das Verfahren in Familiensachen und in den Angelegenheiten der freiwilligen Gerichtsbarkeit

FamRZ	Zeitschrift für das gesamte Familienrecht
FGG	Freiwillige Gerichtsbarkeit Gesetz
FK	Frankfurter Kommentar
FPR	Familie Partnerschaft und Recht
FS	Festschrift
GA	Goltdammers Archiv für Strafrecht
GenStA	Generalstaatsanwaltschaft
GerS	Der Gerichtssaal
GG	Grundgesetz
GK	Grundkurs
GrS	Großer Senat
JA	Juristische Arbeitsblätter
JuS	Juristische Schulung
JR	Juristische Rundschau
JW	Juristische Wochenschrift
JWG	Jugendwohlfahrtsgesetz
JZ	JuristenZeitung
KG	Kammergericht
KICK	Kinder- und Jugendhilfeweiterentwicklungsgesetz
KJHG	Kinder- und Jugendhilfegesetz
KSD	Kommunaler Sozialer Dienst
LG	Landgericht
LK	Leipziger Kommentar zum Strafgesetzbuch
LPK	Lehr- und Praxiskommentar
MDR	Monatsschrift für Deutsches Recht
MK	Münchener Kommentar
n. F.	neue Fassung
NJW	Neue Juristische Wochenschrift
NK	Nomos Kommentar
Nr.	Nummer
NStE	Neue Entscheidungssammlung für Strafrecht
NStZ	Neue Zeitschrift für Strafrecht
NStZ-RR	Neue Zeitschrift für Strafrecht – Rechtsprechungsreport
NVwZ	Neue Zeitschrift für Verwaltungsrecht

OLG	Oberlandesgericht
RdjB	Recht der Jugend und des Bildungswesens
RG	Reichsgericht
RGSt	Entscheidungen des Reichsgerichts in Strafsachen
Rn.	Randnummer
RJWG	Reichsgesetz für Jugendwohlfahrt
S/S	Schönke/Schröder, Strafgesetzbuch
SeemannsG	Seemannsgesetz
SGB	Sozialgesetzbuch
SK	Systematischer Kommentar zum Strafgesetzbuch
SoldatenG	Soldatengesetz
StA	Staatsanwaltschaft
StGB	Strafgesetzbuch
StPO	Strafprozessordnung
StrRG	Gesetz zur Reform des Strafrechts
StV	Strafverteidiger
StVO	Straßenverkehrsordnung
UJ	Unsere Jugend
VRS	Verkehrsrechtssammlung
VwVfG	Verwaltungsverfahrensgesetz
VwGO	Verwaltungsgerichtsordnung
WStG	Wehrstrafgesetz
ZfJ	Zentralblatt für Jugendrecht
ZFSH/SGB	Zeitschrift für Sozialhilfe und Sozialgesetzbuch
ZfW	Zeitschrift für Wasserrecht
ZKJ	Zeitschrift für Kindschaftsrecht und Jugendhilfe
ZPO	Zivilprozessordnung
ZStW	Zeitschrift für die gesamte Strafrechtswissenschaft
ZVW	Zeitschrift für Vormundschaftswesen

Einleitung

A. Historische Entwicklung des Kinder- und Jugendschutzes

„Der Mensch schuldet dem Kind das Beste, was er zu geben hat."[1] Das beinhaltet nach allgemeinem Verständnis auch ein Aufwachsen ohne physische und psychische Gewalt sowie ohne sexuellen Missbrauch, Ausbeutung und Vernachlässigung. Die Misshandlung von Kindern und Jugendlichen stellt derzeit ein in den Medien stark behandeltes Thema dar. Dabei handelt es sich jedoch nicht um eine spezifische Erscheinung unserer Zeit. Vielmehr ist davon auszugehen, dass etwa das Verletzen oder gar Töten von Kindern ein Phänomen ist, das so alt ist wie die Menschheit selbst. Als gesellschaftliches „Problem" wurde ein derartiges Vorgehen dabei nicht immer empfunden. In der Antike war bis zum 4. Jahrhundert nach Christus die Kindstötung kein strafbares Verhalten. Hierin spiegelte sich gleichzeitig auch die öffentliche Meinung wider, die ein solches Vorgehen nicht als verwerflich wertete.[2] Zahlen aus dem Mittelalter belegen die fortgeführte Tötung von Kindern, obwohl ein solches Verhalten zwischenzeitlich unter Strafe gestellt wurde: So beträgt das natürliche Geburtenverhältnis von Jungen zu Mädchen ungefähr 1 zu 1.[3] Das Bevölkerungsverteilungsverhältnis im Jahr 801 nach Christus lag hingegen bei 1,56 zu 1, im Jahr 1392 nach Christus gar bei 1,72 zu 1. Diese Zahlen deuten auf eine massive Tötung weiblicher Kinder hin.[4] Zu Beginn des 18. Jahrhunderts gehörte in der „Malmèneschen Kinder-Beschäftigungsanstalt" in Berlin das 14-tägige Einsperren von Kindern in einem Kellerraum bei mangelnder Ernährung, festgebunden mit einer eisernen Kette, geschlagen mit einer Rute zu den gewöhnlichen Züchtigungsmethoden.[5] Das Schlagen von Schülern gehörte noch bis weit in das 20. Jahrhundert hinein zum normalen Schulalltag.[6] Das Züchtigungsrecht der Lehrer entfiel bundesweit gar erst 1973.[7] Die Tötung von neugeborenen

---

1 Aus der UNO-Deklaration zum Schutz des Kindes.

2 *De Mause*, Hört ihr die Kinder weinen, S. 47.

3 Vergleiche jedoch neuere wissenschaftliche Erkenntnisse, etwa *Donner*, Das Mysterium der Geschlechterwahl.

4 *De Mause*, Hört ihr die Kinder weinen, S. 51.

5 *Johansen*, Betrogene Kinder, S. 88.

6 *Bange*, Gewalt gegen Kinder, S. 14, mit weiteren Nachweisen.

7 Anders in den USA, hier wurden im Schuljahr 2006/2007 an staatlichen Schulen 200.000 Schüler von Lehrern geschlagen: Der Spiegel Online, 200.000 Schüler werden geschlagen.

Mädchen ist in großen Teilen der Welt auch heute noch stark verbreitet. Gerade in Schwellenländern wie Indien oder China benötigen viele Eltern zum Überleben im Alter einen Sohn, der traditionsgemäß anders als Töchter im Elternhaus bleibt und eine Grundversorgung sicherstellt. Dabei ermöglicht der technische Fortschritt es den Eltern in diesen Ländern, die Tötung trotz staatlicher Verbote zunehmend nun schon pränatal mittels Abtreibung vornehmen zu lassen.[8]

Diese kurze Darstellung zeigt sehr deutlich, dass es der Mensch über Jahrtausende nicht geschafft hat, der Gewalt gegen Kinder zu entsagen. Aus diesem Grund haben sich - nunmehr mit Blick auf Deutschland - Einrichtungen entwickelt und wurden Normen erlassen, die auf den Schutz der Kinder vor Erwachsenen gerichtet sind. Jener Gedanke des Kinderschutzes konnte sich jedoch erst entwickeln, nachdem die Kindheit als Lebensphase im 18. Jahrhundert langsam erkannt wurde. Ausschlaggebend waren christliche und vor allem humanistische Haltungen sowie wirtschaftliche und militärische Interessen. Die beiden zuletzt genannten Faktoren spielten deshalb eine Rolle, weil im Kindesalter ausgebeutete und geschundene Erwachsene später schlecht ausgebildete Arbeiter sowie gesundheitlich angeschlagene Soldaten abgaben.[9] Nicht zuletzt deshalb verbot König Friedrich Wilhelm III. von Preußen mit dem preußischen Regulativ von 1839 Fabrikarbeit für Kinder unter zehn Jahren. Zusätzlich zum Kinderarbeitsschutz entstanden zu Beginn des 20. Jahrhunderts in mehreren deutschen Großstädten Vorläufer von Jugendämtern durch die Trennung der Kinder- und Waisenpflege von der Armenpflege. Ihr Anliegen war die Jugendfürsorge. Im Jahr 1924[10] wurde mit § 8 des Reichsgesetzes für Jugendwohlfahrt (RJWG) die Errichtung von Jugendämtern für das gesamte deutsche Reich gesetzlich verbindlich.[11] Nach der Machtergreifung der Nationalsozialsozialisten unter Adolf Hitler am 30. Januar 1933 nahm die gerade im Entstehen begriffene moderne Jugendwohlfahrtspolitik ein jähes Ende. Die „Erziehung der Jugend" rückte ins Zentrum der nationalsozialistischen Jugendhilfe. Dabei war nicht länger das „Recht eines deutschen Kindes auf Erzie-

---

8 Allein in Indien beispielsweise geht man von 7.000 Abtreibungen weiblicher Föten pro Tag aus, so *Gupta*, Massenabtreibungen weiblicher Föten.

9 *Bange*, Gewalt gegen Kinder, S. 14 ff., mit weiteren Nachweisen.

10 Verabschiedung des Gesetzes durch den Deutschen Reichstag im Jahr 1922, in Kraft getreten am 01.04.1924.

11 *Müller C. W.*, Jugendamt, S. 19.

hung zur leiblichen, seelischen und gesellschaftlichen Tüchtigkeit"[12] maßgeblich, sondern der „Nutzen der Volksgemeinschaft an der Erhaltung und Förderung eines gesunden Nachwuchses"[13] stand im Vordergrund. Der Staat übernahm mit Organisationen wie der Hitlerjugend (HJ) und dem Bund deutscher Mädel (BDM) mehr und mehr die Kontrolle über die Jugend.[14] Die den Jugendämtern verbliebenen Tätigkeitsfelder (z.B. Amtsvormundschaft, Pflegekinderschutz) wurden gleichzeitig zunehmend der NS-Volkswohlfahrt übertragen.[15] Nach der Gründung der Bundesrepublik Deutschland gab es zunächst keine eigenständige Jugendpolitik, sie wurde vielmehr dem Innenministerium angegliedert. Im Jahr 1953 trat das entnazifizierte RJWG als Jugendwohlfahrtsgesetz (JWG) im Urzustand von 1922 wieder in Kraft.[16] Die 1961 verabschiedeten Änderungen des JWG konnten jedoch nicht darüber hinweg täuschen, dass es auf vielen Gebieten nicht mehr zeitgemäß war.[17] Änderungsbestrebungen seit den 70er Jahren mündeten schließlich in das Kinder- und Jugendhilfegesetz (KJHG, zugleich Sozialgesetzbuch VIII), welches 1990 (neue Bundesländer)[18] beziehungsweise 1991 (alte Bundesländer) in Kraft trat. Der Wandel des Jugendamtes von der ehemaligen Eingriffs- zur modernen Dienstleitungsbehörde war damit vollzogen, denn bis zu diesem Zeitpunkt stand das eingriffs- und ordnungspolitische Instrumentarium des nicht mehr zeitgemäßen Rechts der „Jugendwohlfahrt" im Vordergrund. Das neue SGB VIII hingegen setzt bei den präventiven Aufgaben der Kinder- und Jugendhilfe an, um Eltern in der Ausübung ihrer Erziehungsverantwortung zu unterstützen.[19] Mit dem Kinder- und Jugendhilfeweiterentwicklungsgesetz (kurz KICK)[20] im Jahr 2005 erfuhr das SGB VIII seine letzte bedeutsame Umgestaltung. Insgesamt fünf Änderungen sollten dabei den Schutz für Kinder vor Gefahren für ihr Wohl verbessern: Die

---

12 § 1 RJWG in der demokratischen Fassung von 1922.

13 Vergleiche beispielsweise die Neuformulierung von § 1 RJWG in seiner nationalsozialistischen Fassung (Verwaltungsverordnung von 1938), abgedruckt bei *Müller C. W.*, Jugendamt, S. 51.

14 *Hering/Münchmeier*, Geschichte der Sozialen Arbeit, S. 186 ff.

15 *Müller C. W.*, Jugendamt, S. 54.

16 *Müller C. W.*, Jugendamt, S. 58 ff.

17 *Hering/Münchmeier*, Geschichte der Sozialen Arbeit, S. 220.

18 In der Deutschen Demokratischen Republik galt das Jugendgesetz von 1974 bis zu seiner Aufhebung durch den Einigungsvertrag 1990.

19 *Badura* in Maunz/Dürig, Art. 6 Rn. 138.

20 In Kraft getreten am 01.10.2005.

Konkretisierung des Schutzauftrages des Jugendamtes (§ 8a SGB VIII), die Neuordnung der vorläufigen Schutzmaßnahmen (§ 42 SGB VIII), die verbesserte Kontrolle von Einrichtungen fundamentalistischer Träger (§ 45 SGB VIII), die stärkere Berücksichtigung des Kindeswohls beim Sozialdatenschutz (§ 65 SGB VIII) und eine verschärfte Prüfung von Personen mit bestimmten Vorstrafen (§ 72a SGB VIII).[21]

B. Jugendamt und Allgemeiner Sozialer Dienst heute

Als Kinder- und Jugendhilfe bezeichnet man in der Bundesrepublik Deutschland alle Leistungen und Aufgaben von öffentlichen und freien Trägern, die im SGB VIII angelegt sind. Adressaten sind gemäß § 2 Abs. 1 SGB VIII junge Menschen und Familien. Die Errichtung und Organisation von Jugendämtern und Landesjugendämtern ist in den §§ 69 ff. SGB VIII gesetzlich vorgeschrieben und geregelt. Danach ist jeder Landkreis und jede kreisfreie Stadt dazu verpflichtet, ein Jugendamt zu errichten, § 69 Abs. 1 und Abs. 3 SGB VIII. Die Jugendämter und Landesjugendämter sind gemäß § 69 Abs. 3 SGB VIII für die Wahrnehmung der Aufgaben der Kinder- und Jugendhilfe nach dem SGB VIII zuständig. An Aufgaben der öffentlichen Kinder- und Jugendhilfe durch das Jugendamt unterscheidet man den Schutzauftrag (§ 1 Abs. 3 Nr. 3 SGB VIII), Leistungen (Zweites Kapitel SGB VIII) und Andere Aufgaben (Drittes Kapitel SGB VIII). Freie Träger unterstützen die Jugendämter gemäß § 3 Abs. 2 und Abs. 3 SGB VIII vornehmlich bei der Erbringung von Leistungen.

Als Allgemeinen Sozialen Dienst - ASD (auch: Kommunaler Sozialer Dienst - KSD) - bezeichnet man einen sozialen Dienst auf kommunaler Ebene, der maßgeblich zur sozialen Versorgung in Gemeinden beiträgt. Der ASD wird auf Grundlage der Sozialgesetze tätig und kann dabei ganz unterschiedliche Aufgaben übernehmen, die sich nicht (wie jedoch häufig) auf das SGB VIII beschränken müssen. Der ASD kann als Teil des Jugendamtes aktiv sein. Unterschiede in der rechtlichen Beurteilung von Mitarbeitern des Jugendamtes und des ASD ergeben sich für das Thema dieser Arbeit nicht. Im Folgenden wird daher zumeist von „Mitarbeitern des Jugendamtes" oder auch nur von der „Kinder- und Jugendhilfe" gesprochen, wobei bei letzterem Begriff die freien Träger bis auf Weiteres ausdrücklich nicht erfasst sind. „Sozialarbeiter" bezeichnet ebenfalls die für die Betreuung einzelner Fälle zuständigen Mitarbeiter

---

[21] *Wiesner*, Die Verbesserung des Schutzes von Kindern und Jugendlichen, S. 15.

von Jugendamt und ASD, die im Normfall ein Studium der Sozialpädagogik oder der Sozialen Arbeit absolviert haben.

C. Problemerläuterung

„Schuldigensuche in Chaosbehörde“[22], „Die tödliche Ignoranz im Fall Kevin“[23], „Tragisches Versagen der Jugendämter“[24]. Diese Auswahl an Schlagzeilen zeigt deutlich, welchen Weg die öffentliche Debatte zum Kinderschutz in Deutschland seit einigen Jahren eingeschlagen hat. Fast immer gehen aufsehenerregende Vernachlässigungs- und Misshandlungsfälle[25] in den Medien einher mit Vorwürfen gegen das Jugendamt oder den Allgemeinen Sozialen Dienst.

In der Praxis ist die Gefahr einer Verurteilung für Sozialarbeiter derweil sehr gering. Es kam und es kommt kaum zu Anklagen seitens der Staatsanwaltschaften.[26] Der mittlerweile hohe Grad der Sensibilisierung der Öffentlichkeit für Themen des Kinderschutzes zusammen mit dem durch die Medien geschaffenen Druck erzeugt bei den betroffenen Jugendamtsmitarbeitern jedoch eine enorme Unsicherheit. Veröffentlichungen „beider Seiten“ - eine gewisse Lagerbildung in Vertreter für und gegen die Pönalisierung von Sozialarbeitern ist nicht von der Hand zu weisen[27] - vergrößern die Zweifel meist nur und tragen zu einer Polarisierung bei.[28]

Was bleibt ist die Furcht der Sozialarbeiter, strafrechtlich belangt zu werden. Das Schreckgespenst, das durch Mitarbeiterkreise in der Kinder- und Jugendhilfe geistert, trägt meist den Namen „Garantenstellung“ und eröffnet juristisch den Problemkreis der fahrlässigen unechten Unterlassungsdelikte, mit denen sich diese Arbeit auseinandersetzt.[29] Die Furcht wird womöglich auch genährt

---

22 Der Stern Online, Schuldigensuche in Chaosbehörde, 2006.

23 *Lehn*, Die tödliche Ignoranz im Fall Kevin, 2008.

24 *Neuerer*, Tragisches Versagen der Jugendämter, 2007.

25 Siehe nachfolgend die Fälle 1 bis 5, die jeweils für große mediale Resonanz sorgten.

26 Ein aktuelles Beispiel stellt der Fall „Lea-Sophie“ (siehe unten) dar; Ermittlungen gegen Mitarbeiter des Jugendamtes wurden eingestellt: Welt Online, Ermittlungen gegen Jugendamt eingestellt.

27 Vergleiche *Wiesner*, ZfJ 2004, 167, Fn. 24.

28 Etwa der Titel „... mit einem Bein im Gefängnis?“ des Aufsatzes von *Schrapper*, Sozialmagazin 7/8 1996, 19.

29 Man beachte die Titel von Aufsätzen zu diesem Thema in einschlägigen sozialwissenschaftlichen Fachzeitschriften, zum Beispiel: *Binschus*, Jugendhilfe 2000, 235.; *Busch*, UJ

von einem nicht selbst verschuldeten schlechten Gewissen der Sozialarbeiter gegenüber den von ihnen betreuten Familien. So führten die Sparmaßnahmen der öffentlichen Haushalte dazu, dass immer mehr Fälle auf einen Sozialarbeiter übertragen wurden, wodurch pro Fall weniger Zeit aufgewandt werden kann. Dabei ist teilweise von einer Arbeitsbelastung zwischen 150 und 200 Fälle auszugehen, die ein Jugendamtsmitarbeiter gleichzeitig zu betreuen hat.[30] Wie sich eine derartige Überforderung innerhalb des Strafbarkeitsvorwurfs auswirkt, gilt es zu untersuchen.

Der grundsätzliche Konflikt in der Kinder- und Jugendhilfe besteht darin, dass es einerseits den bestmöglichen Schutz für ein unter Umständen gefährdetes Kind zu gewährleisten gilt, andererseits aber auch versucht werden muss Familien zu erhalten.[31] Aufgerüttelt durch die öffentliche Stigmatisierung scheinen die Jugendämter dabei eine Veränderung ihrer Arbeitsweise vorzunehmen. Im Jahr 2007 stieg im Vergleich zum Vorjahr die Zahl der Fälle, in denen ein Gericht den teilweisen oder vollständigen Entzug der elterlichen Sorge gemäß §§ 1666, 1666a BGB angeordnet hat um 12,5 % oder 1.200 Fälle.[32] Ferner wurden im Jahr 2007 28.200 Kinder nach § 42 SGB VIII in Obhut genommen. Das entspricht gegenüber 2006 einer Steigerung von 8,4 %. Außerordentlich stieg die Anzahl der Inobhutnahmen, die gegen den Willen der Erziehungsberechtigten vorgenommen wurden. Waren es 2006 noch 151 dieser Fälle, so stieg 2007 die Zahl auf 435, was beinahe einer Verdreifachung entspricht.[33] Diese Statistiken sollten allerdings vorsichtig bewertet werden. Unter kriminologischen Aspekten betrachtet könnten die erhöhten Zahlen bei den Inobhutnahmen auch auf ein angestiegenes Anzeigeverhalten in der Gesellschaft zurückzuführen sein. Ebenso ist eine Änderung der Wahrnehmung von Straftaten gegen Kinder in der Bevölkerung angesichts der starken medialen Aufbereitung des Themas nicht auszuschließen.[34]

2002, 82 ff.; *Mörsberger*, Landkreisnachrichten Baden Württemberg 2007, 39 ff.; *ders.*, ZVW 2006, 217 ff.

30 Frankfurter Allgemeine Zeitung FAZ.NET, Leiter der „Kinderhilfe Direkt" im Gespräch mit Alfons Kaiser, 2007.

31 Man denke an den vor allem früher weit verbreiteten schlechten Ruf des Jugendamtes als „Kinderklaubehörde".

32 Statistisches Bundesamt Deutschland, Pressemitteilung Nr. 261, 2008.

33 Statistisches Bundesamt Deutschland, Pressemitteilung Nr. 254, 2008.

34 Vergleiche *Eisenberg*, Kriminologie, § 26 Rn. 2 f.

Die im Zusammenhang mit dem Thema dieser Arbeit bedeutsamen Fälle einer Kindeswohlbeeinträchtigung sind meist wie folgt strukturiert: Das Jugendamt beziehungsweise der ASD waren über Missstände in einer Familie informiert worden und haben einen ihrer Mitarbeiter mit der Betreuung - das heißt Einschätzung der Gefährdungssituation und entsprechender Reaktion darauf nach dem SGB VIII - beauftragt.[35] Im Anschluss kam es zu einer vorsätzlichen Schädigung des Kindes durch die Eltern oder deren Umfeld. Für den betreuenden Sozialarbeiter könnte sich daraus eine Strafbarkeit aufgrund fahrlässiger Körperverletzung durch Unterlassen oder wegen fahrlässiger Tötung durch Unterlassen ergeben. Ob und unter welchen Voraussetzungen ein solcher Vorwurf greifen kann, soll im Rahmen dieser Arbeit untersucht werden. Das Augenmerk wird dabei auch auf den Änderungen durch das Kinder- und Jugendhilfeweiterentwicklungsgesetz (KICK) liegen.

D. Überblick

Die Untersuchung beginnt im ersten Kapitel mit der Darstellung von fünf Fällen, in denen Kinder innerhalb der Familie zu Schaden kamen, obwohl das Jugendamt/der ASD bereits informiert oder gar tätig war. Die fünf Beispielsfälle, von denen vier den Tod eines Kindes zur Folge haben, ereigneten sich zwischen 1993 und 2007 in der Bundesrepublik Deutschland. Sie wurden zum einen aufgrund ihrer weitgehenden Bekanntheit durch die Medien, zum anderen wegen ihres großteils unterschiedlichen Verlaufs ausgewählt. Der Detailgrad in der Darstellung der einzelnen Fälle richtet sich nach der Verfügbarkeit von Fallverlaufsdaten. Eine Kürzung wurde bewusst vermieden, um das Gesamtbild, das sich dem zuständigen Sozialarbeiter während der Betreuung bot, nicht verfälscht wiederzugeben. Am Ende erfolgt eine kurze Zusammenfassung der wesentlichen Unterschiede der fünf Fallverläufe.

Im Anschluss an die Vorstellung der Sachverhalte wird die dazu gehörige Rechtsprechung kurz aufgezeigt. Es folgt eine Erläuterung der verfassungsrechtlichen und einfachgesetzlichen Grundlagen der Kinder- und Jugendhilfe.

Das zweite Kapitel befasst sich mit der für diese Arbeit zentralen Frage nach der fahrlässigen Unterlassungsstrafbarkeit von Mitarbeitern des Jugendamtes bei innerfamiliärer Kindeswohlgefährdung. Dabei werden zunächst die reinen

[35] Der Begriff „Betreuung" hat in diesem Zusammenhang keinen Bezug zu den §§ 1896 ff. BGB.

Unterlassungsmerkmale der Strafbarkeitsprüfung behandelt. Von besonderer Bedeutung ist dabei die Garantenstellung der Sozialarbeiter, über die sowohl in der juristischen als auch in der sozialwissenschaftlichen Literatur Streit herrscht.

Im Anschluss erfolgt eine Prüfung der Fahrlässigkeitsmerkmale unter Berücksichtigung der in Kombination mit einem Unterlassungsdelikt auftretenden spezifischen Probleme. Die objektive Sorgfaltspflichtverletzung und ihre Konkretisierung im Hinblick auf Tätigkeiten von Mitarbeitern des Jugendamtes stehen hierbei im Mittelpunkt. Die Prüfung der objektiven Fahrlässigkeitsmerkmale wird durch das Eingehen auf die objektive Vorhersehbarkeit und die objektive Zurechnung des Erfolgseintritts komplettiert.

Im Rahmen der Rechtswidrigkeit erfolgt eine Auseinandersetzung mit möglichen Rechtfertigungsgründen für das Verhalten von Sozialarbeitern. In der Schuld werden schließlich die subjektiven Elemente der Fahrlässigkeit beleuchtet.

Das dritte Kapitel enthält eine Zusammenfassung der gewonnenen Ergebnisse und ihre Anwendung auf den aktuellen Fall „Kevin“, sowie eine Schlussbemerkung.

Erstes Kapitel: Grundlagen

A. Bedeutsame Anschauungsfälle

1. Fall „Laura-Jane“[36] - Osnabrück[37]

Laura-Jane kam am 15.10.1993 in einem Osnabrücker Krankenhaus zur Welt und verstarb am 07.05.1994 an Herz-Kreislaufversagen aufgrund hochgradiger Auszehrung und Austrocknung.

Seit Mai 1993 wurde die Familie, welche bis zur Geburt von Laura-Jane aus der Kindsmutter Frau T. und ihrem ersten Kind Peter (Alter bei Geburt von Laura-Jane in etwa ein Jahr) bestand, von Frau S. betreut. Frau S. war Mitarbeiterin des Allgemeinen Sozialen Dienstes (ASD) der Stadt Osnabrück und hatte die Aufgaben des Jugendamtes wahrzunehmen.

Im Juni 1993 suchte Frau S. die Familie auf, da ihr zugetragen wurde, der Haushalt werde nur mangelhaft geführt und Sohn Peter sei schlecht versorgt. Angebote seitens von Frau S., für Frau T. etwa eine Haushaltshilfe zur Unterstützung zu beantragen, wurden ebenso wie andere Hilfsangebote zurückgewiesen.

Nach der Entbindung am 15.10.1993 teilten Nachbarn mit, sie hätten während des Krankenhausaufenthalts von Frau T. deren unglaublich verschmutzte Wohnung entrümpelt. Bergeweise sei Müll entsorgt worden. Zudem meldete der Kindsvater Herr V., Sohn Peter habe einen wunden Po. Im darauf folgenden Gespräch zwischen Frau S. und Frau T. verwies diese auf Probleme in der Schwangerschaft.

Bei einer Unterredung am 18.11.1993 warfen der Bruder des Kindsvaters sowie dessen Lebensgefährtin der ebenfalls anwesenden Frau T. vor, sie könne ihren Haushalt nicht in Ordnung halten, was an ihrer Faulheit liege. Frau T. verwies

---

[36] In der Dokumentation des Strafverfahrens gegen eine Sozialarbeiterin durch Mörsberger/Restemeier wird das verstorbene Mädchen „Lydia“ genannt. Da der Fall jedoch unter dem Namen „Laura-Jane“ große Bekanntheit erlangt hat und auch die Rechtsprechungsveröffentlichungen ihn verwenden, wird das Kind hier ebenfalls als „Laura-Jane“ bezeichnet.

[37] Die Zusammenfassung orientiert sich am Urteil des AG Osnabrück, abgedruckt und ausführlich dokumentiert bei: Mörsberger/Restemeier, Helfen mit Risiko, S. 54 ff.

hierbei wiederum auf ihre Schwangerschaft und versprach Besserung bezüglich der Haushaltsführung.

Am 01.12.1993 fand ein erneutes Gespräch zwischen Frau S. und Nachbarn von Frau T. - welche selbst nicht zugegen war - statt. Dabei wurde Frau S. von den Zuständen in der Wohnung während der Schwangerschaft erzählt. So wurden Babyflaschen mit Milchresten und Maden unter dem Bett gefunden. Bei der größeren Putzaktion während der Entbindung habe man noch weiteres entdeckt. So befanden sich Essensreste in den Töpfen, das Bettzeug war verschmiert, schmutzige Windeln hätten herumgelegen. Sohn Peters Po war wund, teilweise so stark, dass er geblutet habe. Frau S. wurde vorgeworfen, sie greife nicht durch. In den Jugendamtsakten notierte sie hierzu, fast alle Beteiligten stünden in einem teilweise offenen, teilweise verdeckten Konflikt mit Frau T. Die Ursachen für die Konflikte und die Motivation für das Gespräch seien unterschiedlich. Andere Nachbarn seien bezeichnenderweise gar nicht anwesend gewesen bei dem Gespräch. Die Sorge um die Kinder sei daher vorgeschoben.

Anfang Februar 1994 zog Frau T. in eine Notunterkunft (ein Zimmer, Küche und Bad) um. Frau S. blieb für die Familie zuständig und es gab bis zum 11.03.1994 auch verschiedene Gespräche in der neuen Wohnung der Frau T. oder im Büro von Frau S. Am 11.03.1994 erschien Frau T. während der Sprechzeit im Büro von Frau S. Angesprochen auf die Unordnung in ihrem Haushalt erklärte sie, die zwei Kinder nähmen sie zu sehr in Anspruch; sie fände keine Zeit, den Haushalt entsprechend zu führen. Frau S. schlug ihr daraufhin vor, eine sozialpädagogische Familienhilfe in Anspruch zu nehmen, um die Organisation des Haushalts sowie Versorgung und Erziehung der Kinder zu erlernen.

Zwei Tage später am 13.03.1994 brachte Frau T. die fünf Monate alte Laura-Jane ins Krankenhaus, was sie Frau S. am 14.03.1994 mitteilte. Frau T. erklärte gegenüber Frau S., Laura-Jane habe eine Windeldermatitis, die durch den Gebrauch einer falschen Windel entstanden sei. Sie sei nun bereit, eine sozialpädagogische Familienhilfe in Anspruch zu nehmen.

Von einem anonymen Anrufer beim Jugendamt erfuhr Frau S. Tags darauf am 15.03.1994, dass sich seinen Angaben zufolge Müll in der Wohnung staple und die Kinder stark vernachlässigt seien. Sie, Frau S., wisse um diese Zustände, ändere aber nichts daran.

Am 17.03.1994 telefonierte Frau S. mit dem Laura-Jane behandelnden Arzt Dr. Z. Er berichtete von der Erkrankung des Babys, das von einer großflächigen und mit Pilz befallenen Windeldermatitis betroffen war, welche von den Achseln bis in die Kniekehlen reichte. Er erklärte weiterhin, ein derartiger Zustand entstünde nicht innerhalb eines Tages und habe nichts mit einer falschen Windel zu tun. Vielmehr sei ein solches Ausmaß das Ergebnis schlechter Pflege über Tage. Seiner Ansicht nach sei Frau T. mit der Versorgung und Betreuung der Kinder überfordert. Verschiedene Leute hätten darüber hinaus im Krankenhaus anonym angerufen, um über Frau T. und die Vernachlässigung der Kinder zu berichten.

In einem Gespräch mit der Mutter von Frau T. am 18.03.1994 berichtete diese Frau S. gegenüber, auch sie hätte beim Wickeln von Laura-Jane schon Pusteln im Genitalbereich des Babys festgestellt. Sie führte dies auf die Unsauberkeit ihrer Tochter sowie auf die Tatsache zurück, dass Laura-Jane die Windeln von Peter tragen müsse.

Am gleichen Tag ging Frau S. mit Frau T. in deren Wohnung, nachdem Frau T. sie auf Nachfrage als „ein Schlachtfeld" beschrieben hatte. Auf dem Boden befand sich Hundekot, schmutzige und zerrupfte Windeln lagen herum, Essensreste, Krümel und Abfall waren verstreut, schmutziges Geschirr, zum Teil mit Schimmel, war in der Wohnung verteilt, die Kinderbetten waren nicht bezogen und verschmiert, die Toilette bis zum Rand verstopft. Frau S. brachte die Wohnung zusammen mit Frau T. notdürftig in Ordnung und informierte die Rohrreinigung.

In einem in diesen Tagen erneuten Gespräch zwischen Frau S. und der Mutter von Frau T., schilderte diese ihre Sorge bezüglich der Versorgung ihrer Enkelkinder. So mangele es ihrer Ansicht nach nicht nur an Hygiene, sondern auch an entsprechendem Essen für die Kinder. Man solle ihrer Tochter die Kinder wegnehmen oder zumindest damit drohen. Frau S. versicherte sie werde sich darum kümmern, sie wolle Frau T. aber die Chance geben, sich zu ändern.

Am 23.03.1994 kam es zu einem vereinbarten Gespräch zwischen Frau S., Frau T. und Dr. Z. im Krankenhaus. Erneut berichtete Dr. Z. von dem Ausmaß der Erkrankung des Babys und den Ursachen: Schlechte Pflege über mehrere Tage hinweg. Die Haut sei inzwischen aber gut abgeheilt. Nach einer Pflegeunterweisung durch eine Kinderkrankenschwester bot Dr. Z. Frau T. des Weiteren an, bei Fragen jederzeit vorbeikommen zu können. Außerdem betonte er, dass es sofort im Anschluss an den Krankenhausaufenthalt unbedingt erforderlich sei, Laura-Jane wenigstens zwei Stunden täglich durch eine Fachkraft pflegen zu lassen. Erforderlich sei eine Pflege und Kontrolle bis zum „Hineinschauen in die Windel". Er fragte Frau S.: „Sie kümmern sich doch darum? Sie schauen doch danach?" Dies bejahte die Gefragte. Laura-Jane durfte am selben Tag das Krankenhaus wieder verlassen.

Frau S. machte Frau T. zwei Tage später in einem längeren Gespräch klar, dass der Zustand ihrer Wohnung, sowie die Versorgung der Kinder, die Gesundheit (das Leben) ihrer Kinder erheblich gefährdet hätten und dies kein zweites Mal vorkommen dürfe. Bei der Besprechung der Ziele für den Einsatz der sozialpädagogischen Familienhilfe - Frau T. stellte sich hier die selbstständige Organisation des Haushaltes und der Kinderversorgung vor - fügte Frau T. an, dass sie einen „Tritt in den Hintern" brauche, um ihrer Faulheit entgegenzuwirken. Drei Tage später, am 28.03.1994, teilte Frau T. Frau S. mit, sie hätte nun wieder einen Freund.

In einer am 05.04.1994 erstellten Stellungnahme zum Antrag gemäß § 31 SGB VIII auf eine sozialpädagogische Familienhilfe berichtete Frau S. über die oben genannten katastrophalen Zustände in der Familienwohnung. Zudem kommt sie darin zum Ergebnis, Frau T. benötige Druck von außen, sie wisse nicht wie sie die Hausarbeit zu organisieren habe und ignoriere den Haushalt vollständig, wenn er ihr erst einmal über den Kopf gewachsen ist. Leicht lasse sich Frau T. aus dem Gleichgewicht bringen und gerate schnell in sich äußerst zuspitzende Krisensituationen. Schon geringe Anlässe würden bei ihr in Überforderung, Starrsinn, Handlungsunfähigkeit und Vernachlässigung der Kinder enden. Abhilfe solle hier der Einsatz einer soziapädagogischen Familienhilfe schaffen.

Die seit dem 01.04.1994 beim Sozialdienst Katholischer Frauen (SKF) beschäftigte Frau Hh. sollte diese Familienhilfe leiten. Zuvor hatte sie dort das Anerkennungsjahr absolviert. Am 12.04.1994 fand ein Erstgespräch zwischen Frau T., Frau S., Frau O. vom SKF und Frau Hh. in der Wohnung von Frau T. statt. Frau T. versorgte während des Gesprächs beide Kinder mit Nahrung. Frau Hh. gewann dabei den Eindruck, dass Frau T. in der Lage war, ihren Kindern Zuwendung zukommen zu lassen und auch die Grundversorgung zu gewährleisten. Bei der Besprechung des Einsatzes kam man zu dem Entschluss, wonach Frau T. die Organisation des Haushalts, die Kinderversorgung und eine sinnvolle Lebensplanung vermittelt werden soll. Dass Frau T. vor allem mit der Pflege und der Versorgung der Kinder überfordert sei, brachte Frau S. nicht zur

Sprache. Ebenso wenig, dass Dr. Z. eine zweistündige tägliche Pflege des Babys verlangt hatte. Es wurde vereinbart, Frau Hh. werde die Familie an drei Tagen die Woche besuchen. Frau Hh. war am 19., 21., 22., 26. und 29.04.1994 in der Familie. Anlässlich der ersten Besuche fütterte und wickelte Frau T. die Kinder. Am 29.04.1994 wurde ein Arztbesuch thematisiert, welchen man für den 02.05.1994 vereinbarte. Als Frau Hh. Frau T. hierzu abholen wollte, öffnete sie die Türe nicht. Auch am 03.05.1994 machte sie nicht auf, so dass Frau Hh. sie erst am 05.05.1994 wieder erreichen konnte. Die Küche erschien der sozialpädagogischen Familienhilfe als relativ aufgeräumt, die Kinder sah sie nicht. Zu dem vereinbarten Besuch am 06.05.1994 öffnete Frau T. wieder nicht.

Am 07.05.1994 erschien Frau T. bei der Nachbarin Frau J., welche sie in ihre Wohnung bat um im Schlafzimmer „nachzusehen". Die knapp sieben Monate alte Laura-Jane lag tot in einem der Kinderbetten. Laut Obduktionsbericht starb sie an Herz-Kreislaufversagen bei hochgradiger Auszehrung und Austrocknung auf nicht natürliche Weise. Es fehlte praktisch jegliches Fettgewebe. Weiterhin fanden sich große Spuren von Vernachlässigungen in Form von ausgedehnten flächigen Hautdefekten im Genital- und Beckenbereich sowie in großen Anteilen des Rückens. Der 64 cm lange Säugling wog 3.673 Gramm.

Zum Zeitpunkt des Todes befand sich Frau S. im Urlaub, den sie am 29.04.1994 angetreten hatte. Zuvor hatte sie sich am 22.04.1994 bei Frau Hh. über den Verlauf der Betreuung erkundigt und erfahren, dass die Arbeit gut laufe. Die Wohnung war beim Tod von Laura-Jane völlig verwahrlost. Der Kriminalhauptmeister Herr P. nahm in allen Räumen Schmutzanhaftungen, starken Urin- und Kotgeruch, sowie Speisereste, schmutziges Geschirr und auf dem Boden verteilte Kleidung wahr. Der Wickeltisch und die Kinderbetten waren durch Exkremente extrem verschmutzt.

2. Fall „Jenny" - Lüneburg, Stuttgart[38]

Jenny wurde am 30.09.1993 in Lüneburg geboren. Sie verstarb am 15.03.1996 an einem Hirnödem als Folge von schweren Misshandlungen.

Bei der damals 21jährigen Mutter, Frau R., stellte man bei der Geburt ihrer Tochter Jenny im Krankenhaus fest, dass sie wegen einer an der Grenze zur Debilität anzusiedelnden intellektuellen Minderbegabung mit der Betreuung

---

38 Zugrunde liegen die Sachverhaltsschilderungen des Beschlusses OLG Stuttgart NJW 1998, 3131 ff.

des Kindes überfordert war. Herr B. als zuständiger Sozialarbeiter des Jugendamtes der Stadt Lüneburg wurde entsprechend informiert.

Frau R. wohnte zusammen mit Jenny in einem Schwangerenwohnheim, wo sie auch nach der Geburt bleiben konnte. Auf einer Jugendhilfekonferenz, welcher auch Herr B. beiwohnte, beschloss man, Frau R. eine Kinderpflegerin zur Anleitung und Unterstützung zur Seite zu stellen. Am 24.12.1993 besuchte Frau R. ihre Mutter. An diesem Tag schlug Frau R. den drei Monate alten Säugling mehrfach so heftig mit der Hand ins Gesicht, dass ein zehntägiger stationärer Krankenhausaufenthalt erforderlich wurde.

Eine psychiatrische Untersuchung von Frau R. im Februar 1994 ergab zusätzlich zu ihrer intellektuellen Minderbegabung einen Mangel an Einfühlungsvermögen in die Bedürfnisse des Kindes. Ebenfalls im Februar 1994 wurden bei Jenny mehrfach von Frau R. stammende Bisswunden an Gesäß und Oberschenkel festgestellt, weswegen das Kind vom Jugendamt in der Zeit vom 28.02.1994 bis zum 13.03.1994 in einer Pflegefamilie untergebracht wurde.

Am 13.03.1994 wurden Frau R. und Jenny auf eigenen Wunsch hin in einer vollstationären Gruppe des W-Heims in Stuttgart untergebracht. Die Leiterin des Heims in Lüneburg unterrichtete die Heimleiterin in Stuttgart telefonisch von den Misshandlungen. Ein Aktenvermerk wurde nicht angelegt. Herr B. informierte weder das Jugendamt in Stuttgart, noch einen Mitarbeiter des W-Heims über die bisherigen Misshandlungen Jennys durch ihre Mutter und deren intellektuellen und emotionalen Defizite.

Im W-Heim wurden Frau R. und Jenny zunächst von der Sozialarbeiterin Frau S. betreut. Während dieser Zeit biss Frau R. ihr Kind in die Wange. Ferner ging sie eine Partnerschaft mit Herrn A. ein, bei welchem sie mit Erlaubnis ihrer Betreuerin jedes zweite Wochenende verbringen durfte. Herr A. schlug Jenny einmal so heftig, dass sie ein Brillenhämatom erlitt.

Im März 1995 übernahm der Sozialarbeiter und Psychologe Herr X., angestellt im W-Heim, die Betreuung von Frau R. und Jenny. Er wurde von seiner Vorgängerin Frau S. über den Biss im Sommer 1994 informiert und wusste zudem aus Schriftwechseln mit dem Versorgungsamt von den Misshandlungen Jennys durch ihre Mutter in Lüneburg Bescheid. Frau R. verbrachte mit Erlaubnis des Herrn X. Weihnachten zusammen mit Jenny bei ihrem Partner Herrn A. in dessen Wohnung in Stuttgart. Aus dem Urlaub kehrte sie nicht ins W-Heim zurück, sondern teilte nur mit, dass sie mit dem Kind endgültig ausziehen wolle.

Ende 1995 hatte Frau R. damit begonnen, aufgrund ihrer geistigen Defizite und auch wegen ihres Wunsches, sich ihrem Freund Herrn A. zu widmen, Jenny des Öfteren ihrer Freundin Frau C. und deren Freund Herrn P. zu überlassen. Jenny befand sich von 29.-30.12.1995, von Mitte Januar bis Anfang Februar 1996, an zwei weiteren Tagen im Februar, vom 01.03.-04.03.1996 und ab dem 08.03.1996 bei Frau C. und Herrn P.

Die nunmehr zuständige Sozialarbeiterin Frau G. der Stadt Stuttgart wurde in einem Übergabegespräch am 08.02.1996 von Herrn X. darüber informiert, dass Frau R. ihre Tochter früher schon gebissen habe. Frau R. und Jenny waren bei dem Gespräch anwesend. Herr X. regte dabei an, für Jenny einen Tagheimplatz zu beschaffen; das Einverständnis von Frau R. lag vor. Die Schilderungen von Herrn X. hinsichtlich der Gefahren, denen das Kind im Umfeld von Frau R. ausgesetzt war, erwiesen sich als unvollständig. Dies führte zusammen mit dem nicht zu beanstandenden äußeren Erscheinungsbild von Mutter und Kind dazu, dass die Familie auf Frau G. insgesamt einen unauffälligen Eindruck machte. Sie erkannte daher die Dringlichkeit der Beschaffung eines Tagheimplatzes für Jenny nicht; andernfalls hätte sie einen solchen sofort beschafft.

In der Zeit vom 04.03.1996 bis zum 08.03.1996 warf Frau R. ihre Tochter in vier Fällen immer am Vormittag wuchtig gegen die Zimmerwand, so dass das Kind jeweils minutenlang bewusstlos am Boden liegen blieb. Am 13.03.1996 - Jenny war bei Frau C. und Herrn P. untergebracht - schüttelte Herr P. das Kind drei bis vier Mal so intensiv hin und her, dass infolge der auf das Gehirn wirkenden Beschleunigungskräfte ein Hirnödem entstand, an dessen Folgen Jenny am 15.03.1996 im Krankenhaus in Stuttgart verstarb.

3. Fall „Tanja" - Wuppertal[39]

Frau S. war Vertrauenslehrerin einer Gesamtschule in Wuppertal. In der ersten Juliwoche 1995 offenbarte ihr die 13jährige Schülerin Tanja, sie werde von dem Bekannten ihrer Mutter, Herrn M., fortwährend sexuell missbraucht. Tanja war psychisch in einem schlechten Zustand und hatte bereits mehrere Selbstmordversuche hinter sich. Gleichwohl war sie noch nicht bereit, sich Dritten - insbesondere Polizei und Staatsanwaltschaft - mitzuteilen. Frau S. respektierte dies und besuchte stattdessen mit Tanja das städtische Kinderheim, um dem Mädchen die Möglichkeit aufzuzeigen, dort fortan ohne Misshandlungen leben zu

[39] Sachverhalt bei OLG Düsseldorf NStZ-RR 2001, 199 ff.; ZfJ 2000, 309 ff.

können. Wegen der am 11.07.1995 in Nordrhein-Westfalen beginnenden sechswöchigen Sommerferien setzte sich Frau S. aber zusätzlich mit dem Jugendamt der Stadt Wuppertal in Verbindung. Frau B., Bezirkssozialarbeiterin des Jugendamtes Wuppertal, nahm am 10.07.1995 den Anruf der S. entgegen.

Frau S. schilderte den Sachverhalt in dem Telefonat detailliert. Nach Frau S. Ausführungen bot Frau B. jedoch lediglich das Zuschicken von Informationsmaterial über Gruppen, welche sich um sexuell missbrauchte Kinder kümmern, an. Frau S. war darüber verärgert und versuchte Frau B. klar zu machen, dass sie konkrete Hilfe für Tanja erwarte, kein Informationsmaterial. Dies lehnte Frau B. ab und bot stattdessen an, Frau S. könne mit Tanja bei ihr vorbeikommen. Die Bitte von Frau S., Frau B. möge selbst die Initiative ergreifen, wurde von dieser abgelehnt. Daraufhin beendete Frau S. das Gespräch. Frau B. fertigte über den Inhalt des Telefonsgesprächs eine Aktennotiz an.

Es kam in den Sommerferien 1995 zu keinen weiteren sexuellen Übergriffen auf Tanja. Das Mädchen hielt auch nach den Ferien den Kontakt zu Frau S. aufrecht. Im Oktober unternahm Tanja einen weiteren Selbstmordversuch, indem sie sich die Pulsadern aufschlitzte und Tabletten schluckte. Sie war vorher erneut sexuell missbraucht worden. Nun vertraute sich Tanja jedoch einem Mitschüler an, über dessen Eltern bei der Polizei Strafanzeige wegen sexuellen Missbrauchs erstattet wurde. Tanja bezichtigte Herrn M. sich über einen längeren Zeitraum hinweg vielfach an ihr vergangen zu haben.

4. Fall „Kevin“ - Bremen[40]

Kevin wurde als nicht-eheliches Kind am 23.01.2004 in Bremen geboren. Der Zeitpunkt des Todes, der aufgrund schwerster Misshandlungen des Jungen eintrat, liegt im Zeitraum von Ende April bis Anfang Mai 2006.

Seine Mutter, Frau K., war HIV-positiv, litt an Hepatitis C und wurde aufgrund ihrer Heroinsucht bis zu ihrem Tod am 12.11.2005 mit Methadon substituiert. Der nachfolgend als „Vater von Kevin“ bezeichnete Herr Kk. ist weder bürgerlich-rechtlich noch - wie sich nach dem Tod des Kindes durch eine DNS-Analyse herausgestellt hat - leiblich der Vater von Kevin. Herr Kk. nahm ebenfalls am Methadonprogramm teil. Er war bis zur Geburt Kevins 13 Jahre seines

---

40 Basierend auf *Mäurer*, Dokumentation.

Lebens im Strafvollzug inhaftiert, vornehmlich wegen Diebstahls, Betäubungsmitteldelikten, Raubes und (teilweise gefährlicher) Körperverletzungen.

Kevin war nach der Geburt in einem schlechten Allgemeinzustand (Entzugserscheinungen, künstliche Beatmung), weshalb der Säugling insgesamt 47 Tage im Krankenhaus blieb. Während des Klinikaufenthalts erfolgte am 23.01.2004 die erste Eintragung in die Akte des Amtes für Soziale Dienste bezüglich der Drogenabhängigkeit der Eltern[41] durch den zuständigen Sachbearbeiter Herrn S.[42]. Kevin wurde am 09.03.2004 nach Hause entlassen.

Bereits während des Klinkaufenthalts wurde für die ganze Familie eine Entgiftungskur im Ostseeheilbad Heiligenhafen organisiert, wo sie sich auch bis Mitte April 2004 aufhielt. Ein Ergebnis der Entgiftung ist unbekannt. Ebenfalls nicht in den Akten des Amtes für Soziale Dienste enthalten war eine Aufzeichnung über die anhand eines Strafregisterauszugs belegte Tatsache, dass Herr Kk. am 13.04.2004 in Heiligenhafen eine gefährliche Körperverletzung begangen hatte.[43] Anfang Mai 2004 bot Herr S. der Familie Hilfe an, nachdem der den Eltern Methadon vergebende Arzt ihn auf eine Hilfsbedürftigkeit aufmerksam gemacht hatte. Dies wurde von Herrn Kk. jedoch strikt abgelehnt.

Nachfolgend erhielt Herr S. offenbar auf seinen Wunsch hin vom Sozialdienst des Klinikums Bremen Nord die Kopie eines Berichts über Kevin zugesandt, welcher im Original für die Klinik in Heiligenhafen bestimmt war. Neben medizinischen Fragen kommt man dort unter dem Gliederungspunkt „Soziale- und Versorgungssituation" zu dem Schluss, die Mutter sei in der Versorgung des Kindes sehr langsam und gerade nachts damit überfordert. Herr Kk. falle durch wiederkehrende Beschimpfungen und körperliche Androhungen negativ auf. Des Weiteren heißt es im Bericht: „Wir sehen jetzt dies[44] als einmaligen Versuch, den Eltern die Betreuung des Kindes zu überlassen; falls die Probleme weiter auffällig beziehungsweise zunehmend sind, erwägen wir, das Kind von der Betreuung der Eltern zu entfernen."

---

41 Als Eltern werden hier - unabhängig von den nachträglich zu Tage getretenen Tatsachen - die Mutter Frau K. sowie der „Vater" Herr Kk. zusammenfassend bezeichnet.

42 Diese Abkürzung wurde für den Mitarbeiter des Amtes für Soziale Dienste mangels näherer persönlicher Angaben frei gewählt.

43 Urteil des AG Oldenburg in Holstein vom 25.07.2005.

44 Gemeint ist der Entgiftungsaufenthalt in Heiligenhafen.

Der nächste aktenkundige Vorfall ereignete sich am 03.08.2004. Danach hatten Zeugen gegen 22 Uhr die Polizei alarmiert, weil Frau K. das Baby aus dem Kinderwagen genommen, es in die Luft geschleudert und wieder aufgefangen habe. Ferner soll sie das schreiende Kind mit der flachen Hand auf das Auge geschlagen haben. Gegenüber der Polizei bestritt Frau K. diese Vorwürfe und es konnten auch keine Verletzungen des Kindes (Hämatome, Rötungen et cetera) festgestellt werden. Der freiwillige Atemalkoholtest ergab einen Wert von 0,93 mg/l Atemluft[45].

Daraufhin setzte sich Herr S. mit den Eltern in Verbindung und es wurde ein Hausbesuch vereinbart. Dazu kam es erst am 08.10.2004. Anzutreffen war in der „gut aufgeräumten, nett eingerichteten Wohnung" nur Herr Kk. Dieser teilte dem Sachbearbeiter mit, Mutter und Kind befänden sich in der Professor-Hess-Kinderklinik wegen Verdachts auf Frakturen von Bein und Rippen des Jungen. Die Beinverletzung führte Herr Kk. „auf das Kinderbett zurück, wo Kevin angeblich einmal mit dem Bein zwischen den Sprossen hängen geblieben ist. Die Rippenverletzung könnte durch die Nachbarin Frau X. entstanden sein, die im angetrunkenen Zustand Kevin auf dem Arm haltend zu sehr gedrückt hat." Er und Frau K. „würden ihrem Kind niemals Leid zufügen." Kevin befand sich tatsächlich vom 27.09.2004 bis 14.10.2004 in der Kinderklinik. Frau K. verhielt sich nach Aussage der Stationsärztin während des Aufenthalts vorbildlich.

Der auch dem Sachbearbeiter Herr S. zugegangene Bericht der Professor-Hess-Kinderklinik gibt eingangs unter anderem folgende Diagnosen: „Multiple traumatische Frakturen. Kindesmisshandlung. Entwicklungsstörung." Die „Beinverletzung" stellte sich als ca. drei Wochen alte Unterschenkelfraktur heraus. Zudem konnten Rippenfrakturen älteren Datums, eine Unterarmfraktur älteren Datums sowie eine Kalottenfraktur[46] festgestellt werden. Man kommt zu dem Schluss, „insbesondere die Frakturen im Bereich der Rippen und am Schädelknochen sind medizinisch betrachtet als traumatisch anzusehen".[47] Die Entwicklungsstörungen äußerten sich durch eine „deutliche occipitale Liege-

45 Das entspricht einer Blutalkoholkonzentration von etwa 1,86 Promille.

46 Bezeichnung für das Schädeldach.

47 Nach Auffassung der Klinik sind die Frakturen somit Folge stumpfer Gewalteinwirkung.

glatze"[48]; zudem entsprachen die motorischen Leistungen des acht Monate alten Kindes denen im dritten bis vierten Lebensmonat. In der Klinik gab es offenbar Überlegungen, das Kind nicht mehr zu den Eltern zu geben. In Absprache mit Herrn S. wurde hierauf jedoch verzichtet. Vielmehr sollte die Familie anderweitig (Familien-Hebamme, beziehungsweise „aufsuchende Familienberatung") unterstützt werden. Der Einsatz einer Hebamme scheiterte an fehlenden Kapazitäten, der Einsatz einer „aufsuchenden Familienberatung" wurde von Herrn Kk. am 19.10.2004 abgelehnt. Am 28.10.2004 kam jedoch ein Termin mit den „Frühen Hilfen" zustande.

Am 23.11.2004 erstattete die Polizei Bremen Strafanzeige gegen Frau K. wegen Verletzung der Fürsorgepflicht. Die Polizei war in das Haus der Eltern gerufen worden, wo sie Frau K. alkoholisiert und unter Drogen stehend schlafend im Hausflur vorfand; das Kind lag neben ihr bäuchlings auf dem Boden und weinte sehr laut. Frau K. hatte Kevin vermutlich zu Boden fallen lassen, als sie einschlief. Das schmutzige und für die Witterung zu kühl angezogene Kind wurde vorübergehend in das Hermann-Hildebrand-Haus[49] gebracht, Frau K. in Gewahrsam genommen.

Im Rahmen eines „Familie im Mittelpunkt"-Programms[50] wurde Kevin wieder zu seinen Eltern gegeben. Im Abschlussbericht des Programms vom 06.01.2005 äußerten sich die Mitarbeiter als mit den Eltern sehr zufrieden. Sie sahen das Wohl des Kindes zu keiner Zeit gefährdet und konnten auch keinen Alkoholkonsum erkennen. Im Anschluss hieran begann die einige Monate andauernde Frühförderung für Kevin.

Am 04.02.2005 meldete der Kinderarzt von Kevin, er erkenne eine Kindeswohlgefährdung. Das Kind habe vom 17.01.2004 bis zum 01.02.2004 500 g abgenommen und sei extrem blutarm. Zu dieser Zeit befand sich Frau K. im Krankenhaus und Herr Kk. war allein mit der Versorgung Kevins betraut. Am 16.02.2004 berichtete der Kinderarzt Herrn S., nach der Rückkehr der Mutter habe Kevin wieder zugenommen.

---

48 Ein Hinweis dafür, dass das Baby Kevin über längere Zeit überwiegend auf dem Rücken gelegen haben muss.

49 Ein Kinderheim in Bremen.

50 Eine ambulante Maßnahme eines freien Trägers.

Am 07.04.2005 informierte der Mitarbeiter der „Frühen Hilfen" das Jugendamt darüber, dass er seine Tätigkeit einstellen müsse. Herr Kk. sei mit Pankreatitis[51] im Krankenhaus, die wieder schwangere Frau K. wolle nach Alfeld fahren, um dort ihr Kind zur Welt zu bringen.

Die Schwangerschaft von Frau K. endete am 29.05.2005 in Bremen mit einer Totgeburt. Am 14.06.2005 wurde Herr Kk. vom AG Bremen wegen räuberischen Diebstahls in Tateinheit mit Körperverletzung sowie wegen Diebstahls in drei Fällen zu einer Gesamtfreiheitsstrafe von 1 Jahr und 6 Monaten auf Bewährung verurteilt. Eine Reaktion des Jugendamtes hierauf ist nicht bekannt.

Am 18.07.2005 und am 25.07.2005 gingen Polizeiberichte über einen weiteren Vorfall bei Herrn S. ein. Herr Kk. hatte die Polizei gerufen, nachdem er sich aufgrund der „ausrastenden" Frau K. nicht mehr zu helfen wusste. Beide Eltern waren alkoholisiert. Die Beamten fanden eine „Wohnung in desolatem Gesamtzustand" vor, der kleine Kevin war von oben bis unten verschmutzt (Bekleidung mit Essen verschmiert, Windel voll). Herr Kk. hatte Frau K. geschlagen und als „Schlampe" beschimpft. Nach seinen Aussagen halte sie (Frau K.) es ohne Alkohol nicht aus und lasse, um diesen zu besorgen, Kevin einfach eine halbe Stunde allein zu Hause. Zudem gehe sie für die Beschaffung von Geld für Drogen und Alkohol der Prostitution nach. Der Polizeibericht äußerte schwere Bedenken hinsichtlich der Versorgung des Kindes - auch aufgrund der mangelhaften hygienischen Verhältnisse in dem heruntergekommenen Haushalt. Der Bericht schließt mit dem Hinweis, Herr Kk. neige zu aggressivem Verhalten und schlage Frau K. - vor allem, wenn diese betrunken sei.

Aufgrund dieses Berichts wurde der Familie am 19.07.2005 ein Besuch zweier Mitarbeiterinnen des zuständigen Sozialzentrums abgestattet. Kevin wirkte dabei nicht unterversorgt, Frau K. jedoch „zugedröhnt". Der Junge hatte eine Verletzung an der Backe, weil er „einen Blumentopf an die Wange bekommen habe". Eine Inobhutnahme des Kindes sei nicht erforderlich.

Frau K. verstarb am 12.11.2005. Die Todesursache ist ungeklärt, ein Fremdverschulden konnte die Notärztin der Polizei gegenüber nicht ausschließen. Herr Kk. verhielt sich während des Einsatzes der Ärzte und der Polizei aggressiv und behinderte Rettungsversuche, so dass er vom sozialpsychiatrischen Notdienst und der Polizei „zwangseingewiesen" - das heißt in eine Klinik ver-

---

[51] Bauchspeicheldrüsenentzündung.

bracht - wurde. Kevin kam wieder in das Kinderheim (Hermann-Hildebrand-Haus). Aufgrund des schlechten Gesundheitszustandes von Herrn Kk. wurde die elterliche Sorge für den Jungen aufgrund Amtsgerichtsbeschluss[52] auf das Jugendamt Bremen übertragen. Aus dem Aufnahmebericht des Kinderheims ergibt sich, dass Kevin nicht altersgemäß entwickelt und mager war. Zudem litt er an einer Pilzinfektion am Hoden und an einem Gerstenkorn. Sein Sozialverhalten war wenig ausgeprägt.

Herr Kk. durfte am 21.11.2005 wieder nach Hause und verlangte umgehend „sein Kind" zurück. Der Leiter des Sozialzentrums, der Methadon vergebende Arzt, ein Arzt aus der psychiatrischen Klinik, der Amtsvormund sowie Herr S. selbst hatten hiergegen keine Einwände. Letzterer befürwortete eine Kindesrückführung zu Herrn Kk., damit beide bei der Mutter von Herrn Kk. leben könnten. Eine Mitarbeiterin des Kinderheims merkte dagegen an, „das Kind ist sehr retardiert und sie habe ein schlechtes Gefühl, wenn das Kind mit Herrn Kk. allein gelassen wird". Der Kinderarzt der Familie sprach sich mit Erinnerung an die diversen Knochenbrüche - für die er Herrn Kk. verantwortlich machte - ebenfalls gegen eine Rückführung aus. Im Gespräch mit Herrn S. bezeichnete der Leiter des Kinderheimes Herrn Kk. gar als „erziehungsunfähig" und war über die Absichten der Behörde „entsetzt".

Kevin wurde am 28.11.2005 von Herrn Kk. aus dem Hermann-Hildebrand-Haus abgeholt. Die beiden sollten nach Vereinbarung mit dem Jugendamt sofort zur Mutter des Herrn Kk. nach Grünenplan[53] reisen. Tatsächlich und mit Duldung des Sachbearbeiters reisten die beiden aber erst zwei bis drei Wochen später ab. Am 26.12.2005 befand sich Herr Kk. laut eines Berichts des Jugendamtes Hannover zusammen mit Kevin im Hauptbahnhof Hannover.[54] Herr Kk. war alkoholisiert und legte sich mit türkischstämmigen Personen an. Am 09.01.2006 erhielt Herr S. die Mitteilung von Herrn Kk., er sei wieder in Bremen. Die Bewährungshelferin des Herrn Kk. teilte Herrn S. am 25.01.2006 mit, sie habe Sorge, er sei mit der Versorgung des Kindes überfordert; zudem habe der Mann ein hohes Aggressionspotential.

Im Folgenden bemühte man sich im Februar 2006 um eine Tagesmutter für Kevin. Die in Frage kommende Frau wurde von Herrn Kk. aufgrund ihrer Natio-

---

52 Beschluss vom 17.11.2005 (61 F 3151/05).

53 Ca. 185 km von Bremen entfernt.

54 Ca. 130 km von Bremen und ca. 55 km von Grünenplan entfernt.

nalität abgelehnt. In einer Hilfekonferenz[55] am 06.03.2006 wurde beschlossen, Kevin solle aus pädagogischen Gründen in einer Tagespflegestelle untergebracht werden. Der Aufenthalt Kevins bei der Tagespflege dauerte jedoch nur bis Mitte März. Eine Mitarbeiterin teilte am 14.03.2006 mit, der Junge sei nur drei Mal da gewesen und auch nur für kurze Zeit. Wenige Tage später brachte Herr Kk. Kevin gar nicht mehr in die Einrichtung, nachdem es zu einem Streit mit der Mitarbeiterin gekommen war. Das letzte Mal, als die Tagespflegemutter Kevin sah, hatte er blaue Flecken und einen Verband am Knöchel. Nach gereizter Aussage von Herrn Kk. sei „dies" beim „Herumtoben im Haus" geschehen. Von alledem hatte Herr S. Kenntnis und stellte in seinen Akten fest: „Ich glaube, wir müssen in der Sache Kk. weiterhin sehr aufmerksam sein."

Zu einem Termin im Gesundheitsamt zwecks Untersuchung Kevins wegen Frühförderung erschien Herr Kk. mit Kevin im April 2006 nicht. Er hatte Kevin jedoch im „Sozialpädagogischen Spielkreis Lebenshilfe" angemeldet (drei Mal wöchentlich, Beginn 18.04.2006). Am 20.04.2006 fand eine Fallkonferenz statt, an der Herr Kk. mit Kevin teilnahm. Dies stellt zugleich den letzten Zeitpunkt dar, an dem Jugendamtsmitarbeiter Kevin lebend gesehen haben.[56]

In einem Bericht des Sozialzentrums[57] an die Leitung des Amtes für soziale Dienste vom 26.04.2006 wird die Situation von Herrn Kk. und Kevin dargestellt. Die Berichte des Kinderarztes über nicht wahrgenommene Termine und die von der Tagesmutter festgestellten Verletzungen wurden hierin nicht erwähnt.

Eine Kontrolle, ob und wie oft Kevin im Spielkreis war, ist ebenso wenig aktenkundig wie Hausbesuche über die bereits wenigen dargestellten (und meist auf besorgniserregenden Ereignissen beruhenden) hinaus. Eine vom Amtsvor-

---

55 Anwesend waren Herr Kk., der Leiter des Sozialzentrums Gröpelingen/Walle, die Sachgebietsleiterin, der Methadon vergebende Arzt, der Amtsvormund, der Mitarbeiter des Amtes für Soziale Dienste von der Fachabteilung Junge Menschen, Referat Erziehungshilfe/Eingliederungshilfe und der Sachbearbeiter Herr S.

56 Später kam jedoch der Verdacht auf, dass Herr Kk. zu jenem Termin möglicherweise ein anderes Kind bei sich hatte, um den wohl schlechten Gesundheitszustand Kevins verheimlichen zu können: Welt Online, Kevins Vater zeigte beim Jugendamt anderes Kind vor.

57 Ihm gehörte auch der Sachbearbeiter an.

mund Kevins geforderte Abklärung über Beigebrauch[58] durch Herrn Kk. ist nicht dokumentiert.

Anfang Juni 2006 hatte Herr Kk. auch den dritten Frühuntersuchungstermin verstreichen lassen. Vom Spielkreis ist zu erfahren, Kevins Platz sei „inzwischen fremd vergeben, weil das Kind nicht gekommen sei“. Als Grund hierfür teilte Herr Kk. Herrn S. "finanzielle Probleme" mit (Eigenanteil für Spielkreis).

Der Methadon vergebende Arzt berichtete in einem Schreiben vom 15.06.2006 an das Sozialzentrum von den Schwierigkeiten des Herrn Kk. Er habe Mietrückstände, der Energieversorger habe ihm den Vertrag gekündigt (Zahlungsrückstand) und er liege im Streit mit der Krankenkasse. Herr Kk. werde zur „tickenden Zeitbombe“, wenn diese Angelegenheiten nicht schnell geklärt werden. Des Weiteren fragt er sich: „Wie soll er sich da um seinen Sohn kümmern?“.

Anfang Juli 2006 hätte die Frühförderung Kevins nach einer Kostenübernahme beginnen können. Keinen der angesetzten Termine im Juli nahm Herr Kk. wahr. Daraufhin äußerte die Leiterin der „Frühen Hilfen“ am 31.07.2006 ihre Sorge über das Wohlergehen Kevins Herrn S. gegenüber. So sei das Kind zuletzt am 23.03.2006 bei einem Erstgespräch gesehen worden. Da Herr Kk. auch am 07.08.2006 nicht erschien, wurde die Frühförderung beendet. Das gleiche Bild bot sich noch zwei weitere Male. Immer versprach Herr Kk. die Anmeldung des Kindes (Spielkreis, Elternschule), erschien dort aber nie mit Kevin. Als Ausreden wurden familiäre Vorfälle (Tod seines Stiefvaters) oder Aufenthalte bei der Großmutter in Grünenplan aufgeführt. Es wurden abermals Treffen mit Herr Kk. vereinbart, von denen er keines wahrnahm und immer nur versicherte, dass es Kevin gut gehe.

Durch einen Anruf der Sachgebietsleiterin bei der Großmutter flogen schließlich die Lügen von Herr Kk. auf. Der Inhalt wurde dem Sachbearbeiter und dem Amtsvormund am 13.09.2006 mitgeteilt: Die Großmutter habe Herrn Kk. und Kevin zuletzt am 25.12.2005 gesehen. Damals habe Herr Kk. seinen Halbbruder zusammengeschlagen. Ihr Mann (der Stiefvater des Herrn Kk.) lebe und sei nicht krank. Sie würde Kevin gerne zu sich nehmen, habe aber Angst vor der Reaktion ihres Sohnes, welcher eine Waffe besitze.

---

58 Der Konsum von Betäubungsmitteln zusätzlich zu seiner Substituierung mit Methadon.

Am 02.10.2006 wurde ein Herausgabebeschluss erlassen, nachdem Herr Kk. zu zwei Gerichtsterminen nicht erschienen war. Bei der Vollstreckung am 10.10.2006 wurde die Leiche Kevins im Kühlschrank entdeckt.

Aus dem Obduktionsbericht ergibt sich, dass Kevin unmittelbar vor seinem Tod, den die Gerichtsmedizin auf den Zeitraum zwischen Ende April und Anfang Mai 2006 eingrenzte, fünf Knochenbrüche erlitten hatte. Diese hätten eine Embolie ausgelöst, die zum Versagen der Lunge und in Folge zum Tode geführt haben. Der genaue Todeszeitpunkt ließe sich nicht mehr feststellen. Es wurden zudem weitere 20 Brüche älteren Datums festgestellt. Einige Gliedmaßen wiesen mehrere Brüche an den gleichen Stellen auf, von denen manche auch durch das Hineinpressen des toten Kindes in den Kühlschrank entstanden sein können. Eine natürliche Todesursache kann ausgeschlossen werden.

Ein Gutachter konnte ferner Spuren von Kokain und Methadon in den Haaren des Jungen nachweisen. Kevin hatte daneben monatelang das Beruhigungsmittel Ritalin verabreicht bekommen, wie ein Biochemiker berichtete.[59]

5. Fall „Lea-Sophie" - Schwerin

Den derzeit aktuellsten Fall stellt der der fünfjährigen Lea-Sophie dar. Sie wurde geboren am 07.08.2002 und starb am 20.11.2007 in einer Schweriner Klinik, in welche sie ohnmächtig eingeliefert wurde.

Bis zur Geburt ihres Bruders Justin im September 2007 war Lea-Sophie nach Aussage ihrer Mutter Frau G. ein „ganz, ganz liebes Kind", das normal gegessen und getrunken habe. Als der Junge geboren wurde, veränderte das Mädchen jedoch ihr Verhalten. Sie wurde auffällig und verweigerte die Nahrung. Ein für Kinderpsychologen nicht ungewöhnliches Eifersuchtsphänomen. Die Eltern - vor allem Frau G. - waren mit dieser Situation überfordert. Anstatt für ihr Kind und sich selbst nach Hilfe zu suchen, ignorierten sie dessen Verhalten. Lea-Sophie begann rasch sichtlich abzumagern. Nach ihrem Tod gab der Vater Herr T. an, er habe sich an den Anblick gewöhnt gehabt. Während dieser Zeit erschien der Großvater Norbert G. zweimal beim zuständigen Jugendamt, da er sich um den Ernährungszustand seiner Enkelin sorgte. Um seiner Tochter keine Schwierigkeiten zu bereiten sah er dann jedoch davon ab, sie weitergehend zu

59 Die Welt Online, Fall Kevin: Kokain in Haaren des Zweijährigen.

belasten. Es blieb bei seinem vagen Hinweis.[60] Darüber hinaus war dem Jugendamt der Stadt Schwerin die Familie am 12.11.2007 von Nachbarn als „auffällig" gemeldet worden. Man machte sich Sorgen um den Säugling, „er sei kaum draußen zu sehen; das größere Kind scheine gar nicht mehr im Haushalt zu leben". Daher klingelte am selben Tag ein Mitarbeiter des Jugendamtes an der Tür der Familienwohnung. Er traf die Eltern in ihrer Wohnung nicht an, woraufhin eine Einladung zu einem Treffen für den Folgetag im Jugendamt hinterlassen wurde. Zu diesem erschienen beide Eltern, jedoch ohne ihre Tochter Lea-Sophie. Sie sei bei „einer Bekannten", wurde mitgeteilt. Es gehe ihr gut, bald werde man sie im Jugendamt vorstellen.[61] Das Baby Justin war wohl genährt und machte einen gut versorgten Eindruck. Eine Woche später verständigten die Eltern angesichts des nunmehr leblosen Mädchens den Rettungsdienst. Herr T. begrüßte den Rettungssanitäter mit dem Satz: „Sie hat uns schon seit Wochen geärgert."[62]

Die Ärzte diagnostizierten zunächst „erhebliche Unterernährung, starken Flüssigkeitsverlust und Rötungen im vorderen Halsbereich".[63] Die Gerichtsmedizin berichtete schließlich von einer greisenhaften Erscheinung des fünfjährigen Kindes[64], die Haare waren ausgefallen, der Körper kotverschmiert. Liegegeschwüre reichten bis auf die Knochen. Lea-Sophie wog in der Nacht in der sie starb gerade einmal 7,4 kg - so viel wie eine Einjährige.[65]

6. Zusammenfassung

Die fünf dargestellten Fälle unterscheiden sich in ihrem für diese Arbeit relevanten Verlauf zum Teil erheblich. Der Fall „Laura-Jane" ist abgesehen von der diagnostizierten Windeldermatitis vor allem von der desolaten Wohnsituation und der Überforderung der Kindsmutter geprägt. Im Fall „Kevin" treten zusätzlich zu ähnlichen äußerlichen Anzeichen, etwa die Drogensucht der Eltern, gehäuft Verletzungen des Kindes über einen längeren Zeitraum hinweg auf. Im Unterschied zu diesen beiden Fällen ist der Tod von Jenny gekennzeichnet

60 *Gräff*, Ein tödlicher Rückzug.

61 Stadt Schwerin, Pressemitteilung vom 22.11.2007.

62 *Gräff*, Ein tödlicher Rückzug.

63 *Boecker*, Fünfjähriges Mädchen in Schwerin verhungert und verdurstet.

64 Das Unterfettgewebe fehlte auch im Gesicht.

65 *Gräff*, Ein tödlicher Rückzug.

durch eine Folge von Defiziten in der Weitergabe von Informationen der Sozialarbeiter an den zuständigen Nachfolger. Gänzlich anders verschließt sich die Mitarbeiterin des Jugendamtes im Fall „Tanja" der Annahme der Sache bereits im Vorfeld, während im Fall „Lea-Sophie" hauptsächlich der kurze Zeitraum von etwa einer Woche zwischen dem ersten persönlichen Kontakt des Jugendsamtes mit der Familie und dem Tod des Kindes im Vordergrund steht. Die Bedeutung der wesentlichen Unterschiede soll in dieser Arbeit jeweils an passender Stelle herausgearbeitet werden.

B. Rechtsprechung

1. Fall „Laura-Jane" - Osnabrück

Im Falle der verhungerten und verdursteten „Laura-Jane" wurde die angeklagte Sozialarbeiterin Frau S. erstinstanzlich vom Amtsgericht Osnabrück (Schöffengericht) wegen fahrlässiger Tötung gemäß § 222 StGB zu einer Geldstrafe in Höhe von 180 Tagessätzen zu 80 DM verurteilt.[66]

In der Berufungsinstanz sprach sie die 7. Strafkammer des LG Osnabrück von diesem Vorwurf frei und wollte mangels Garantenstellung auch keine Unterlassungsstrafbarkeit annehmen.[67]

Gegen dieses Urteil beantragte die Staatsanwaltschaft Revision. Gerügt wurde dabei die Verletzung materiellen Rechts, §§ 222, 13 StGB. Nach Ansicht der Staatsanwaltschaft habe sich das Gericht mit der Garantenproblematik nur unzureichend auseinandergesetzt.[68]

Der erste Strafsenat des OLG Oldenburg hob daraufhin das Urteil des LG Osnabrück auf, da es eine Garantenstellung nicht von vorne herein ausschließen konnte. Die Sache wurde an das LG Osnabrück zurückverwiesen.[69] Dort wirkte die 4. Strafkammer auf eine Einstellung des Verfahrens nach § 153 Abs. 2 StPO hin, der alle Beteiligten zustimmten.[70]

---

66 Abgedruckt bei *Bringewat*, Tod eines Kindes, S. 116 ff.; Mörsberger/Restemeier, Helfen mit Risiko, S. 54 ff.

67 LG Osnabrück NStZ 1996, 437 ff. mit Anmerkung *Bringewat*; Mörsberger/Restemeier, Helfen mit Risiko, S. 109 ff.

68 Siehe bei Mörsberger/Restemeier, Helfen mit Risiko, S. 137 ff.

69 OLG Oldenburg NStZ 1997, 238; Mörsberger/Restemeier, Helfen mit Risiko, S. 141 ff.

70 Mörsberger/Restemeier, Helfen mit Risiko, S. 149 f.

2. Fall „Jenny" - Lüneburg, Stuttgart

Gegen den Sozialarbeiter Herrn B., welcher nach einem Zuständigkeitswechsel seine Kollegen nicht von den Misshandlungen durch die Kindsmutter und deren intellektuellen und emotionalen Defizite informierte, wurde am 27.08.1997 zum LG Stuttgart der Vorwurf der fahrlässigen Tötung durch Unterlassen, §§ 222, 13 StGB, erhoben. Dem Sozialarbeiter und Psychologen Herrn X., der ebenfalls nur lückenhafte Informationen über die familiären Verhältnisse und Gefahren an seine Nachfolgerin weiterleitete, wurde fahrlässige Körperverletzung durch Unterlassen nach §§ 229, 13 StGB zur Last gelegt. Die Große Strafkammer des LG Stuttgart lehnte in einem Beschluss die Eröffnung des Hauptverfahrens aus rechtlichen Gründen im Falle des Herrn B. beziehungsweise aus tatsächlichen Gründen im Falle des Herrn X. ab.

Die Staatsanwaltschaft legte infolge dessen erfolgreich sofortige Beschwerde zum OLG Stuttgart ein gemäß §§ 204, 210 Abs. 2 StPO. In der Begründung heißt es: „Der Senat verkennt nicht, dass durch die Zuschreibung einer strafrechtlichen Verantwortlichkeit [...] Mitarbeiter von Jugendämter, Sozialdiensten und Trägern der freien Jugendhilfe in erhöhtem Maße der Gefahr der Bestrafung ausgesetzt werden. Dies stellt jedoch keine Schlechterstellung gegenüber anderen, mit vergleichbaren Pflichten belasteten Berufsgruppen - beispielsweise Ärzten oder Polizeibeamten - dar, sondern nur eine Gleichstellung mit diesen. Auch der Sozialdienst steht nicht außerhalb des Strafrechts."[71] Die 1. Große Strafkammer des LG Stuttgarts verurteilte Herrn B. schließlich wegen fahrlässiger Körperverletzung durch Unterlassen zu 30 Tagessätzen à 70 DM; Herr X. wurde freigesprochen.[72]

3. Fall „Tanja" - Wuppertal

Mit Urteil vom 26.02.1997 wurde Herr M., der Bekannte der Mutter, von der Jugendkammer des LG Wuppertal von dem Vorwurf des sexuellen Missbrauchs von Kindern und der Vergewaltigung in Übereinstimmung mit dem Antrag der Staatsanwaltschaft rechtskräftig freigesprochen. Nicht zuletzt wegen des Aussageverhaltens der - eindeutig sexuell missbrauchten und verge-

---

71 OLG Stuttgart NJW 1998, 3131 ff.; NStZ 1998, 572.

72 Das Urteil des LG Stuttgart - 1 (15) KLs 113 Js 26273/96 - vom 17.09.1999 wurde bisher nicht veröffentlicht, siehe jedoch kurz dazu bei *Lehmann*, EJ 2000, 48 ff.

waltigten - Tanja konnte Herrn M. keine einzige Tat zweifelsfrei nachgewiesen werden.[73]

Gegen die Sozialarbeiterin des Jugendamtes, Frau B., wurde Anklage wegen Verletzung der Fürsorgepflicht durch Unterlassen (§ 170d StGB a. F., § 13 StGB) vor dem AG Wuppertal erhoben. Sie wurde zu einer Freiheitsstrafe von sechs Monaten verurteilt, deren Vollstreckung man zur Bewährung aussetzte.

Dagegen legten sowohl Frau B. als auch die Staatsanwaltschaft Berufung ein. Die Staatsanwaltschaft beschränkte die Berufung auf das Strafmaß. Das LG Wuppertal verwarf die Berufung der Staatsanwaltschaft, hob auf die Berufung von Frau B. hin das Urteil des Amtsgerichts auf und sprach sie frei.

Die Staatsanwaltschaft rügte daraufhin in der Revision die Verletzung materiellen Rechts. Das OLG Düsseldorf bestätigte jedoch den Freispruch von Frau B. Diese habe zwar gröblich gegen die ihr obliegende Fürsorgepflicht verstoßen, die Kausalität für den tatbestandlichen Erfolg sahen die Richter jedoch nicht als über jeden Zweifel erhaben an. Ferner sei auch der für eine Strafbarkeit erforderliche Vorsatz - mindestens dolus eventualis - der angeklagten Frau B. zu verneinen.[74]

4. Fall „Kevin" - Bremen

Herr Kk., der Ziehvater Kevins, wurde wegen Körperverletzung mit Todesfolge in Tateinheit mit Misshandlung von Schutzbefohlenen, §§ 225, 227, 52 StGB, von der Schwurgerichtskammer II des LG Bremen zu einer Freiheitsstrafe von 10 Jahren verurteilt. Auf Rechtsmittel wurde verzichtet.[75] Ein Prozess gegen den Sozialarbeiter Herrn S. sowie den Amtsvormund wegen fahrlässiger Tötung durch Unterlassen nach §§ 222, 13 StGB steht noch aus. Eine Richterin des LG Bremen prüft derzeit, ob das Hauptverfahren eröffnet werden soll.[76]

---

[73] LG Wuppertal, 24 KLs 8 Js 1711/95 - 137/95 XIV.

[74] OLG Düsseldorf NStZ-RR 2001, 199 ff.; ZfJ 2000, 309 ff.

[75] Eine Verurteilung wegen Totschlags beziehungsweise Mordes scheitere wohl daran, dass die Richter von einem entsprechenden Vorsatz des Herrn Kk. nicht überzeugt waren. Auf die Höhe der Strafe hatte Einfluss, dass er bei Begehung der Tat nur vermindert schuldfähig war.

[76] Vergleiche *Wiegand*, Kevin fast vergessen, Süddeutsche Zeitung vom 16.05.2009.

5. Fall „Lea-Sophie" - Schwerin

Die Eltern von Lea-Sophie wurden vom LG Schwerin gemäß §§ 211, 13 StGB wegen Mordes durch Unterlassen sowie Misshandlung einer Schutzbefohlenen, § 225 StGB, zu einer Freiheitsstrafe von elf Jahren und neun Monaten verurteilt.[77] Das Ermittlungsverfahren gegen den zuständigen Sozialarbeiter wurde eingestellt.[78]

C. Verfassungsrechtliche und einfachgesetzliche Grundlagen der Kinder- und Jugendhilfe

I. Verfassungsrechtliche Grundlagen

Die vielfältigen Reaktionsmöglichkeiten der Kinder- und Jugendhilfe sind stark abgestuft. Je nachdem stellen sie auch ganz unterschiedlich intensive Eingriffe dar und können etwa mit der Trennung des Kindes von den Eltern auch schwere Grundrechtseingriffe zur Folge haben. Die hierfür jeweils notwendigen verfassungsrechtlichen und einfachgesetzlichen Grundlagen gilt es herauszustellen.

Verfassungsrechtlich relevant sind für die Kinder- und Jugendhilfe vor allem die Absätze 2 und 3 des Art. 6 GG. Diese werden häufig als „Das Elternrecht" bezeichnet. Dabei ist dieser Begriff sehr ungenau, beschreibt er doch nur eine Seite der Medaille des Elternseins, wie es im Grundgesetz seine Regelung gefunden hat.

So stellt Art. 6 Abs. 2 S. 1 GG ein Grundrecht der Eltern zur Pflege und Erziehung ihrer Kinder sowie eine „Richtlinie" für die gesamte Rechtsordnung[79] dar. Gleichzeitig ergibt sich hieraus jedoch eine Erziehungspflicht der Eltern. Diese mit dem Elternrecht einher gehende Verpflichtung macht den Unterschied des Elternrechts zu allen anderen Grundrechten aus.[80] In Art. 6 Abs. 2 S. 1 GG sind Recht und Pflicht von vornherein unlöslich miteinander verbunden; die Pflicht

---

77 LG Schwerin, 32KS08/08; Der Spiegel Online, Hohe Haftstrafen für Lea-Sophies Eltern.

78 Welt Online, Ermittlungen gegen Jugendamt eingestellt.

79 BVerfGE 4, 52 (57).

80 *Gröschner* in Dreier, Art. 6 Rn. 98; *Jestaedt* in BK, Art. 6 Abs. 2 und 3 Rn. 29; *Katz*, Staatsrecht, Rn. 748; *Münch*, Staatsrecht, Rn. 450; *Pieroth* in Jarass/Pieroth, Art. 6 Rn. 36; *Robbers* in Mangoldt/Klein/Starck, Art. 6 Rn. 145; *Stein/Frank*, Staatsrecht, § 36 III; *Wiesner* in SGB VIII Wiesner, § 1 Rn. 6.

ist dabei nicht eine das Recht begrenzende Schranke, sondern ein Bestandteil dieses „Elternrechts", das deshalb meist als „Elternverantwortung" bezeichnet wird.[81] Nach der Grundkonzeption des Art. 6 Abs. 2 S. 1 GG haben ganz klar die Eltern - und somit nicht der Staat - das Recht und die Pflicht, ihre Kinder nach ihren eigenen Vorstellungen zu pflegen und zu erziehen[82], ihnen obliegt der sogenannte „Interpretationsprimat".[83] Dabei sind weder die Maßstäbe einer „normalen" Erziehung noch die einer aus staatlicher oder gesellschaftlicher Sicht „optimalen" oder „erwünschten" Erziehung für das betreffende Kind anzustellen.[84] Vielmehr gilt die Verpflichtung zum Schutz der Menschenwürde des Kindes aus Art. 1 Abs. 1 S. 2 GG für die Ausgestaltung und Interpretation des natürlichen Elternrechts aus Art. 6 Abs. 2 S. 1 GG.[85] Sollte dabei eine Verletzung zu befürchten sein, ist es Aufgabe und Pflicht der staatlichen Gemeinschaft einzugreifen, wenn das Kindeswohl gefährdet ist.[86] Dies ergibt sich aus dem staatlichen Wächteramt gemäß Art. 6 Abs. 2 S. 2 GG und führt letztendlich aufgrund der Menschenwürde des gefährdeten Kindes gemäß Art. 1 Abs. 1 S. 2 GG zu einer Erhärtung als Anspruch gegen den Staat auf Schutz.[87]

Das staatliche Wächteramt muss so ausgeübt werden, dass es dem rechtsstaatlichen Verhältnismäßigkeitsprinzip nicht zuwider läuft.[88] Jedes Eingreifen des Staates geht zu Lasten des grundrechtlich gefestigten Elternrechts, weshalb der Eingriff immer in einem angemessenen Verhältnis zu der konkreten Einzelfallgefahr stehen muss.[89] Dies geschieht durch ein stark abgestuftes Vorgehen der zuständigen Stellen[90], was auch dem Vorrang der Elternverantwortung für ihr

---

[81] BVerfGE 10, 59 (67); 24, 119 (143); 56, 363 (381 f.); 68, 176 (190); *Stein/Joest/Dombois*, Elternrecht, S. 10.

[82] *Badura* in Maunz/Dürig, Art. 6 Rn. 94; *Kunkel/Steffan* in SGB VIII LPK, § 1 Rn. 4; *Pieroth* in Jarass/Pieroth, Art. 6 Rn. 37; *Wiesner* in SGB VIII Wiesner, § 1 Rn. 17.

[83] *Gröschner* in Dreier, Art. 6 Rn. 101; *Jestaedt* in BK, Art. 6 Abs. 2 und 3 Rn. 42.

[84] BVerfGE 60, 79 (90); *Robbers* in Mangoldt/Klein/Starck, Art. 6 Rn. 148; *Wiesner* in SGB VIII Wiesner, § 1 Rn. 22.

[85] BVerfGE 24, 119 (144).

[86] *Böckenförde* in Essener Gespräche, S. 73; *D'Heur*, Schutzgebote, S. 84 ff.; *Gröschner* in Dreier, Art. 6 Rn. 100; *Robbers* in Mangoldt/Klein/Starck, Art. 6 Rn. 241.

[87] BVerfGE 74, 102 (124 f.); *Robbers* in Mangoldt/Klein/Starck, Art. 6 Rn. 243.

[88] *Badura* in Maunz/Dürig, Art. 6 Rn. 96; *Kunkel/Steffan* in SGB VIII LPK, § 1 Rn. 10.

[89] *Robbers* in Mangoldt/Klein/Starck, Art. 6. Rn. 247.

[90] *Kunkel/Steffan* in SGB VIII LPK, § 1 Rn. 10; *Robbers* in Mangoldt/Klein/Starck, Art. 6. Rn. 248.

Kind gegenüber einer staatlichen Erziehung gerecht wird.[91] Aus diesem Grund ist es unerlässlich, dass den natürlichen Eltern in Konfliktfällen - soweit für das Kindeswohl vertretbar - immer zuerst abgestuft Hilfe und Unterstützung zukommt, damit sie ihrer Aufgabe wieder selbst gerecht werden können.[92] Sind präventive Maßnahmen nicht Erfolg versprechend, da sie von den Eltern abgelehnt werden, greift bei anhaltender Kindeswohlgefährdung die eigenständige öffentliche Erziehungsbefugnis und Erziehungspflicht ein.[93]

Elternverantwortung kann nicht weiter reichen kann als die persönlichen Fähigkeiten ihrer Träger, was auf den Schutz ihrer Kinder jedoch keine Auswirkung haben darf. Denn selbst ein maximales und absolut gutwilliges Bemühen der Eltern kann aufgrund geistiger, körperlicher oder sonstiger Defizite unzureichend sein. Es besteht daher Einigkeit, dass ein Verschulden der Eltern nicht notwendig ist, damit staatliche Maßnahmen zum Schutz der Kinder in die Wege geleitet werden können und müssen.[94]

Im Falle einer Kindeswohlgefährdung ist der Staat wie festgestellt zum Einschreiten berechtigt und verpflichtet. Als Folge des grundrechtlichen Gesetzesvorbehalts dürfen Beeinträchtigungen anlässlich des staatlich ausgeübten Wächteramtes nur durch oder auf Grund eines Gesetzes erfolgen.[95] Eine Qualifikation des Gesetzesvorbehalts erfolgt dadurch, dass bei Eingriffen in das Elternrecht die staatlichen Maßnahmen der Pflege und Erziehung der Kinder - und somit dem Kindeswohl - dienen müssen.[96]

II. Einfachgesetzliche Grundlagen

Gesetzliche Konkretisierungen des staatlichen Wächteramtes enthalten vor allem die familienrechtlichen Befugnisse der §§ 1666, 1666a BGB sowie die Be-

---

91 *Badura* in Maunz/Dürig, Art. 6 Rn. 96; *Robbers* in Mangoldt/Klein/Starck, Art. 6. Rn. 247.

92 *Badura* in Maunz/Dürig, Art. 6 Rn. 96; *Böckenförde* in Essener Gespräche, S. 78; *Robbers* in Mangoldt/Klein/Starck, Art. 6. Rn. 247 f.; *Wiesner* in SGB VIII Wiesner, § 1 Rn. 23.

93 *Kunkel/Steffan* in SGB VIII LPK, § 1 Rn. 10.

94 BVerfGE 10, 59 (80); BVerfGE 60, 79 (88); *Badura* in Maunz/Dürig, Art. 6 Rn. 140; *Gröschner* in Dreier, Art. 6 Rn. 102; *Jestaedt* in BK, Art. 6 Abs. 2 und 3 Rn. 192; *Robbers* in Mangoldt/Klein/Starck, Art. 6. Rn. 245.

95 *Gröschner* in Dreier, Art. 6 Rn. 117; *Jestaedt* in BK, Art. 6 Abs. 2 und 3 Rn. 201; *Pieroth* in Jarass/Pieroth, Art. 6 Rn. 46.

96 *Pieroth/Schlink*, Rn. 652.

fugnisse der öffentlichen Jugendhilfe nach §§ 8 Abs. 3, 8a Abs. 3, 42 SGB VIII.[97] § 1666 BGB zieht dabei die Grenze, ab welcher der Staat mangels elterlicher „Sorge" für das Kind im Sinne des Art. 6 Abs. 2 S. 1 GG kraft seines Wächteramtes nach Art. 6 Abs. 2 S. 2 GG zum Eingreifen befugt ist.[98] Dies ist immer dann der Fall, wenn freiwillig in Anspruch zu nehmende präventive Maßnahmen zu keinem Erfolg führen oder von den Eltern abgelehnt werden. Der Norm § 1666 BGB kommt in diesem Zusammenhang die Rolle einer „Gefahrschwelle"[99] zu, wodurch sie den „Interventionsbereich des staatlichen Wächteramtes"[100] eröffnet. Unterhalb dieser auch als „Eingriffsschwelle"[101] bezeichneten Grenze darf in die Erziehungsbefugnis durch den Staat nicht eingegriffen werden.[102] Ausschlaggebend ist die Gefährdungsgrenze, worunter man in der Rechtsprechung „eine gegenwärtige, in einem solchen Maße vorhandene Gefahr versteht, dass sich bei der weiteren Entwicklung der Dinge eine erhebliche Schädigung des leiblichen, geistigen oder seelischen Wohls des Kindes mit ziemlicher Sicherheit voraussehen lässt".[103] Der Sach- und Normbereich unterhalb der Eingriffsschwelle des § 1666 BGB lässt sich als „Präventionsbereich des staatlichen Wächteramtes" charakterisieren.[104]

Art. 6 Abs. 3 GG ermöglicht die Trennung eines Kindes von seiner Familie. Er normiert einen spezifischen, nämlich den stärksten Eingriff des Staates in Pflege und Erziehung - und somit in das Elternrecht.[105] Der Eingriff ist unter einen speziellen Gesetzesvorbehalt gestellt, Voraussetzung ist die drohende Verwahrlosung des Kindes.[106] Die zwangsweise Trennung ist nur in schweren

---

97 *Kunkel/Steffan* in SGB VIII LPK, § 1 Rn. 12.

98 *Coester* in Staudinger, § 1666 Rn. 3.

99 *Kunkel/Steffan* in SGB VIII LPK, § 1 Rn. 11; *Ollmann*, FamRZ 1992, 389; *Wiesner* in SGB VIII Wiesner, § 1 Rn. 22.

100 *Bringewat* in SGB VIII LPK, § 8a Rn. 12.

101 *Bringewat* in SGB VIII LPK, § 8a Rn. 12; *Coester*, FamRZ 1991, 254; *Kunkel/Steffan* in SGB VIII LPK, § 1 Rn. 13.

102 *Coester* in Staudinger, § 1666 Rn. 78; *Kunkel/Steffan* in SGB VIII LPK, § 1 Rn. 11; *Wiesner* in SGB VIII Wiesner, § 1 Rn. 22.

103 BGH NJW 1956, 1434; BayObLG FamRZ 1977, 474; DAVorm 1981, 898; DAVorm 1983, 78; OLG Dresden FamRZ 2003, 1863; *Diederichsen* in Palandt, § 1666 Rn. 10.

104 *Bringewat* in SGB VIII LPK, § 8a Rn. 13.

105 BVerfGE 7, 320 (323); 31, 194 (210); 60, 79 (91); *Katz*, Staatsrecht, Rn. 750.

106 *Ipsen*, Grundrechte, Rn. 329; *Pieroth* in Jarass/Pieroth, Art. 6 Rn. 47; *Pieroth/Schlink*, Rn. 661; *Robbers* in Mangoldt/Klein/Starck, Art. 6. Rn. 255; anders, nämlich Art. 6 Abs. 3 GG als eigenständiges Grundrecht sehend: *Jestaedt* in BK, Art. 6 Abs. 2 und 3 Rn. 217.

Fällen der Gefährdung zu veranlassen und muss auf einer gesetzlichen Grundlage erfolgen.[107] Unter Trennung versteht man die tatsächliche Trennung bei grundsätzlichem Fortbestand der Eltern-Kind-Beziehung und der darauf beruhenden Rechte und Pflichten.[108] In diesem Zusammenhang ist § 1666a BGB zu betrachten, welcher den Grundsatz der Erforderlichkeit und Verhältnismäßigkeit konkretisiert und bei jeder Maßnahme nach § 1666 BGB zu beachten ist.[109] Die Zerstörung der Gemeinschaft von Eltern und Kindern soll nur als ultima ratio in Betracht kommen.[110]

Neben den dargestellten Vorschriften des Bürgerlichen Gesetzbuchs enthält vor allem das Achte Sozialgesetzbuch weitere einfachgesetzliche Grundlagen der Kinder- und Jugendhilfe, welche in Zusammenhang mit einer (möglichen) Kindeswohlgefährdung relevant sind.

§ 1 Abs. 1 SGB VIII stellt gleich zu Beginn den jungen Menschen als Berechtigten bei Förderung seiner Entwicklung und Erziehung dar. Es besteht jedoch weitgehende Einigkeit darüber, hieraus mangels Konkretisierung und fehlender Bezeichnung des Leistungsberechtigten keinen subjektiv öffentlichen Anspruch gegen den öffentlichen Träger abzuleiten.[111] Die Wortlautübereinstimmung von § 1 Abs. 2 S. 1, 2 SGB VIII mit dem Grundgesetz hat der Gesetzgeber bewusst gewählt.[112] Er wollte damit sicherstellen, dass das Recht auf Erziehung angesichts des weiten § 1 Abs. 1 SGB VIII nicht isoliert bewertet, sondern im Kontext des höherrangigen Verfassungsrechts interpretiert wird.[113]

In § 1 Abs. 3 Nr. 3 SGB VIII wird das staatliche Wächteramt[114] angesprochen und die Aufgabe der Kinder- und Jugendhilfe klar herausgestellt, Kinder und Jugendliche vor Gefahren für ihr Wohl zu beschützen. Vor allem die §§ 8 Abs. 3, 8a, 14, 42–48 SGB VIII befassen sich näher mit diesem neben der „Beratung" und „Unterstützung" dritten Element des Gesamtauftrags der Kinder-

---

107 *Robbers* in Mangoldt/Klein/Starck, Art. 6. Rn. 258 f.

108 BVerfGE 24, 119 (139).

109 *Berger* in Jauernig, §§ 1666–1667 Rn. 8; *Coester* in Staudinger, § 1666a Rn. 1.

110 *Coester* in Staudinger, § 1666a Rn. 7; *Diederichsen* in Palandt, § 1666a Rn. 2.

111 BT-Drucksache 11/5948, S. 44; *Kunkel/Steffan* in SGB VIII LPK, § 1 Rn. 3.

112 Der Abs. 2 S. 1 des § 1 SGB VIII ist wortgleich mit Art. 6 Abs. 2 S. 1 GG, wie § 1 Abs. 2 S. 2 SGB VIII auch wortgleich mit Abs. 2 S. 2 des Art. 6 GG ist.

113 *Wiesner* in SGB VIII Wiesner, § 1 Rn. 15.

114 Art. 6 Abs. 2 S. 2 GG, § 1 Abs. 2 S. 2 SGB VIII.

und Jugendhilfe.[115] Bei § 1 Abs. 3 Nr. 3 SGB VIII handelt es sich jedoch nur um eine Aufgaben beschreibende objektiv-rechtliche Norm, sie stellt keine Grundlage für Eingriffe der Jugendhilfe dar.[116]

Zum 01.10.2005 wurde durch das Gesetz zur Weiterentwicklung der Kinder- und Jugendhilfe (Kinder- und Jugendhilfeweiterentwicklungsgesetz - KICK) unter anderem § 8a in das SGB VIII neu eingeführt. Die Vorschrift trägt der Tatsache Rechnung, dass das „Ob" des staatlichen Schutzauftrags bei Kindeswohlgefährdung ausreichend verankert ist[117], das „Wie" der Aufgabenerfüllung aber bislang nur unzureichend geregelt war.[118] Es handelt sich bei § 8a SGB VIII um eine Vorschrift, welche einen einheitlichen Qualitätsstandard für das Handeln der Kinder- und Jugendhilfe beim Verdacht einer Kindeswohlgefährdung festlegt. Sie ist zum einen Teil Verfahrensvorschrift (etwa Beteiligung mehrerer Fachkräfte), zu einem anderen Teil enthält sie jedoch auch konkrete eigenständige Aufgabenzuweisungen (zum Beispiel Gefahreinschätzung, Anrufung des Familiengerichts).[119] Nicht zuletzt unter dem Eindruck der immer stärker in den öffentlichen Vordergrund tretenden und großes Aufsehen erregenden Fällen von Kindesmisshandlungen (siehe die obigen Fälle) sowie den daraus folgenden Strafverfahren gegen Sozialarbeiter erschien dem Gesetzgeber eine Konkretisierung des staatlichen Schutzauftrages der Kinder- und Jugendhilfe bei Kindeswohlgefährdung erforderlich.[120]

Das SGB VIII enthält nunmehr mit § 8a eine klare Regelung, die das Jugendamt dazu verpflichtet, Hinweisen über eine drohende Kindeswohlgefährdung nachzugehen und sich weitere Informationen zur Klärung und Risikoabwägung zu beschaffen. Ein Informationsverschaffungsrecht des Jugendamtes war darüber hinaus bis zur Einführung des § 8a SGB VIII nicht ausdrücklich geregelt, sondern konnte nur indirekt aus der Pflicht zur Anrufung des Familiengerichts nach § 50 Abs. 3 SGB VIII a. F. hergeleitet werden. Im Anschluss an die Informationsgewinnung ist zu entscheiden, ob das Kind besser durch Hilfe für die Familie (§§ 27 ff. SGB VIII) oder durch die Einschaltung des Familienge-

---

115 *Kunkel/Steffan* in SGB VIII LPK, § 1 Rn. 38.

116 *Münder u. a.* in FK SGB VIII, § 1 Rn. 29.

117 Art. 6 Abs. 2 S. 2 GG, § 1 Abs. 2 S. 2 SGB VIII in Verbindung mit § 1 Abs. 3 Nr. 3 SGB VIII.

118 *Bringewat* in SGB VIII LPK, § 8a Rn. 2.

119 *Münder u. a.* in FK SGB VIII, § 8a Rn. 2.

120 BT-Drucksache 15/3676, S. 30; *Bringewat* in SGB VIII LPK, § 8a Rn. 3.

richts, § 8a Abs. 3 S. 1 SGB VIII in Verbindung mit §§ 1666 f. BGB, geschützt werden kann.[121] Darüber hinaus ermöglicht § 8a Abs. 3 S. 2 SGB VIII in Verbindung mit dem ebenfalls durch das KICK neu geschaffenen § 42 Abs. 1 SGB VIII die vorläufige Inobhutnahme von akut gefährdeten Kindern allein durch Mitarbeiter des Jugendamtes, also ohne vorherige Ermächtigung des Familiengerichts. Eine solche Inobhutnahme kann als „Herausnahme" gerade auch gegen den erklärten Willen der Sorgerechtsberechtigten erfolgen.

In der aktuellen Fassung gibt das SGB VIII den Mitarbeitern von Jugendamt und Allgemeinem Sozialen Dienst (ASD) damit insgesamt eine Vielzahl von abgestuften Möglichkeiten der Hilfe und des Eingreifens an die Hand.

121 BT-Drucksache 15/3676, S. 30.

Zweites Kapitel: Strafbarkeitsprüfung

A. Allgemeines zur Strafbarkeit durch Unterlassen

I. Grundlegende Fragen

Das Strafgesetzbuch stellt ebenso wie das Nebenstrafrecht in den weitaus meisten der strafbaren Verhaltensweisen ein positives Tun unter Strafe, nur bisweilen auch das Unterlassen einer Handlung. Das hat seinen Grund zum einen in der „Bescheidenheit des Strafrechts"[122]: Der Normadressat soll sich grundsätzlich in der Gewissheit befinden, dass er sich allein durch den Verzicht auf die Vorsatztat rechtskonform verhält. Zum anderen kann es darüber hinaus nicht eine grundlegende Aufgabe des Strafrechts sein, die Bürger ganz allgemein zur Rettung gefährdeter Rechtsgüter durch persönlichen Einsatz anzuhalten.[123] Die gesetzlich geregelten Ausnahmen sind demnach auch überschaubar; – gezollter Tribut an den Grundsatz „Wer nichts tut, tut in der Regel auch nichts Unrechtes":[124] Im StGB enthaltene echte Unterlassungsdelikte sind zum Beispiel die unterlassene Verbrechensanzeige (§ 138 StGB) oder die unterlassene Hilfeleistung (§ 323c StGB). Bei einigen Straftatbeständen des StGB kann darüber hinaus ein Unterlassen neben einem Tun gleichsam unmittelbar tatbestandsmäßig sein. Eine solche Vereinigung eines Begehungs- und eines Unterlassungsdelikts in einem Tatbestand findet sich etwa bei der Untreue in Form der Vernachlässigung einer Vermögenssorgepflicht (§ 266 StGB) und dem Straftatbestand der Baugefährdung (§ 319 StGB). Eine ausdrückliche Erwähnung im Tatbestand ist dabei nicht erforderlich, sofern man durch Auslegung ebenfalls zum Ergebnis der Verwirklichungsmodalität Unterlassen gelangt.[125]

Darüber hinaus können zusätzlich zu den gesetzlich geregelten Unterlassungsdelikten die meisten Begehungsdelikte, zu deren Tatbestand ein Verletzungs- oder Gefährdungserfolg gehört, als unechte Unterlassungsdelikte auch durch Nichtabwendung des Erfolgs begangen werden. Voraussetzung für eine Strafbarkeit ist dabei jedoch immer eine rechtliche Einstandspflicht für das erwartete Handeln im Sinne des § 13 Abs. 1 StGB. Hierdurch wird im obigen Sinne

---

122 *Arzt* in FS-Rudolphi, S. 3.

123 *Jescheck/Weigend*, AT, § 58 II 1.

124 *Gropp*, AT, § 11 Rn. 1.

125 Vergleiche *Stree* in S/S, Vorbem. §§ 13 ff. Rn. 136.

gewährleistet, dass gerade nicht weitere Ausnahmen von der Straflosigkeit des Unterlassens zu Lasten der Normadressaten geschaffen werden.

Die Einfügung des § 13 in das StGB erfolgte durch das 2. StrRG.[126] Zuvor wurden die Erfolgsdelikte, die ein positives Tun voraussetzen, im Wege freier richterlicher Tatbestandsergänzung modifiziert, um so zu den besonderen Anforderungen einer Strafbarkeit durch Unterlassen gelangen zu können.[127] An diesem Vorgehen bestanden starke Zweifel hinsichtlich der Vereinbarkeit mit Art. 103 Abs. 2 GG[128], worauf der Gesetzgeber mit der Einführung des heutigen § 13 StGB in den Allgemeinen Teil des StGB reagiert hat. Erwartungsgemäß sieht sich auch diese Generalklausel Kritik dergestalt ausgesetzt, es fehle ihr an Bestimmtheit.[129] Die Bedenken, die Regelung sei verfassungswidrig, wurden vom Bundesverfassungsgericht jedoch nicht geteilt. In ihrem Beschluss vom 21.11.2002 bestätigte die 3. Kammer des Zweiten Senats des Bundesverfassungsgerichts die Verfassungsmäßigkeit von § 13 StGB hinsichtlich des Bestimmtheitsgebotes des Art. 103 Abs. 2 GG.[130] Die verfassungsrechtlichen Grenzen zulässiger Gesetzesinterpretation seien bei Auslegung des § 13 Abs. 1 StGB durch die Rechtsprechung nicht überschritten.[131]

II. Abgrenzung der Unterlassungsdelikte

Die Unterlassungsdelikte lassen sich wie bereits kurz angesprochen in die Kategorien der echten Unterlassungsdelikte (delicta omissiva) und der unechten Unterlassungsdelikte (delicta commissiva per omissionem) unterteilen.[132] Ihre Abgrenzung ist umstritten. Nach der herrschenden Ansicht erschöpft sich bei den echten Unterlassungsdelikten das strafbare Verhalten im Verstoß gegen

---

126 Verkündet am 04.07.1969, in Kraft getreten am 01.07.1975.

127 *Jescheck* in LK, § 13 Rn. 1; *Jescheck/Weigend*, AT, § 58 IV 2.

128 *Grünwald*, ZStW 1958, 418 ff.; *Schöne*, Unterlassene Erfolgsabwendungen und Strafgesetz, S. 277 ff.; *Stratenwerth*, AT/1, Rn. 988; anders *Nickel*, Die Problematik der unechten Unterlassungsdelikte, S. 179 ff.

129 Bedenken haben etwa: *Schöne*, Unterlassene Erfolgsabwendungen und Strafgesetz, S. 341; *Schürmann*, Unterlassungsstrafbarkeit und Gesetzlichkeitsgrundsatz, S. 190; *Seebode* in FS-Spendel, S. 329 ff.; anders *Jescheck/Weigend*, AT, § 58 IV 4; *Rudolphi* in SK, § 13 Rn. 3; *Stree* in S/S, § 13 Rn. 5.

130 BVerfGE 96, 97 f.; BVerfG NJW 2003, 1030 (Tenor 1.).

131 BVerfGE 96, 97 f.; BVerfG NJW 2003, 1030 (Tenor 2.).

132 Diese Unterscheidung geht zurück auf *Luden*, Abhandlungen aus dem gemeinen teutschen Strafrechte/2 [1840], S. 219 ff.

eine Gebotsnorm, also im bloßen Unterlassen einer bestimmten Tätigkeit, die zwar mittelbar einen „Erfolg" herbeiführen solle, aber ohne Rücksicht hierauf vom Gesetz gefordert werde.[133] Dagegen gehört beim unechten Unterlassungsdelikt der Erfolgseintritt gerade zum Tatbestand und belaste den zur Abwendung verpflichteten Garanten. Hiernach seien die echten Unterlassungsdelikte als Gegenstück zu den reinen Tätigkeitsdelikten zu sehen, die unechten Unterlassungsdelikte als Gegenstück zu den Erfolgsdelikten.[134] Indessen wird gegen diese Sicht eingewandt, auch die nach dieser Meinung „echten" Unterlassungsdelikte hätten einen Erfolg, welcher nur in manchen Fällen gegenüber dem Unterlassen nicht isolierbar sei, sondern in diesem bestehe.[135] *Roxin* wiederum erhebt die vorhandene oder fehlende „Begehungsgleichheit" zum maßgeblichen Abgrenzungskriterium.[136] Als problematisch wird hier jedoch erachtet, dass auch das unechte Unterlassungsdelikt einer Begehung durch positives Tun nicht gleichsteht.[137] Einer anderen Auffassung folgend sind echte und unechte Unterlassungsdelikte anhand eines äußerlich-formalen Kriteriums zu unterscheiden: Ihrer Regelung im Gesetz.[138] Demgemäß wären alle gesetzlich ausdrücklich geregelten Unterlassungsdelikte „echt", wohingegen die daneben in Lehre und Rechtsprechung geschaffenen Unterlassungsdelikte „unecht" sein sollen. Dem wird entgegengehalten, dadurch gehe der Unterschied zwischen echten und unechten Unterlassungsdelikten verloren und diese Ansicht werde auch vom Gesetz nicht gestützt, das eine Reihe von unechten Unterlassungsdelikten enthalte.[139] Tatsächlich wird etwa die Gefährdung des Straßenverkehrs durch Nichtkenntlichmachung haltender oder liegengebliebener Fahrzeuge (§ 315c Abs. 1 Nr. 2 lit. g StGB) mehrheitlich als unechtes Unterlassungsdelikt angesehen, so dass § 13 StGB Anwendung findet.[140]

---

133 BGHSt 14, 280 (281); *Jescheck/Weigend*, AT, § 58 III 2; *Lackner/Kühl*, § 13 Rn. 4; *Rudolphi* in SK, Vor. § 13 Rn. 10; *Wessels/Beulke*, Rn. 696.

134 *Jescheck/Weigend*, AT, § 58 III 2.

135 *Roxin*, AT/2, § 31 Rn. 22.

136 *Roxin*, AT/2, § 31 Rn. 17.

137 *Jescheck/Weigend*, AT, § 58 III 3.

138 So: *Gössel* in Maurach/Gössel/Zipf, AT/2, § 45 Rn. 38; *Kaufmann*, Unterlassungsdelikte, S. 272 ff.; *ders.*, JuS 1961, 174; *Stree* in S/S, Vorbem. §§ 13 ff. Rn. 137; *Welzel*, Das Deutsche Strafrecht, S. 202 ff.

139 *Jescheck* in LK, Vorbem. § 13 Rn. 91.

140 So: *Cramer/Sternberg-Lieben* in S/S, § 315c Rn. 27; *Horn* in SK, § 315c Rn. 16; *Jescheck* in LK, § 13 Rn. 1; *Lackner/Kühl*, § 315c Rn. 17a; anders, nämlich Betrachtung als echtes Unterlas-

In den nachfolgenden Erörterungen stehen ganz überwiegend die Straftatbestände der fahrlässigen Körperverletzung (§ 229 StGB) und der fahrlässigen Tötung (§ 222 StGB) jeweils in der Begehungsform des Unterlassens im Vordergrund des Interesses.[141] Sie sind nach allen Ansichten eindeutig der Gruppe der unechten Unterlassungsdelikte zuzuordnen, weshalb der aufgeworfene Streit angesichts dessen und unter Beachtung der weiteren in Frage kommenden Straftatbestände keine Rolle spielt.

B. Das fahrlässige unechte Unterlassungsdelikt

Im Rahmen des untersuchten Problemkreises sind vorsätzlich begangene unechte Unterlassungsdelikte die große Ausnahme, weshalb sie nicht Gegenstand der weiteren Erörterungen sein werden. Weitaus überwiegend sind für die hier zu prüfende Personengruppe der Mitarbeiter des Jugendamtes fahrlässige Unterlassungsdelikte in Betracht zu ziehen.

Vor über 90 Jahren bemerkte *Binding* über das fahrlässige Unterlassungsdelikt: „[...] in der Welt der Delikte das Kleinste der Kleinen", obwohl ihm doch die „allergrößte Ehre" gebührt.[142] Bedeutungslos waren Strafbarkeiten aufgrund fahrlässiger Unterlassung dabei nie. In der Dogmatik verdienen sie schon aus dem Grund Aufmerksamkeit, weil sich die zahlreichen Probleme von Fahrlässigkeit und Unterlassen bei ihrer Prüfung begegnen. Zudem bestand und besteht die „Gefahr der Pönalisierung irgendwelcher Pflichtverletzungen",[143] was es unbedingt zu vermeiden gilt, um eine Strafbarkeit aufgrund fahrlässigen Unterlassens nicht über Maß auszuweiten. Eine wachsende Bedeutung spielt das fahrlässige Unterlassungsdelikt gerade in der hier im Mittelpunkt der Betrachtung stehenden, in den 1990er Jahren aufgekommenen Frage nach der Strafbarkeit von Mitarbeitern des Jugendamtes bei Schädigung eines Kindes innerhalb der von ihnen betreuten Familie.

---

sungsdelikt: *Tröndle/Fischer* (54. A.), § 315c Rn. 11 (anders nun *Fischer* (56. A.), § 315c Rn. 11).

141 Siehe dazu gleich näher.

142 *Binding*, Die Normen und ihre Übertretung [1914], S. 102.

143 *Struensee*, JZ 1977, 217.

I. Handeln oder Unterlassen

Zunächst gilt es festzustellen, ob hinsichtlich des sozialarbeiterischen Verhaltens wirklich ein Unterlassen oder möglicherweise doch ein Tun in Erwägung zu ziehen ist. Die Relevanz der Abgrenzung liegt auf der Hand: Jemand, der einen Erfolg verursacht, ist Begehungstäter. Jemand, der einen Erfolg nicht verhindert, wird hingegen nur dann aufgrund eines unechten Unterlassungsdelikts bestraft, wenn er trotz vorliegender Garantenstellung unterlässt - § 13 Abs. 1 StGB. Ein Unterlassen ohne entsprechende Garantenstellung kann im schlimmsten Fall eine Strafbarkeit aus einem echten Unterlassungsdelikt, insbesondere unterlassene Hilfeleistung (§ 323c StGB), mit einer grundsätzlich weitaus geringeren Strafandrohung nach sich ziehen.

1. Grundsätzliche Abgrenzung

Die Abgrenzung zwischen Tun und Unterlassen erfolgt prinzipiell recht anschaulich und einfach: Ein Tun wird als „das Aufwenden von Energie in einer bestimmten Richtung", ein Unterlassen als „das Nichteinsetzen von Energie in einer bestimmten Richtung" interpretiert.[144] Fraglich ist somit für ein Tun, ob jemand durch aktiven Energieeinsatz einen Kausalverlauf in Gang gesetzt und dadurch ein Risiko für das geschützte Rechtsgut begründet oder erhöht hat. Ist dies nicht der Fall muss geprüft werden, ob demjenigen ein Unterlassen des Ingangsetzens einer Kausalkette vorzuwerfen ist.[145] Viele Fälle sind absolut eindeutig und können hierdurch unproblematisch voneinander abgegrenzt werden.

> Beispiel 1: Der Kinderwagen der Mutter M. rollt aufgrund einer defekten Bremse auf eine viel befahrene Straße zu. Obwohl M. den Kinderwagen anfangs leicht hätte verfolgen und anhalten können, sieht sie davon ab. Wie von ihr beabsichtigt wird der Kinderwagen von einem Fahrzeug erfasst und ihr Säugling kommt zu Tode. - M. unterlässt es hier Energie einzusetzen.

2. Fahrlässige Begehung

Bei anderen Sachverhalten gestaltet sich dies jedoch als schwierig. Das sind insbesondere Fahrlässigkeitstaten, bei denen die Sorgfaltspflichtverletzung in

---

144 *Engisch* in FS-Gallas, S. 170 f.; *Freund* in MK, § 13 Rn. 9 f.; *Gössel* in Maurach/Gössel/Zipf, AT/2, § 45 Rn. 30; *Schlüchter*, JuS 1976, 795.

145 *Otto*, GK AT, § 9 Rn. 2.

einem Handeln ohne die erforderlichen Sicherheitsvorkehrungen besteht. Sie können sowohl als positives Tun, als auch als Unterlassen verstanden werden.[146] Bekannte Beispiele sind der Ziegenhaar-[147], der Apotheker-[148] oder der Radfahrerfall[149].

Bei solch mehrdeutigen Verhaltensweisen wird von einem Großteil der Lehre die soeben dargestellte kausalitätsorientierte Abgrenzung abgelehnt. Sie wird in diesen Fällen als Wertungsproblem angesehen. Zu klären gelte es vielmehr, wo bei normativer Betrachtung und bei Berücksichtigung des sozialen Handlungssinnes der Schwerpunkt der Vorwerfbarkeit des Verhaltens oder der soziale Sinn liege.[150] Diese überwiegende Ansicht[151] wird von der Rechtsprechung gestützt.[152]

Die Gegenmeinung lehnt eine Wertung hingegen ab und verfährt nach der Kausalitätslehre. Demgemäß sei immer zuerst zu prüfen, ob der Täter den Erfolg durch einen objektiv tatbestandsmäßigen aktiven Energieeinsatz vorsätzlich oder fahrlässig, rechtswidrig und schuldhaft verursacht habe. Erst bei Verneinung stelle sich die Frage, ob der Täter eine bestimmte erwartete Handlung, durch die der Erfolg abgewendet worden wäre, unterlassen habe.[153]

Andere sind der Meinung, dass ein Verhalten, welches sowohl Begehungs- als auch Unterlassungselemente enthält, „im Zweifel" als positives Tun anzusehen sei.[154]

Gegen die vorherrschende Meinung spricht zum einen, dass sie Willkür- und Gefühlsurteilen mangels einheitlicher Zuordnungsmaßstäbe Tür und Tor öffnet, was gerade nicht Ausdruck des grundrechtlich verankerten Rechtsstaatsprinzips sein kann. Zum anderen wird durch eine „oberflächliche Global-

---

146 *Jescheck/Weigend*, AT, § 58 II 2.

147 RGSt 63, 211.

148 RGSt 15, 151.

149 BGHSt 11, 1.

150 *Otto*, GK AT, § 9 Rn. 2.

151 *Stree* in S/S, Vorbem. §§ 13 ff. Rn. 158; *Wessels/Beulke*, Rn. 700.

152 BGHSt 6, 46 (59); OLG Saarbrücken NJW 1991, 3045; BGH NStZ 1999, 607; BGH NStZ 2003, 657.

153 *Freund* in MK, § 13 Rn. 9 f.; *Jescheck/Weigend*, AT, § 58 II 2; *Joecks*, Studienkommentar, § 13 Rn. 15a; *Rudolphi* in SK, Vor. § 13 Rn. 6 f.

154 *Kaufmann Arthur* in FS-Schmidt, S. 212; *Spendel* in FS-Schmidt, S. 194.

prüfung"[155] das Ergebnis vorweggenommen. Somit mag diese Abgrenzungsmethode aufgrund ihrer „Flexibilität" in der Praxis durchaus zu vertretbaren Ergebnissen führen, richtig ist sie gleichwohl nicht. Die letztgenannte Ansicht hilft über das Problem nur hinweg, löst es aber nicht. Die besseren Argumente sprechen daher für die zweite Ansicht.

3. Übertragung auf die Kinder- und Jugendhilfe

a) Im Allgemeinen

Sofern im Rahmen einer Betreuung durch Mitarbeiter der Kinder- und Jugendhilfe eine Strafbarkeit aufgrund fahrlässigen unechten Unterlassens in Betracht zu ziehen ist, gilt es sie von einer Begehungsstrafbarkeit abzugrenzen.

In der überwiegenden Zahl von Fällen vorsätzlicher Kindeswohlbeeinträchtigungen durch Dritte bei erfolgter Betreuung durch die Kinder- und Jugendhilfe ist hinsichtlich des strafrechtlich relevanten Sozialarbeiterverhaltens ein Unterlassen auszumachen. Hiervon erfasst ist jegliches Untätigbleiben im Hinblick auf Maßnahmen zum Schutz von Kindern und Jugendlichen wie vor allem Inobhutnahme/Herausnahme nach § 8a Abs. 3 S. 2 SGB VIII in Verbindung mit § 42 SGB VIII. Die Vorenthaltung weniger einschneidender Maßnahmen der Förderung und Hilfe, §§ 16 ff. SGB VIII, ist gleichsam als Unterlassung zu qualifizieren. Ebenso die Nichteinholung von Informationen, die im Rahmen des § 8a Abs. 1 S. 1 SGB VIII für eine Gefahreinschätzung benötigt werden, sowie die Nichtweitergabe von fallrelevanten Informationen an einen Kollegen im Falle eines Zuständigkeitswechsels. Bei allen diesen Beispielen handelt es sich bereits unter Verwendung der einfachen Formel „Unterlassen ist das Nichteinsetzen von Energie in einer bestimmten Richtung" um Unterlassen und nicht um ein Tun.

Hat es ein zuständiger Sozialarbeiter „lediglich" versäumt, Maßnahmen und Hilfen einzuleiten oder im oben dargestellten Sinne anderweitig tätig zu werden, so liegt der alleinige Vorwurf im Unterlassen. Der maßgebliche Zeitpunkt für die Unterlassungsstrafbarkeit ist dabei der, von dem an die vorzunehmende Handlung undurchführbar oder aussichtslos wird.[156]

---

155 *Otto*, GK AT, § 9 Rn. 2.

156 *Eser* in S/S, § 8 Rn. 4.

Gleichwohl sind auch Verhaltensweisen von Mitarbeitern der Kinder- und Jugendhilfe denkbar, die ein Tun darstellen können. Hierunter fällt etwa die Zurückverbringung eines zuvor durch die Eltern misshandelten und deshalb in Obhut genommenen Kindes in seine Familie oder die Genehmigung von Umgang des Kindes mit gefährlichen Personen. Auch alle anderen sozialarbeiterischen Genehmigungen, die Auswirkungen auf das Kind und sein Umfeld haben, sind als Tun zu qualifizieren.

In diesen als mögliches Tun qualifizierten Verhaltensweisen kann jedoch alternativ auch ein Unterlassen gesehen werden: Ein Unterlassen, den Schutzauftrag des SGB VIII für das gefährdete Kind zu gewährleisten oder aufrecht zu erhalten. In einem solchen Fall bedarf es mit den oben dargestellten Ansichten einer Abgrenzung. Folgt man der herrschenden Ansicht, so ist für die Abgrenzung von Tun und Unterlassen deshalb danach zu fragen, wo bei normativer Betrachtung und bei Berücksichtigung des sozialen Handlungssinnes der Schwerpunkt der Vorwerfbarkeit des Verhaltens oder der soziale Sinn liegt.[157] Der Schwerpunkt des vorwerfbaren Verhaltens liegt in derartigen Konstellationen regelmäßig im Unterlassen, da das gesamte Betreuungsverhältnis vom Schutzauftrag des SGB VIII umfasst wird. Die eine Wertung ablehnende hier bevorzugte Kausalitätslehre prüft hingegen zunächst eine Erfolgsverursachung durch Begehen und erst im Anschluss eine Unterlassensstrafbarkeit. Eine fahrlässige Begehungsstrafbarkeit wegen eines wie beschriebenen Tuns erscheint dabei nicht generell ausgeschlossen. Auch die Ansicht, dass ein Verhalten, welches sowohl Begehungs- als auch Unterlassenselemente enthält, im Zweifelsfall als positives Tun anzusehen sei, kommt zu dem Ergebnis eines fahrlässigen Begehungsdelikts.

Sofern entgegen der herrschenden Meinung ein derartiges Verhalten als Tun klassifiziert wird, tritt noch ein anderes Problem auf, nämlich das kumulative Aufeinandertreffen von Tun und Unterlassen als unterschiedliche Verhaltensweisen in *einem Sachverhalt*. Eine Konstellation, wie sie gerade in längeren Betreuungsfällen durchaus vorkommen kann.

> Beispiel 2: Sozialarbeiterin S. nimmt Kind K. vorübergehend aus der Familie heraus, nachdem K. dort misshandelt wurde. Schon nach kurzer Zeit darf K. nach Genehmigung durch Frau S. in seine Familie zurückkehren. Weitere Misshandlungen schließen sich an, Frau S. bleibt jedoch untätig. K. wird schließlich von seinen Eltern getötet.

---

[157] Zweites Kapitel B. I. 2

Eine Schwerpunktermittlung im obigen Sinne ist in solchen Fällen nicht möglich, da aufgrund des Zusammentreffens von Tun (Rückgabe des Kindes) und Unterlassen unterschiedliche Tatzeiten im Sinne von § 8 StGB vorliegen.[158] Vielmehr muss zuerst normativ überprüft werden, ob nicht bereits eine Begehungsstrafbarkeit gegeben ist bevor danach gefragt werden kann, ob ein Handeln unterlassen wurde.

Bei kumulativem Vorliegen von Begehens- und Unterlassensverhaltensweisen ist eine Anklage aufgrund eines Begehungsdelikts jedoch unwahrscheinlich. Das geschilderte Begehungsverhalten (Rückgabe des Kindes, Genehmigungen) erfolgt meist zu einem so frühen Zeitpunkt, dass eine Fahrlässigkeitsstrafbarkeit an der Sorgfaltspflichtverletzung oder der Vorhersehbarkeit scheitern würde.

b) Beispielsfälle

Kommt man im Fall „Laura-Jane" zu dem Schluss, bereits vor dem Urlaubsantritt von Sozialarbeiterin Frau S. wäre eine Herausnahme des Kindes geboten gewesen, so ist auf das Unterlassen der Herausnahme abzustellen. Gebotener erscheint es aufgrund der scheinbar stabilisierten Situation zum Zeitpunkt des Gesprächs am 12.04.1994[159] jedoch, an das Ausbleiben einer Information der Familienhelferin Frau Hh. anzuknüpfen. So verschwieg Frau S. die Überforderungssituation der Mutter Frau T. und das damit einhergehende Pflegebedürfnis von Laura-Jane völlig, weshalb das strafrechtlich relevante Verhalten von Frau S. als Unterlassen zu qualifizieren ist.

Im Fall „Jenny" haben es die angeklagten Sozialarbeiter Herren B. und X. ebenfalls unterlassen, alle relevanten Informationen über die von Jennys Mutter, Frau R., ausgehenden Gefahren weiterzugeben. Auf die von Herrn X. an Frau R. erteilte Erlaubnis (als mögliches Tun), zusammen mit Jenny Weihnachten 1995 bei Herrn A. verbringen zu dürfen, kann nicht abgestellt werden. Es mangelt ersichtlich an der Kausalität des Verhaltens für den tatbestandlichen Erfolg, da Frau R. anschließend aufgrund eigener Entscheidung nicht mehr in das W-Heim zurückkehrte. Das Verhalten der angeklagten Sozialarbeiter stellt somit ein Unterlassen dar.

---

158 Die Tatzeit für die Unterlassung ist wie oben dargestellt die letzte Rettungsmöglichkeit; das Tun liegt immer zeitlich davor.

159 Erstgespräch mit den Mitarbeiterinnen der sozialpädagogischen Familienhilfe.

Das Nicht-Einholen von Informationen durch die Sozialarbeiterin Frau B. im Fall „Tanja“ kann nur als Unterlassen gesehen werden.

Im Fall „Kevin“ könnte in den mehrmals erfolgten Rückgaben des Kindes an Frau K. und/oder an Herrn Kk. nach bereits erfolgter Trennung von den Eltern ein Tun gegeben sein. Die herrschende Meinung sähe den Schwerpunkt der Vorwerfbarkeit dieses Verhaltens jedoch wohl im Unterlassen. Nach der hier bevorzugten Kausalitätslehre ist zuerst eine Begehungsstrafbarkeit auszuschließen, bevor für einen Taterfolg ein Unterlassen geprüft werden darf. Die letzte Rückgabe des Kindes Kevin erfolgte nach dem Tod seiner Mutter am 28.11.2005 an Herrn Kk. Zu diesem frühen Zeitpunkt - der Tod Kevins trat erst circa fünf Monate später ein - bestehen hinsichtlich der Vorhersehbarkeit des Erfolges und hinsichtlich der objektiven Sorgfaltspflichtverletzung jedoch erhebliche Bedenken. Eine Strafbarkeit wegen fahrlässiger Tötung durch Begehen kann an diesem Verhalten nur schwer festgemacht werden. Es ist deshalb auch hier nur auf die Nicht-Entfernung Kevins von Herrn Kk. abzustellen. Angesichts der Vielzahl von immer wieder erfolgten Körperverletzungen Kevins kommt darüber hinaus auch eine Nicht-Herausnahme des Kindes hinsichtlich jeder einzelnen Körperverletzung in Betracht, um so zu einer Strafbarkeit aufgrund fahrlässiger Körperverletzung durch Unterlassen in mehreren Fällen zu gelangen. Wegen der Tötung als Taterfolg beschränkt sich der Vorwurf auf die Nicht-Herausnahme Kevins zum letztmöglichen Rettungszeitpunkt im April 2006.

Für den Tod im Fall „Lea-Sophie“ kann nur ein Unterlassen im Sinne eines Untätigbleibens als relevantes Verhalten maßgeblich sein.

Zusammenfassend ist festzustellen, dass in Fällen der Betreuung durch das Jugendamt bei vorsätzlicher Schädigung des Kindes durch Dritte fast immer auf ein Unterlassen abgestellt werden muss, um einen Strafbarkeitsvorwurf begründen zu können. Nur ausnahmsweise erscheint eine Strafbarkeit wegen fahrlässigen Begehens durch den betreuenden Sozialarbeiter mit der der Kausalitätslehre folgenden Mindermeinung überhaupt denkbar:

> Beispiel 3: Sozialarbeiter S. verbringt Kind K. zurück in dessen Familie, nachdem M., die alleinerziehende Mutter von K., für mehrere Wochen auf einer Alkoholentziehungskur war. Bei der Rückgabe ist M. aggressiv, alkoholisiert und droht Herrn S. wie K. Prügel an. Herr S. gibt M. das Kind gleichwohl zurück. M. schädigt K. noch am selben Tag.

Mit der herrschenden Meinung ist der Schwerpunkt der Vorwerfbarkeit von ambivalenten Verhaltensweisen - Tun oder Unterlassen - innerhalb eines Betreuungsverhältnisses der Kinder- und Jugendhilfe regelmäßig im Unterlassen zu sehen.

II. Eintritt des tatbestandlichen Erfolgs im Sinne des § 13 StGB

1. Auslegung des Merkmals Erfolg

Es ist umstritten, was unter Erfolg im Sinne von § 13 Abs. 1 StGB zu verstehen ist. Eine Ansicht versteht darunter jeden tatbestandsmäßigen Sachverhalt, so dass über die Erfolgsdelikte hinaus auch schlichte Tätigkeitsdelikte und abstrakte Gefährdungsdelikte durch ein Unterlassen verwirklicht werden können. Eine Strafbarkeit aufgrund eines unechten Unterlassungsdelikts könne somit auch darin bestehen, dass der Täter es unterlässt, eigenes oder fremdes tatbestandsverwirklichendes Tun zu verhindern.[160]

Nach der Gegenmeinung ist § 13 Abs. 1 StGB nur bei Erfolgsdelikten anwendbar.[161] Hierunter versteht man Delikte, die in ihrem gesetzlichen Tatbestand einen von der Tathandlung abgrenzbaren Taterfolg fordern.[162] Nach dieser Ansicht sei § 13 Abs. 1 StGB nur als Norm für Erfolgsdelikte im engeren Sinne gedacht, da durch eine weite Auslegung des Begriffes „Erfolg" die Bestimmtheit nicht mehr zu gewährleisten sei.[163] Eine Beihilfe durch Unterlassen sei hingegen bei allen Delikten möglich, da sich die Haupttat als der für § 13 Abs. 1 StGB notwendige Erfolg der Beihilfe darstelle.[164]

2. Bedeutung für die Kinder- und Jugendhilfe

Der Streit wäre dann von Bedeutung für die Kinder- und Jugendhilfe, sofern Straftatbestände in Betracht zu ziehen sind, die mit der strengeren Ansicht *Jeschecks* und *Rudolphis* nicht vereinbar wären. Demnach ist fraglich, welche Straftatbestände die beteiligten Sozialarbeiter jeweils durch Unterlassen verwirklicht haben könnten. An fahrlässigen Delikten, auf die sich die Prüfung beschränkt, kommen wie bereits erwähnt die fahrlässige Körperverletzung

---

160 *Jakobs*, AT, 29/2; *Mitsch* in B/W/M, AT (10. A.), § 15 III Nr. 2; *Stree* in S/S, § 13 Rn. 3; *Tenckhoff* in FS-Spendel, S. 361; zustimmend aber einschränkend: *Lackner/Kühl*, § 13 Rn. 6.

161 *Jescheck* in FS-Tröndle, S. 796; *Jescheck* in LK, § 13 Rn. 2; *Rudolphi* in SK, § 13 Rn. 10.

162 *Wessels/Beulke*, Rn. 23.

163 *Jescheck* in LK, § 13 Rn. 2.

164 *Jescheck* in LK, § 13 Rn. 2.

(§ 229 StGB) sowie die fahrlässige Tötung (§ 222 StGB) in Betracht. Diese Delikte stellen unproblematisch Erfolgsdelikte dar, weshalb auf sie nach beiden Ansichten § 13 Abs. 1 StGB anwendbar ist.

Darüber hinaus wird von *Beulke/Swoboda* die „fahrlässige Körperverletzung mit Todesfolge (§§ 227, 13 Abs. 1 StGB)" angeführt.[165] Diese Formulierung ist jedoch recht unglücklich, da sie den Anschein erweckt, auch durch ein fahrlässiges (Unterlassungs-)Grunddelikt könne § 227 Abs. 1 StGB erfüllt werden. Schon allein der Wortlaut von § 227 Abs. 1 StGB mit seinem Klammerzusatz „(§§ 223 bis 226)" lässt eine derartige Auslegung jedoch nicht zu. Für den Grundtatbestand des § 227 Abs. 1 StGB ist demnach immer eine vorsätzliche Körperverletzung notwendig.[166] An Unterlassungsdelikten kommt in diesem Zusammenhang daher nur eine vorsätzliche Körperverletzung durch Unterlassen mit Todesfolge in Frage. Für den Fahrlässigkeitsvorwurf reicht die Voraussehbarkeit des Erfolges aus, da bereits die Begehung des Grunddelikts eine Sorgfaltsverletzung darstellt.[167] Aus diesem Grund handelt es sich bei der Strafbarkeit aufgrund Körperverletzung durch Unterlassen mit Todesfolge (§ 227 Abs. 1 StGB in Verbindung mit § 13 StGB) als erfolgsqualifiziertem aber vorsätzlichem Grunddelikt um keinen für diese Arbeit relevanten Straftatbestand.

Weitere Straftatbestände, die zum Teil im Zusammenhang mit dem Verhalten von Mitarbeitern des Jugendamtes geprüft werden, sind ebenfalls Vorsatztaten. Dabei ist an die Verletzung der Fürsorge- oder Erziehungspflicht (§ 171 StGB) und die Strafbarkeit wegen Aussetzung (§ 221 StGB) zu denken.

Die für diese Arbeit bedeutsamen Delikte sind somit die fahrlässige Körperverletzung und die fahrlässige Tötung. Ihre Verwirklichung durch Unterlassen im Sinne von § 13 StGB ist unstreitig möglich.

In den eingangs dargestellten fünf Beispielsfällen kommt eine Strafbarkeit gemäß §§ 222, 13 Abs. 1 StGB bei „Laura-Jane", „Jenny", „Kevin" sowie „Lea-Sophie" in Betracht. Der tatbestandliche Erfolg ist in allen vier Fällen mit dem Tod des Kindes eingetreten. Eine Strafbarkeit nach §§ 229, 13 Abs. 1 StGB

---

165 *Beulke/Swoboda* in FS-Gössel, S. 74.

166 *Stree* in S/S, § 227 Rn. 1.

167 *Fischer*, § 227 Rn. 7a.

kommt im Fall „Tanja" in Betracht, sowie in den vier anderen vorgenannten Fällen zumindest als Durchgangsdelikt.

III. Nichtvornahme nötiger Rettungshandlung trotz Handlungsmöglichkeit

1. Nichtvornahme einer Rettungshandlung

Ein bloßes Nichtstun stellt noch kein strafrechtlich relevantes Unterlassen dar. Dies ist erst der Fall, wenn die Rechtsordnung von dem Betroffenen eine bestimmte Handlung fordert.[168] Für den Tatbestand des Unterlassungsdelikts ist daher auf das Ausbleiben derjenigen Handlung abzustellen, welche in der konkreten Situation erforderlich gewesen wäre. Vorzunehmen ist dabei - aus ex ante Perspektive - immer die Handlung, mittels derer sich unter den gegebenen Umständen der Eintritt des tatbestandlichen Erfolges möglichst effektiv abwenden lässt.[169]

In diesem Zusammenhang gilt es zu klären, auf welchen Zeitpunkt hinsichtlich der gebotenen Handlung abzustellen ist. § 8 S. 1 StGB sieht eine Unterlassungstat zu der Zeit als begangen an, zu welcher der Täter hätte handeln müssen. Für tatbestandsmäßige Erfolge, die über einen längeren Zeitraum hinweg hätten abgewandt werden können, bewegt sich der maßgebliche Tatzeitpunkt zwischen dem die Handlungspflicht auslösenden Ereignis und dem Zeitpunkt, ab dem ein Handeln aussichtslos oder zwecklos geworden ist.[170]

Die im Rahmen dieser Arbeit relevanten Unterlassungsstrafbarkeiten zeichnen sich in den allermeisten Fällen dadurch aus, dass der Tatzeitpunkt nicht exakt bestimmt werden kann, sondern gerade in einen „Rettungszeitraum" fällt. Diese Zeitspanne beginnt, wenn ein im Rahmen der Betreuung gebotenes Handeln (etwa die Inobhutnahme des Kindes) aus ex ante Sicht erstmals hätte vorgenommen werden müssen und endet regelmäßig unmittelbar vor dem Erfolgseintritt, sofern die erfolgsabwendende Handlung bis dahin möglich und aussichtsreich gewesen wäre.

---

168 *Jescheck/Weigend*, AT, § 59 I; *Kühl*, AT, § 18 Rn. 27; *Otto*, GK AT, § 9 Rn. 1; *Rudolphi* in SK, Vor. § 13 Rn. 4; *Stree* in S/S, Vorbem. §§ 13 ff. Rn. 139.

169 *Kindhäuser*, StGB-LPK, § 13 Rn. 9.

170 *Eser* in S/S, § 8 Rn. 4; *Fischer*, § 8 Rn. 4; *Hoyer* in SK, § 8 Rn. 4.

Stellt man im Fall „Laura-Jane“ auf eine Maßnahme nach § 8a Abs. 3 S. 1 SGB VIII in Verbindung mit §§ 1666, 1666a BGB[171] als gebotene Handlung ab, so beginnt der Tatzeitraum mit dem Zeitpunkt, in dem erstmals ein derartiges Vorgehen notwendig geworden ist. Da der Tod Laura-Janes in den Urlaub der Sozialarbeiterin Frau S. fiel, endet der Rettungszeitraum in dem Zeitpunkt, als Frau S. ihre Einwirkungsmöglichkeit aufgab.[172] Soll die ausreichende Instruierung der Familienhelferin, Frau Hh., hingegen die gebotene Handlung darstellen, so erstreckt sich die für die Tat ausschlaggebende Zeitspanne vom Beginn des Gesprächs am 12.04.1994, bei dem gleichzeitig die Betreuung aus der Hand gegeben wurde, bis zu dem Zeitpunkt, zu dem eine Abwendung des Todes von Laura-Jane durch Information von Frau Hh. nicht mehr möglich war. Letzterer ist zugleich der Zeitpunkt, ab dem eine von Frau Hh. in die Wege geleitete ärztliche Behandlung Laura-Janes den Erfolg nicht mehr verhindert hätte.

Im Fall „Jenny“ wäre eine exakte und vollständige Unterrichtung des betreffenden Nachfolgers erforderlich gewesen, um eine adäquate und gefahrlose Unterbringung des Kindes zu erreichen. Auch hier stellt die Nicht-Unterrichtung des neu zuständigen Sozialarbeiters das die Handlungspflicht auslösende Ereignis dar. Für Herrn B. handelt es sich um den Zeitpunkt der Neuunterbringung von Frau R. am 13.03.1994, für Herrn X. ist das Übergabegespräch am 08.02.1996 maßgeblich. Der Tatzeitraum endet für Herrn B. und Herrn X. in dem Zeitpunkt, in dem die Information der zuständigen Kollegen über die Gefährlichkeit der Mutter, Frau R., den Todeserfolg nicht mehr hätte abwenden können. Jenny hätte bis zu ihrer Tötung am 13.03.1996 durch eine Trennung von Frau R. beziehungsweise von deren Freunden Frau C. und Herr P. noch vor dem Tode bewahrt werden können, so dass der im Sinne des § 8 StGB bedeutsame Zeitpunkt nahe am Erfolgseintritt liegt.

Die Jugendamtsmitarbeiterin im Fall „Tanja“, Frau B., hat es nach den Hinweisen durch die Vertrauenslehrerin, Frau S., unterlassen, weitere Informationen einzuholen, wodurch der Tatzeitraum mit dem Telefonat am 10.07.1995 in Gang gesetzt wurde. So lange die Nachholung des pflichtgemäßen Handelns zur Erfolgsabwendung (erneuter sexueller Missbrauch im Sommer 1995) noch möglich und aussichtsreich gewesen wäre, dauert der Rettungszeitraum an. In

---

171 Trennung des Kindes von der Mutter nach heutiger Gesetzeslage.

172 Angesichts von Fernkommunikationsmitteln kann der Zeitpunkt so weit reichen, wie eine Intervention (Verständigung von Kollegen/Polizei) den Erfolg des Todes noch hätte abwenden können.

diesem Fall ist davon auszugehen, dass sich Frau B. die bereits erfolgten Vergewaltigungen Tanjas mittels medizinischer Untersuchungen erschlossen hätten, woraufhin eine Trennung des Kindes von seiner Familie erfolgt wäre. Eine Erfolgsverhinderung durch Informationseinholung über die Situation Tanjas wäre somit bis kurz vor dem weiteren sexuellen Missbrauch möglich und auch aussichtsreich gewesen.

Die Handlungspflicht zur Inobhutnahme Kevins nach § 8a Abs. 3 S. 2 SGB VIII in Verbindung mit § 42 SGB VIII gefolgt von einer gerichtlichen Entziehung des Sorgerechts nach § 8a Abs. 3 S. 1 SGB VIII in Verbindung mit §§ 1666, 1666a BGB[173] durch den Sozialarbeiter Herrn S. entstand spätestens bei Kenntnisnahme des Berichts der Professor-Hess-Kinderklinik Mitte Oktober 2004. In diesem Bericht werden die schweren Verletzungen Kevins durch äußere Gewalteinwirkung geschildert, wodurch die Gefahr für das weitere Wohl des Kindes offensichtlich wurde. Eine Abwendung des Taterfolges wäre bis zu dem Zeitpunkt möglich gewesen, in dem Kevin durch Herrn Kk. die für den Tod ursächlichen fünf Knochenbrüche zugefügt wurden (Ende April bis Anfang Mai 2006).

Das für den Tod Lea-Sophies maßgebliche Unterlassen des zuständigen Sozialarbeiters stellt die unterbliebene Gefahreinschätzung für das Kind im Sinne von § 8a Abs. 1 SGB VIII dar. Es kann dabei auf den Zeitpunkt der vagen Hinweise durch den Großvater, Herrn G., (Datum unbekannt) oder auf den 12.11.2007 Bezug genommen werden, als Nachbarn das Jugendamt über das „Verschwinden" von Lea-Sophie informierten. Ob die vagen Hinweise strafrechtlich bereits relevant werden konnten, gilt es noch zu untersuchen. In jedem Fall endete der Rettungszeitraum im Sinne von § 8 StGB mit dem Zeitpunkt, in dem die Wiederaufnahme der Ernährung - eine solche wäre vom zuständigen Sozialarbeiter bei Sichtung des Kindes sofort in die Wege geleitet worden - den tatbestandlichen Erfolg nicht mehr hätte abwenden können, also wohl mehrere Tag vor dem Tod Lea-Sophies am 20.11.2007.

2. Handlungsmöglichkeit und Handlungsfähigkeit

Des Weiteren ist die individuelle Handlungsfähigkeit des Täters zur Gefahrabwendung erforderlich, da die Nichtvornahme einer unmöglichen Hand-

[173] Trennung Kevins von seinen Eltern nach heutiger Gesetzeslage.

lung kein Unterlassen darstellt.[174] Rechtlich gefordert wird demnach nur, was dem Normadressaten in der Gefahrensituation physisch möglich ist.[175] Diese Möglichkeit zur Vornahme der erforderlichen Rettungshandlung fehlt bei völliger Handlungsunfähigkeit. In Betracht kommt dabei vor allem Dienstunfähigkeit wegen schwerer plötzlicher Erkrankung, aufgrund von Unfällen und Bewusstseinsverlust. Bei nur leichteren Erkrankungen wie etwa Erkältung oder Grippe wird sich die Pflicht des zuständigen erkrankten Sozialarbeiters hinsichtlich dringend zu erledigender Aufgaben im Rahmen seiner Betreuungsfälle (etwa Wohnungskontrolle weil eine Inobhutnahme davon abhängt) regelmäßig zu einer zumindest telefonischen Unterrichtungspflicht gesunder Kollegen wandeln. Darüber hinaus kann mangelnde räumliche Nähe eine Gefahrabwendung unmöglich machen. Auslandsaufenthalte, Fernreisen et cetera kommen hier aber gerade nicht in Betracht, da in einem solchen Fall die Betreuung für diesen Zeitraum nach umfassender Instruierung an einen Kollegen übertragen werden muss. Das gilt umso mehr, als bei Auslandsaufenthalten/Fernreisen und ähnlichem im Gegensatz zur Erkrankung die Unmöglichkeit sogar vorsätzlich herbeigeführt wird. Die Möglichkeit zur Vornahme der erforderlichen Rettungshandlung fehlt darüber hinaus bei nichtvorhandenen Rettungshilfsmitteln[176] oder mangelnder Kenntnis ihrer Bedienung, sowie individueller Unfähigkeit.[177]

Beispiel 4: Aufgrund dringender Gefahr im Sinne von § 8a Abs. 3 S. 2 SGB VIII möchte Sozialarbeiterin S. das Kind K. in Obhut nehmen. Das Wohnhaus, in dem K. mit seinem Vater V. lebt, liegt sehr abgeschieden. Der gewaltbereite V. verweigert die Herausgabe des Kindes. Der Versuch, die Polizei im Wege der Amtshilfe zuzuziehen, scheitert, da kein Mobilfunknetz für einen Handyanruf existiert. S. verlässt die Familie. Während ihrer Rückfahrt wird K. von V. geschädigt.

Die Handlungs*un*fähigkeit ist somit immer dann zuzubilligen, wenn der Untätige in der konkreten Situation nichts Sinnvolles zur Gebotserfüllung beisteuern kann.[178] Ob dies der Fall ist, wird rein objektiv bestimmt. Stellt sich die Frage, ob die Gefahr, die Handlungsmöglichkeit oder das konkret Erforderliche dem Unterlassenden bekannt war oder hätte bekannt sein können, ist nur der Vor-

---

174 *Mitsch* in B/W/M, AT, § 15 Rn. 15.

175 *Haft*, AT, S. 182.

176 Vergleiche nachfolgendes Beispiel 4.

177 *Wessels/Beulke*, Rn. 708.

178 *Roxin*, AT/2, § 31 Rn. 9.

satz beziehungsweise die Fahrlässigkeit, nicht aber die Handlungsfähigkeit hiervon betroffen.[179]

Streit herrscht darüber, ob die Zumutbarkeit der Rettungshandlung Einfluss auf die Handlungsfähigkeit haben und sie ausschließen kann. Der Begriff der Zumutbarkeit ist eine Übertragung dieses regulativen Prinzips aus § 323c StGB.[180] Danach ist eine Hilfeleistung nicht zumutbar, wenn sich der Täter dadurch erheblichen eigenen Gefahren aussetzen oder wenn er andere wichtige Pflichten verletzen würde.[181] Teilweise wird zwar durchaus vertreten, die Zumutbarkeit normgemäßen Verhaltens wirke sich auf die Handlungsfähigkeit aus[182], die herrschende Ansicht sieht in ihr jedoch richtigerweise ein Element der Schuld.[183] In den dargestellten Fällen ist eine Unzumutbarkeit der gebotenen Handlung wegen dadurch entstehender zu großer eigener Gefahr ohnehin nicht ersichtlich.

Denkbar wäre in diesem Zusammenhang jedoch, dass ein angeklagter Sozialarbeiter zu seiner Verteidigung die Belastung mit zu vielen Fälle und Aufgaben anführt, was zur Unterlassung im Einzelfall geführt habe. Es handelt sich bei zu vielen übertragenen Vorgängen jedoch nicht um ein Problem der Zumutbarkeit, so dass Handlungsmöglichkeit/-fähigkeit in derartigen Fällen immer vorliegt. Das Thema Überlastung von Mitarbeitern des Jugendamtes wird allerdings im Rahmen der Fahrlässigkeit eine Rolle spielen.

IV. Ursächlicher Zusammenhang zwischen Untätigbleiben und Erfolgseintritt

Delikte, bei denen das Gesetz an die Handlung zusätzlich den Eintritt eines bestimmten Erfolges knüpft, bedürfen einer speziellen Prüfung, ob sich der Erfolg auch wirklich als das „Werk" des Täters darstellt.[184] Dadurch werden zufällig

---

179 *Cramer/Sternberg-Lieben* in S/S, Vorbem. § 13 Rn. 143; *Roxin*, AT/2, § 31 Rn. 11; *Rudolphi* in SK, Vor. § 13 Rn. 3; *Wessels/Beulke*, Rn. 709; teilweise vermischend: *Jescheck/Weigend*, AT, § 59 II.

180 *Haft*, AT, S. 182 f.

181 *Cramer/Sternberg-Lieben* in S/S, § 323c Rn. 21.

182 Etwa: *Haft*, AT, S. 182 f.

183 *Rudolphi* in SK, Vor. § 13 Rn. 13.

184 *Lenckner/Eisele* in S/S, Vorbem. § 13 Rn. 71/72.

oder anderweitig eingetretene Erfolge ausgeschlossen. Denn strafrechtlich relevant kann nur sein, wofür der Täter auch verantwortlich zu machen ist.[185]

Die herrschende Ansicht geht mit der Bedingungs- oder Äquivalenztheorie von der Gleichwertigkeit aller Bedingungen eines Erfolges aus. Nach der ganz ursprünglichen Version dieser Theorie ist eine Handlung ursächlich für den Erfolg, wenn sie nicht hinweggedacht werden kann, ohne dass der Erfolg in seiner konkreten Form entfiele. Man spricht kurz von der „condicio sine qua non" Formel.[186] Diese Theorie war und ist viel kritisiert, weshalb sie immerfort erweitert, ergänzt oder gar ersetzt wird.[187] Auf (fahrlässige) unechte Unterlassungsdelikte sind die in diesem Zusammenhang entwickelten Formeln und Theorien für Begehungsdelikte jedoch nur eingeschränkt anwendbar. So herrschte seit dem 19. Jahrhundert ein ausgeprägter Streit darüber, ob es eine „Unterlassungskausalität" überhaupt geben könne. Der Streit an sich wird bei *Liszt/Schmidt* als „einer der unfruchtbarsten, welche die strafrechtliche Wissenschaft je geführt hat" bezeichnet.[188] Da diese Einschätzung auch 80 Jahre später noch zutrifft, scheint es ausreichend, sich nur der heutigen herrschenden Lehre zuzuwenden.[189] Diese verneint eine Kausalität des Unterlassens im Sinne eines „realen Bewirkens des Erfolges".[190] Manche sprechen von einer „Quasikausalität"[191], andere von einer „hypothetischen Kausalität"[192] und *Roxin* gänzlich unbeeindruckt entgegen der herrschenden Meinung sogar von „Kausalität des Unterlassens"[193]. Freilich fordern auch die Gegner einer Unterlassungskausalität das Vorliegen eines Zusammenhangs zwischen der unterlassenen Handlung und dem eingetretenen Erfolg, wodurch die Entbehrlichkeit des Streits deutlich wird. Gleichzeitig sind sich die Befürworter durchaus bewusst, dass die Bege-

---

185 *Otto*, GK AT, § 6 Rn. 12.

186 Zurückgehend auf: *Glaser*, Strafrecht.

187 Vor allem, wenn die c.s.q.n. Formel als selbständige Kausalitätsformel benutzt wird: so etwa *Hoyer* in FS-Rudolphi, S. 100 f.; *Jescheck* in LK, Vorbem. § 13 Rn. 55; *Kaufmann Arthur* in FS-Schmidt, S. 207 f.

188 *Liszt/Schmidt*, Lehrbuch des deutschen Strafrechts [1927], S. 164.

189 Eine kurze Darstellung des Streits findet sich bei *Roxin*, AT/2, § 31 Rn. 37 ff.

190 Mit unterschiedlichen Begründungen: *Jescheck/Weigend*, AT, § 58 III 3; *Kaufmann Arthur* in FS-Schmidt, S. 214; *Welzel*, Das deutsche Strafrecht, S. 212 f.

191 *Freund* in MK, Vor. §§ 13 ff. Rn. 319; *Gropp*, AT, § 11 Rn. 71; *Haft*, AT, S. 180 f.; *Kühl*, AT, § 18 Rn. 35.

192 *Jescheck* in LK, § 13 Rn. 17; *Stree* in S/S, § 13 Rn. 61.

193 *Roxin*, AT/2, § 31 Rn. 42.

hungskausalität einen aktiven Energieeinsatz voraussetzt, welcher bei Unterlassungsdelikten gerade fehlen muss. Eine eingehende Behandlung von Kausalität und objektiver Zurechnung erfolgt in dieser Arbeit im Anschluss an die Fahrlässigkeitsprüfung.

V. Garantenstellung

Bei der Prüfung von unechten Unterlassungsdelikten kommt dem Merkmal der so genannten Garantenstellung[194] entscheidende Bedeutung zu, weil mit ihm der Kreis der Personen festgelegt wird, die taugliche Täter des unechten Unterlassungsdelikts sein können. Die Relevanz dieser Abgrenzung wird deutlich, wenn man ein einfaches Fallbeispiel zu Hilfe nimmt. So haftet die Erziehungsberechtigte aufgrund ihrer Garantenstellung bei einer Gefahr für ihr Kind, während Personen ohne verwandtschaftlichen oder sonstigen Bezug zum Kind oder zur Gefahr allenfalls wegen § 323c StGB strafrechtlich haften. Nicht alle Beziehungen von möglichen Unterlassungstätern zu anderen Personen oder Sachen sind jedoch so eindeutig und konsensfähig. Welche Anforderungen muss ein Täter also erfüllen, damit eine Garantenstellung bejaht werden kann?

Im Rahmen der Begehungsdelikte stellt sich diese Frage für gewöhnlich nicht, denn bei ihnen ist im Normalfall[195] jeder strafbar, der die gesetzlich verbotene Handlung vornimmt. Ebenso richten sich echte Unterlassungsdelikte gerade an alle Personen, die etwas unterlassen haben, denen ein Handeln also möglich gewesen wäre. Eine solch undifferenzierte Vorgehensweise zur Begründung von unechten Unterlassungsdelikten würde jedoch zu einer beträchtlichen und unverhältnismäßigen Ausuferung der Strafbarkeit führen. Aus diesem Grunde ist eine Filterung unverzichtbar, um den Kreis der Täter auf ein verfassungsrechtlich tragbares Maß einzuschränken.

Das Gesetz ist hierbei wenig hilfreich. Der Wortlaut des § 13 Abs. 1 StGB[196] umschreibt die Garantenstellung lediglich mit „ [...], wenn er rechtlich dafür einzustehen hat, dass der Erfolg nicht eintritt, [...]". Der Garantenstellung kommt

---

[194] Dieser Begriff wurde zuerst verwendet von: *Nagler*, GerS 1938, 1 ff.; später bei BGHSt 16, 155 (158); BGHSt 38, 288 (389); *Maiwald*, JuS 1981, 480.

[195] Hier bilden natürlich die Sonderdelikte eine Ausnahme, wenngleich sie in Relation eher selten relevant sein dürften.

[196] Eingeführt durch das Zweite Gesetz zur Reform des Strafrechts (2. StrRG), verkündet am 04.07.1969 (BGBl. I S. 717), in Kraft getreten am 01.07.1975.

danach zusammen mit der später noch zu behandelnden Entsprechungsklausel die Aufgabe zu, das Unterlassen mit dem Begehen gleichzustellen, um so eine Strafbarkeit durch Unterlassen zu begründen. Konkrete Merkmale, deren Erfüllung zur Annahme einer Garantenstellung führen, benennt das Gesetz jedoch nicht. Eine nur grobe Umschreibung besagt, es handle sich um solche Personen, die eine „herausgehobene soziale Stellung einnehmen, aufgrund derer sie eine besondere - über die jedermann obliegende Solidaritäts- und Beistandspflicht hinausgehende - Verantwortung für den Nichteintritt des tatbestandlichen Erfolges haben"[197]. Die die Garantenstellung konkret begründenden Umstände sind somit ungeschriebene Tatbestandsmerkmale und entsprechend ihrer enormen Bedeutung Gegenstand einer noch immer andauernden Diskussion in Rechtsprechung und Lehre. Bis heute hat der Streit in keiner allgemeingültigen Formel zur Begründung von Garantenstellungen gemündet. Einig ist man sich jedoch darüber, dass weder bloße tatsächliche Möglichkeiten den Erfolg zu verhindern, noch alleine sittliche oder moralische Pflichten zur Erfolgsabwendung genügen, um eine Garantenstellung zu begründen.[198] Das Gesetz spricht eindeutig von einer „rechtlichen" Pflicht. Ebenso wenig kann ein echtes Unterlassungsdelikt die Garantenstellung für ein unechtes Unterlassungsdelikt begründen, da es sich dort gerade um eine allgemeine und jedermann treffende Rechtspflicht handelt.[199]

Eine Zusammenfassung der historischen Entwicklung dessen, was wir heute als Garantenstellung bezeichnen, gefolgt von einem Überblick über die aktuelle Behandlung des Streits in Lehre und Rechtsprechung, schafft im nachfolgenden die Ausgangsbasis für einen Transfer der Diskussion auf den Bereich der Sozialarbeiterunterlassung bei Kindeswohlbeeinträchtigung.

1. Historische Entwicklung

Erste Ansätze, ein Unterlassen als strafwürdig anzusehen, zeigen mittelalterliche Quellen. So war im hochmittelalterlichen Sachsenspiegel ein Unterlassen dem positiven Tun etwa dann gleichgestellt, wenn ein gehaltenes Haustier[200]

---

197 *Mitsch* in B/W/M, AT, § 15 Rn. 44.

198 BGHSt 30, 391 (394); *Rudolphi* in SK, § 13 Rn. 19, mit weiteren Nachweisen.

199 RGSt 64, 273 (276); 73, 52 (55); BGHSt 3, 65 (67); *Jescheck* in LK, § 13 Rn. 19; *Jescheck/Weigend*, AT, § 59 IV 2; anders noch die absolut untragbare Rechtsprechung zur Zeit der nationalsozialistischen Herrschaft: RGSt 71, 187 (189); 74, 185 (189).

200 Hierunter fielen Hunde, zahme Wölfe, Hirsche, Bären, Affen und andere.

nicht davon abgehalten wurde, jemanden zu verletzen.[201] Im Schwabenspiegel[202] wird das Verhungernlassen eines Gefangenen durch die Gefängniswärter gleichgesetzt „als ob sie ihn mit ihren Händen hätten erschlagen".[203] Die Strafe war jedoch gemildert auf 20 Pfund Land-Pfennige, die an den König zu leisten waren.[204] In Art. 122 f. der Constitutio Criminalis Carolina von 1532 wird schließlich das Nichtverhindern von Unzucht anderer durch Eltern, Ehegatten und Hauseigentümer der aktiven Kuppelei gleichgestellt. Diese Vorschriften sollen jedoch nicht darüber hinwegtäuschen, dass im (ausklingenden) Mittelalter ganz überwiegend Begehungsdelikte unter Strafe gestellt waren. Bei den wenigen Unterlassungsdelikten handelte es sich um speziell geregelte Einzelfälle und nicht um allgemeingültig abstrahierte Normen.[205] Die Gleichstellung von Unterlassen und Tun wurde dementsprechend auch nicht als Problem angesehen, da sie einfach gesetzlich festgelegt war, wo es notwendig und angemessen erschien.

Erst zu Beginn des 19. Jahrhunderts wurde versucht, generelle Bestrafungsregeln für Unterlassungsdelikte aufzustellen. *Feuerbach* führt in seinem Lehrbuch aus:

> „Sofern eine Person ein Recht auf wirkliche Aeusserung unserer Thätigkeit hat, insofern giebt es Unterlassungsverbrechen (delicta omissionis im Gegensatz von delicta commissionis). Weil aber die ursprüngliche Verbindlichkeit des Bürgers nur auf Unterlassungen geht, so setzt ein Unterlassungsverbrechen immer einen besonderen Rechtsgrund (Gesetz oder Vertrag) voraus, durch welchen die Verbindlichkeit zur Begehung begründet wird. Ohne diesen wird man durch Unterlassung kein Verbrecher."[206]

Die „Rechtsquellenlehre" war damit geboren. Im Jahr 1828 fügte *Stübel* den beiden von *Feuerbach* festgelegten Rechtsgründen Gesetz und Vertrag erstmals die Fälle der Ingerenz, also der Gefahrschaffung aufgrund vorangegangenen Verhaltens[207], hinzu.[208] Damit war bereits im frühen 19. Jahrhundert ein Grundstock der wichtigsten Garantenstellungen geschaffen, wenngleich man noch

---

201 Sachsenspiegel (entstanden 1220–1235), Zweites Buch Landrecht, Kapitel LXII (Bild Nr. 110, Folio 40v).

202 Entstanden um 1275.

203 Kapitel CCXCI.

204 Eine vergleichsweise niedrige Strafe.

205 *Nagler*, GerS 1938, 5.

206 *Feuerbach/Mittermaier*, Lehrbuch des Peinlichen Rechts [1847], § 24.

207 *Stree* in S/S, § 13 Rn. 32, mit weiteren Nachweisen.

208 *Stübel*, Ueber die Theilnahme mehrerer Personen an einem Verbrechen [1828], S. 59 f.

nicht genau zwischen unechten und echten Unterlassungsdelikten unterschied und auch das Gleichstellungsproblem als solches nicht vollends erkannt hatte.[209]

In der zweiten Hälfte des 19. Jahrhunderts dominierte im deutschen Schrifttum der strafrechtliche Naturalismus.[210] Vor dem Hintergrund des Kausalitätsdogmas widerfuhr vor allem der Garantenstellung aus Ingerenz erhebliche Beachtung, da bei ihr zumindest ohne Probleme ein Kausalzusammenhang zwischen Vorhandlung und Erfolg herzustellen war.[211] Die Rechtsprechung arbeitete hingegen weiterhin mit der Rechtsquellenlehre, welche um 1930 als erweiterte Theorie der Rechtspflichtwidrigkeit (sogenannte formelle Rechtsquellenlehre) auch im Schrifttum die ganz herrschende Ansicht widerspiegelte.[212] Unterlassungen waren damit dem aktiven Tun gleichgestellt, sofern sich die Erfolgsabwendungspflicht aus Gesetz, Vertrag oder Ingerenz ergab.[213] In den dreißiger Jahren kam die „enge Lebens- und Gefahrengemeinschaft" als vierter Entstehungsgrund für eine Garantenstellung hinzu.[214] Während der nationalsozialistischen Herrschaft fielen formelle Begrenzungen einer Unterlassungsstrafbarkeit nach und nach dem Unrechtsstaat zum Opfer. Die Gleichstellung von Tun und Unterlassen wurde zuletzt nur noch auf eine vom „gesunden Volksempfinden konstatierte gleiche Strafwürdigkeit" zurückgeführt.[215]

2. Die formelle Rechtsquellenlehre[216]

Nach dem Zweiten Weltkrieg orientierte sich die Rechtsprechung des Bundesgerichtshofs weiterhin an der bereits vor der NS-Zeit herrschenden formellen Rechtsquellenlehre.[217] Ihr zufolge habe immer dann die Gleichstellung eines Unterlassens mit einem aktiven Tun zu erfolgen, wenn das Verhalten gegen

---

209 *Rudolphi*, Gleichstellungsproblematik, Erstes Kapitel § 2 IV.

210 *Schünemann*, ZStW 1984, 289, mit weiteren Nachweisen.

211 *Roxin*, AT/2, § 32 Rn. 3.

212 *Roxin*, AT/2, § 32 Rn. 4; *Schünemann*, ZStW 1984, 291.

213 *Schünemann*, ZStW 1984, 290 f.

214 Vergleiche Rechtsprechungsübersicht bei *Schünemann*, ZStW 1984, 292, Fn. 19.

215 *Schünemann*, ZStW 1984, 300.

216 Sie wird auch „formelle Rechtspflichttheorie" genannt, vergleiche *Roxin*, AT/2, § 32 Rn. 4; *Schünemann*, ZStW 1984, 291 ff.

217 BGHSt 2, 153 ff.; BGHSt 19, 168 ff.

eine Erfolgsabwendungspflicht aus Gesetz, Vertrag oder Ingerenz verstoße.[218] Diese Sichtweise stellt somit allein auf den formellen Entstehungsgrund der Handlungspflicht ab, ohne ihren Inhalt bei der Gleichstellung eines Unterlassens mit einem Tun heranzuziehen.

Für die formelle Rechtsquellenlehre spricht auf den ersten Blick ihre Klarheit. Durch die formale Herleitung von Kategorien zur Garantenstellung wird der Bestimmtheitsgrundsatz des Art. 103 Abs. 2 GG eingehalten und eine „Überstrapazierung" des grundsätzlich verfassungskonformen[219], aber wenig aussagekräftigen § 13 Abs. 1 StGB vermieden.

Die Zweifel an dieser Lehre basieren zum einen auf der Tatsache, dass es mittels ihr nicht möglich ist, die Reichweite einer Garantenstellung genauer zu bestimmen oder einzugrenzen. So kritisiert *Gössel*, die formelle Rechtsquellenlehre stelle zu einseitig auf die Entstehungsgründe einer Garantenstellung ab. Die „Qualität der Garantenstellung als tatsubjektbestimmendes Merkmal" sei vernachlässigt worden, denn die „Garantenstellung muss stets in Bezug auf das konkret beeinträchtigte Rechtsgut bestehen".[220] Zum anderen wird der formellen Rechtsquellenlehre vorgeworfen, auch sie könne die Entstehung von Garantenstellungen nicht begründen. *Roxin* bezeichnet sie als „nicht mehr haltbar"[221] und geht mit dieser traditionellen Ansicht hart ins Gericht, indem er die vier herkömmlichen Garantenkategorien Gesetz, Vertrag, Ingerenz und enge Lebens- beziehungsweise Gefahrengemeinschaft gleichsam angreift: Die Frage, welche Voraussetzungen ein Gesetz erfüllen müsse, damit sich aus ihm eine Erfolgsabwendungspflicht ergeben könne, sei bis heute nicht beantwortet.[222] Zudem werde die althergebrachte Garantenstellung aus Vertrag durch das allerorten wiedergegebene Beispiel mit dem nicht erschienenen Bergführer ad absurdum geführt.[223] Niemand werde annehmen wollen, ein Bergführer sei aufgrund des gültigen Vertrages erfolgsabwendungspflichtig, wenn sich die Touristen allein auf den Weg gemacht haben und zu Schaden gekommen sind.[224] Ablehnend äußert sich *Roxin* auch hinsichtlich der Garantenstellung aus

---

218 Vergleiche die Nachweise bei *Schünemann*, ZStW 1984, 291, Fn. 16.

219 BVerfGE 96, 68 (83).

220 *Gössel* in Maurach/Gössel/Zipf, AT/2, § 46 Rn. 58.

221 *Roxin*, AT/2, § 32 Rn. 10.

222 *Roxin*, AT/2, § 32 Rn. 11 f.

223 *Roxin*, AT/2, § 32 Rn. 13.

224 *Roxin*, AT/2, § 32 Rn. 13.

Ingerenz, denn es sei nicht ersichtlich welche konkreten Rechtspflichten sie auszulösen vermögen.[225] Hinsichtlich der Garantenstellung aus enger Lebens- und Gefahrengemeinschaft wendet *Roxin* ein, handle es sich bei den ihr zugrunde liegenden Handlungspflichten nur um solche sittlicher Art[226], weshalb dieser Garantenstellung schon der Wortlaut von § 13 Abs. 1 StGB („*rechtlich* dafür einzustehen hat") entgegenstehe.[227]

3. Materielle Lehren

In der Literatur herrschen seit längerem Ansichten vor, welche die Garantenstellungen nach materiellen Kriterien unterscheiden.

a) Die Funktionenlehre

Ausgangspunkt ist die von *Kaufmann* begründete Lehre[228], die als „Funktionenlehre" bezeichnet wird.[229] Diese unterscheidet dahingehend, ob eine besondere Schutzpflicht für bestimmte Rechtsgüter (Obhuts- oder Beschützergarant) oder aber eine Verantwortlichkeit für eine bestimmte Gefahrenquelle (Überwachergarant) besteht. Dabei ist der Beschützergarant allein kraft seiner Garantenstellung dafür zuständig, die von ihm zu beschützende Person vor jeglichem Schaden zu bewahren. Er steht somit im Lager eines Rechtsgutinhabers, also eines Menschen, der Opfer tatbestandsmäßiger Erfolge werden kann.[230] Eine Erfolgsabwendungspflicht anderen Personen gegenüber, die möglicherweise demselben Risiko ausgesetzt sind wie der Schützling, besteht über § 323c StGB hinaus nicht.

Der Überwachergarant befindet sich im Gegensatz zum Beschützergaranten gerade in der Sphäre der Gefahrenquelle. Seine Aufgabe ist es, jedermann gegen Schädigungen durch die ihm zur Überwachung übertragene Person oder Sache zu bewahren. Der Unterschied zwischen den beiden Kategorien der

---

225 *Roxin*, AT/2, § 32 Rn. 14.

226 Vergleiche bereits oben Zweites Kapitel B. V.

227 *Roxin*, AT/2, § 32 Rn. 15.

228 *Kaufmann*, Unterlassungsdelikte, S. 282 ff.

229 Vergleiche *Androulakis*, Unterlassungsdelikte, S. 205 ff.; *Gropp*, AT, § 11 Rn. 21 ff.; *Jescheck* in LK, § 13 Rn. 19 ff.; *Jescheck/Weigend*, § 59 IV 2; *Joecks*, Studienkommentar, § 13 Rn. 21 ff.; *Kindhäuser*, StGB-LPK, § 13 Rn. 34 ff.; *Köhler*, AT, S. 212; *Krey*, AT/2, Rn. 332 ff.; *Kühl*, AT, § 18 Rn. 44 ff.; *Mitsch* in B/W/M, AT, § 15 Rn. 44 ff.; *Rudolphi* in SK, § 13 Rn. 24 ff.; *Stratenwerth/Kuhlen*, § 13 Rn. 14; *Stree* in S/S, § 13 Rn. 9; *Wessels/Beulke*, Rn. 716.

230 *Mitsch* in B/W/M, AT, § 15 Rn. 46.

Funktionenlehre liegt somit auf der Hand: Eine eingrenzbare Anzahl von Schützlingen steht einer unendlichen Anzahl von Gefahren gegenüber, wenn von einer Beschützergarantenstellung gesprochen wird. Genau umgekehrt liegt es hingegen bei der Überwachergarantenstellung: Die Zahl der zu kontrollierenden Gefahren ist überschaubar, nicht jedoch die Zahl der potentiellen Opfer. Durch diese Einteilung der Garantenstellungen wird erreicht, dass „an die Stelle einer sonst in der Schutzrichtung diffusen Garantenpflicht eine inhaltlich konkretisierte Erfolgsabwendungspflicht des jeweiligen Garantentyps tritt".[231]

Die Funktionenlehre vermag somit eine präzisere Bestimmung der sich aus einer Garantenstellung ergebenden Garantenpflichten zu leisten, indem sich die beiden Kategorien des Beschützer- und des Überwachergaranten gerade gegenseitig ausschließen. Der große Kritikpunkt, dem sich die Funktionenlehre aussetzen muss, wird sichtbar, wenn man sich den ursprünglichen Anspruch, dem es gerecht zu werden galt, noch einmal vor Augen führt: Die Beantwortung der Frage, welches die allgemeingültigen Entstehungsvoraussetzungen von Garantenstellungen sind. Die Funktionenlehre bedient sich bei der Einteilung in die zwei genannten Kategorien jedoch nur bereits vorhandener Garantenstellungen; über ihre Entstehung vermag sie keine Aussage zu treffen. Bei der Funktionenlehre kann man daher nicht von einer materiellen Garantenlehre sprechen.[232]

Vermöge der Grundkonzeption *Kaufmanns* erwuchsen im Laufe der Zeit immer kompliziertere und aufwändiger konstruierte Theorien zur materiellen Begründung von Garantenstellungen. Ihre große Zahl würde den für die zu untersuchende Problematik relevanten Rahmen sprengen[233], weshalb sich die folgende Darstellung auf einige verbreitete Ansichten beschränkt.

b) „Grundfälle" als Ausgangspunkt einer Garantenstellung

Pfleiderers Ansatz zur Lösung des Gleichstellungsproblems ist dabei eine der ungewöhnlichsten Ausprägungen. Sein Vorschlag besteht darin, „Grundfälle" zu sammeln, bei denen das Feststehen einer Garantenpflicht offensichtlich und zweifelsfrei sei. Als Beispiel sei der Schwimmlehrer angeführt, welcher auch

231 *Bringewat*, Sozialpädagogische Familienhilfe, S. 37.

232 *Stratenwerth/Kuhlen*, AT, § 13 Rn. 15; skeptisch auch: *Pawlik*, ZStW 1999, 335 ff.; *Seelmann* in NK StGB, § 13 Rn. 34 ff.

233 Sehr ausführlich zu diesem Thema: *Sangenstedt*, Garantenstellung.

angesichts des ertrinkenden Schwimmschülers keine Rettungsmaßnahmen ergreift. Diese „Grundfälle" sollen als Stützpfeiler dienen. Um sie herum ließen sich alsdann andere ähnliche Garantenstellungen entwickeln. Bei einer zu weiten Entfernung vom Zentrum - also des „Grundfalls" - sei eine Garantenstellung abzulehnen.[234] Die Kritik gegen *Pfleiderers* Fallvergleichung erstreckt sich zum einen auf die unklaren Auswahlkriterien, nach denen Fälle zu „Grundfällen" erhoben werden. Zum anderen ist eine einheitliche Grenzziehung bei den zu entwickelnden ähnlichen Fallgestaltungen nicht möglich. Es besteht somit die Gefahr einer zufälligen und uferlosen Ausweitung bei der Gleichstellung.[235] Die Ansicht *Pfleiderers* verstößt damit gegen den strafrechtlichen Grundsatz nullum crimen sine lege, Art 103 Abs. 2 GG, § 1 StGB.[236]

c) Gegenseitige Erwartungen innerhalb der Sozietät

Brammsen und *Otto* vertreten die Ansicht, Garantenstellungen gründeten sich auf „gegenseitige Erwartungen innerhalb der Sozietät".[237] Hierzu seien zunächst allgemein anerkannte, auf Erfolgsabwendung gerichtete „Erwartungserwartungen" auszumachen. Im Anschluss sei zu beurteilen, ab wann ein Verstoß gegen diese Rollenpflichten zur Bejahung einer Garantenstellung führe, einem Begehen also ebenbürtig ist. In Betracht kämen dabei nur solche Erwartungen, die allgemein erwartet werden und von „solcher Festigkeit und solchem Gewicht sind, dass ihre Verletzung einen derart schweren Schaden bedeutet [...] wie durch positives Tun."[238] Die Kritiker dieser Theorie stoßen sich an ihrer Unbestimmtheit. Welche der unzähligen Erwartungen sollen aus welchem Grunde strafrechtlich relevant sein?[239] Die Unsicherheitsfaktoren führen ebenso wie bei der Ansicht *Pfleiderers* dazu, die Begründung von Garantenstellungen anhand gegenseitiger Erwartungen innerhalb der Gesellschaft in Anbetracht von Art. 103 Abs. 2 GG als unhaltbar abzulehnen.[240] Ein weiterer

---

[234] *Pfleiderer*, Garantenstellung, S. 96 ff.

[235] *Gössel* in Maurach/Gössel/Zipf, AT/2, § 46 Rn. 62; *Schünemann*, Grund und Grenzen der unechten Unterlassungsdelikte, S. 89; *ders.*, GA 1974, 240.

[236] *Sangenstedt*, Garantenstellung, S. 166 f.

[237] *Brammsen*, Die Entstehungsvoraussetzungen der Garantenpflichten, S. 445; *Otto/Brammsen*, Jura 1985, 530 ff.

[238] *Otto*, GK AT, § 9 Nr. 5.

[239] *Roxin*, AT/2, § 32 Rn. 31.

[240] *Sangenstedt*, Garantenstellung, S. 145.

Kritikpunkt ist die Zurückdrängung der „Sollensfunktion der Strafrechtsordnung“ zu Gunsten einer sozialen Faktizität.[241]

d) Differenzierung nach dem Ursprung der Pflichten

Eine andere Weiterentwicklung der Grundidee *Kaufmanns* betreibt *Jakobs,* wenn er zwischen „Pflichten kraft Organisationszuständigkeit“ (Verkehrspflichten, Ingerenz) und „Pflichten kraft institutioneller Zuständigkeit“ (z.B. Ehe, Eltern-Kind-Verhältnis) differenziert.[242]

Die eine Garantenstellung begründenden „Pflichten kraft Organisationszuständigkeit“ zeichneten sich dadurch aus, dass der Haftungsgrund für das Unterlassungsdelikt mit dem Haftungsgrund des „Begehungs-Herrschaftsdelikts“ identisch sei.[243] Bei diesem Haftungsgrund handle es sich um den Grundsatz der „Rücksichtnahme auf andere bei der Gestaltung eines Organisationskreises“.[244] Daneben träten die „Pflichten kraft institutioneller Zuständigkeit“, welche eine Garantenstellung für diejenigen Fälle begründeten, in denen Pflichten zur Aufopferung und somit zur Solidaritätsgarantie bestünden.[245]

Kritiker bemängeln eine inhaltliche Konkretisierung der garantenbegründenden Kriterien.[246] Zudem werde der „einigermaßen einheitlich verwendete Garantenbegriff“ dadurch, dass die Kriterien auch über die Begehungstäterschaft entscheiden sollen, in seiner täterschaftseingrenzenden Form entwertet.[247] Letztendlich erscheint auch diese Konstruktion zu unbestimmt, um zu verlässlichen und tragbaren Ergebnissen bei der Prüfung der Gleichwertigkeit von Begehen und Unterlassen zu gelangen.

e) Die Herrschaft über den Grund des Erfolges

Eine von *Schünemann* begründete Lehre macht die Begründung einer Garantenstellung an der „Herrschaft über den Grund des Erfolges“ fest und nimmt

---

241 *Gössel* in Maurach/Gössel/Zipf, AT/2, § 46 Rn. 62.

242 *Jakobs,* AT, 28/14 ff.

243 *Jakobs,* AT, 28/14.

244 *Jakobs,* AT, 28/14; 29/29 ff.

245 *Jakobs,* AT, 28/15; 29/57 ff.

246 *Gössel* in Maurach/Gössel/Zipf, AT/2, § 46 Rn. 63.

247 *Brammsen,* Die Entstehungsvoraussetzungen der Garantenpflichten, S. 142.

dafür die Natur der Sache in Anspruch.[248] Dabei unterscheidet der Verfasser „Obhutsbeziehung über die Hilflosigkeit des Rechtsguts“ und „Sachherrschaft über den Gefahrenherd“.[249] *Roxin* spricht von „Schutzherrschaft“ und „Sicherungsherrschaft“.[250] Analog zur Tatherrschaft eines Begehungstäters soll ein Unterlassen immer dann gemäß § 13 Abs. 1 StGB einem Begehen gleichgestellt werden, wenn der Unterlassungstäter den Grund des Erfolges beherrscht. Die Frage die sich geradezu aufdrängt ist jedoch, welche Merkmale erfüllt sein müssen, damit eine Person den Grund des Erfolges in nach dieser Ansicht relevanten Art und Weise beherrscht. Führen wir uns das eingangs verwendete Fallbeispiel noch einmal vor Augen.[251] Ohne Zweifel existiert eine Obhutsbeziehung der Erziehungsberechtigten über ihr hilfloses Kind, wodurch sie dieser Lehre zufolge „Herrschaft über den Grund des Erfolges“ hat. Warum aber werden auch die Vertreter dieser Ansicht eine sich exakt gleich verhaltende weitere Person ohne Bezug zum Kind und zur Gefahr nicht zur Garantin nach § 13 Abs. 1 StGB machen? Die Antwort ist so einfach wie unbefriedigend: Das Kriterium der Kontrollherrschaft bedarf der weiteren Konkretisierung und vor allem der normativen Abgrenzung.[252] Schließlich verlangt § 13 Abs. 1 StGB eine „rechtliche“ Einstandspflicht, die nicht aus einer rein faktischen Herrschaftsbeziehung hergeleitet werden kann. Am Ende ist mit der Kontrollherrschaftslehre nichts gewonnen. Vielmehr handelt es sich abermals um eine Ansicht, welche unter dem Mangel leidet, dass feste Grenzen der unechten Unterlassungsdelikte mit ihr nicht auszumachen sind.[253] Allein die Herrschaft über den Grund des Erfolges kann nicht ausreichen, um dem Täter die „normwidrig handelnd-inaktiv herbeigeführte Rechtsgutbeeinträchtigung als die seine zuzurechnen“[254].

---

248 *Schünemann*, Grund und Grenzen der unechten Unterlassungsdelikte, S. 237 ff.; überwiegend zustimmend: *Roxin*, AT/2, § 32 Rn. 31; *Rudolphi* in SK, § 13 Rn. 26, 46; *Sangenstedt*, Garantenstellung, S. 345 f.

249 *Schünemann*, Zum gegenwärtigen Stand der Dogmatik der Unterlassungsdelikte in Deutschland, S. 72 ff.

250 *Roxin*, AT/2, § 32 Rn. 19.

251 Zweites Kapitel B. V.

252 *Roxin*, AT/2, § 32 Rn. 21.

253 *Brammsen*, Die Entstehungsvoraussetzungen der Garantenpflichten, S. 69 ff.; *Stree* in S/S, § 13 Rn. 15.

254 *Gössel* in Maurach/Gössel/Zipf, AT/2, § 46 Rn. 61.

4. Stellungnahme

Ebenso wie gegen die formellen, sind auch gegen die materiellen Ansichten teils schwerwiegende Einwände zu erheben. Die Funktionenlehre ist, wie oben dargestellt, nicht dazu geeignet, die Begründung von Garantenstellungen zu erklären. Andere materielle Theorien sind zwar grundsätzlich geeignet, die Entstehungsvoraussetzungen von Garantenstellungen erfassen zu können. Ihre Probleme stellen jedoch die mangelnde Bestimmtheit, sowie die enorme Menge an garantenpflichtbegründenden Kriterien dar, die es zu bewältigen gibt. *Gössel* bemerkt hierzu vollkommen richtig: „Indessen haben sich die bisherigen Vorschläge im Schrifttum im wesentlichen deshalb nicht durchsetzen können, weil sie wegen ihrer häufig monokausalen Ansätze die Fülle der garantenpflichtbegründenden Kriterien nicht erfassen konnten oder aber wegen der Weite und Unklarheit der verwendeten Merkmale keine ausreichend sichere Bestimmung der Garantenstellung und damit der Strafbarkeit mehr erlaubten."[255] Die Absicht, alle nur denkbaren strafrechtlich relevanten Unterlassungen abstrakt zu erfassen und sie mittels einer mehr oder weniger handgerechten Formel auf eine Begehungsgleichheit hin zu überprüfen, bereitet naturgemäß Schwierigkeiten. Angesichts der Vielschichtigkeit von Lebensverhältnissen, aus denen sich Garantenstellungen ergeben können, ist ein derart hoher Grad der Abstraktion erforderlich, dass es unweigerlich zu einer Unbestimmtheit kommen muss, sobald eine der Theorien auf konkrete Fälle angewandt wird. Alle hier untersuchten materiellen Theorien leiden unter dem Manko der Unbestimmtheit ihrer Voraussetzungen und sind daher aufgrund Unvereinbarkeit mit Art. 103 Abs. 2 GG abzulehnen.

Wer wie *Mitsch*[256] allein den „traditionellen Rechtsquellen-Kanon" zur Begründung von Garantenstellungen für relevant hält, sieht sich der von *Roxin* ausgeführten Kritik ausgesetzt, jene Theorie könne die Entstehungsgründe der Garantenstellung nicht erklären.[257] Zudem sei die Reichweite einer Garantenstellung nicht genauer zu bestimmen oder einzugrenzen.[258] Beidem ist grundsätzlich zuzustimmen.

---

[255] *Gössel* in Maurach/Gössel/Zipf, AT/2, § 46 Rn. 60.

[256] *Mitsch* in B/W/M, AT, § 15 Rn. 51.

[257] Siehe oben: *Roxin*, AT/2, § 32 Rn. 10 ff.

[258] *Bringewat*, Sozialpädagogische Familienhilfe, S. 35.

Die beste Lösung stellt eine Verknüpfung der formellen Rechtsquellenlehre und der materiellen Garantenlehre dar.[259] Der Kritik an der Funktionenlehre, sie könne die Begründung einer Garantenstellung nicht erklären, wird damit begegnet, da die formelle Rechtsquellenlehre eine solche Begründung liefert. Gleichzeitig wird das sehr einseitige Abstellen der formellen Rechtsquellenlehre auf die Entstehungsgründe von Garantenstellungen damit kompensiert. Gegen den Vorwurf, die formelle Rechtsquellenlehre vermöge die Entstehungsgründe von Garantenstellungen nicht begründen, kann eingewandt werden, dass bei einer derartigen Verschmelzung formeller und materieller Aspekte die formelle Rechtsquelle nicht mehr allein ausschlaggebend ist für die Begründung einer Garantenstellung. Vielmehr gilt es eine Gesamtschau anzustellen. *Jakobs* merkt an: „Insbesondere schafft ein Gesetz nicht ex nihilo eine Garantenstellung, sondern kann allenfalls die Grenzen einer Organisationszuständigkeit oder einer Institution klären."[260] In vielen Fällen würde die Rechtspflicht zu handeln nicht entfallen, wenn es das Gesetz nicht gäbe.[261] Tatsächlich finden die ursprünglichen Garantenkategorien Gesetz und Vertrag bei dieser Verknüpfung formeller und materieller Ansichten oftmals gar keine Anwendung mehr. Sie gehen vielmehr auf in teilweise neuen, materiell zu umgrenzenden Kategorien.[262] Dabei gehören zur Gruppe der Beschützergarantenstellungen Verpflichtungen aus enger natürlicher Verbundenheit, aus engen Gemeinschaftsbeziehungen (etwa Gefahrgemeinschaften) sowie aus tatsächlicher Schutzübernahme. In die zweite Gruppe, die der Überwachergaranten, sind Verpflichtungen aufgrund von vorangegangenem Tun (Ingerenz) als auch aufgrund von Verantwortung für Gefahrenquellen und zu beaufsichtigenden Personen einzuordnen.[263] Ob ein Gesetz an sich noch eigenständiger Entstehungsgrund für die Begründung einer Garantenstellung sein kann, ist selbst innerhalb dieser Ansicht umstritten[264], spielt jedoch keine gewichtige Rolle. Sowohl Gesetz als auch Vertrag haben in jedem Fall Einfluss auf Begründung und Be-

---

259 *Bringewat*, Sozialpädagogische Familienhilfe, S. 38; *ders.*, Tod eines Kindes, S. 45; *Jescheck* in LK, § 13 Rn. 19; *Jescheck/Weigend*, AT, § 59 IV 2; *Stree* in FS-Mayer, S. 146 f.; *Stree* in S/S, § 13 Rn. 8.

260 *Jakobs*, AT, 29/28.

261 *Jakobs*, AT, 29/28.

262 Vergleiche *Stree* in S/S, § 13 Rn. 10 f.

263 *Stree* in S/S, § 13 Rn. 10 f.

264 Dafür: *Stree* in S/S, § 13 Rn. 8; *Wessels/Beulke*, Rn. 716; dagegen: *Bringewat*, Sozialpädagogische Familienhilfe, S. 39.

grenzung einer Garantenstellung. Die Begründung einer Garantenstellung aufgrund Ingerenz ist im Gegensatz zur Frage nach der konkret erforderlichen Qualität des Vorverhaltens[265] heute weitgehend[266] unbestritten.

Die Rechtsprechung zeigt sich in ihrer Vorgehensweise zur Annahme einer Garantenstellung uneinheitlich. Häufig wird von ihr jedoch ebenfalls eine formelle Rechtsquelle angenommen, innerhalb der nach materiellen Kriterien differenziert wird.[267] In der neueren Rechtsprechung findet indes auch teilweise die Funktionenlehre Berücksichtigung.[268]

Die Verknüpfung von Aspekten der formellen und der materiellen Lehre, wie sie hier dargestellt wird, bietet wie auch alle anderen Gedanken und Ideen zur Begründung einer Garantenstellung ausreichend Angriffsfläche für Kritik. Sie hebt sich gegenüber nur formellen oder nur materiellen Lehren aber gerade dadurch positiv heraus, dass sie deren Vorteile in sich vereint: Den Rückgriff auf eine langjährige Rechtsprechung zu den Garantenkategorien, wodurch die Bestimmtheit des § 13 Abs. 1 StGB gewahrt bleibt[269], sowie deren Präzisierung durch die materiellen Lehren.

5. Garantenstellung der Sozialarbeiter

Die Begriffe „Garantenstellung" und „Garantenpflicht" waren den meisten Mitarbeitern sozialer Dienste vor zehn Jahren noch unbekannt. Erst seit Staatsanwaltschaften nach einigen Todesfällen in den 1990er Jahren damit begannen, nicht mehr nur gegen die verantwortungslosen Eltern der Kinder zu ermitteln und Anklage zu erheben, sondern auch gegen die die Familie betreuenden Mitarbeiter des Jugendamtes, sind die juristischen Fachbegriffe auch vielen Sozialarbeitern bekannt. Verbunden wurden und werden sie mit Unsicherheit und Angst, verstärkt durch teilweise pamphletartige Veröffentlichungen.[270] Die folgenden Ausführungen sollen die oft stark divergierenden Ansichten zur Garantenstellung von Sozialarbeitern differenziert darstellen und

[265] Überblick bei *Stree* in S/S, § 13 Rn. 32 ff.

[266] Gegen eine Ingerenzgarantenstellung etwa *Schünemann*, Grund und Grenzen der unechten Unterlassungsdelikte, 313 ff.; *ders.*, GA 1974, 231 ff.; *ders.*, ZStW 1984, 309.

[267] Vergleiche bei *Fischer*, § 13 Rn. 11 ff.

[268] BGHSt 48, 77 (91); OLG Stuttgart NJW 1998, 3131 ff.

[269] BVerfG NJW 2003, 1030 f.

[270] Vergleiche etwa *Mörsberger*, Stichwort Garantenpflicht, S. 161.

eine eigene Lösung entwickeln. Auf ein weiteres Problem in diesem Kontext, die so genannten „delegierten Garantenstellungen", wird ebenfalls eingegangen.

a) Ablehnung einer Garantenstellung

Die Existenz einer Garantenstellung für Mitarbeiter des Jugendamtes bei Betreuung einer Familie wird nicht als allgemein gültig hingenommen.

aa) Argumentation des LG Osnabrück

Es finden sich dementsprechend Anhänger, die in solchen Fällen eine Garantenstellung ablehnen. Die 7. Strafkammer des LG Osnabrück etwa prüft im Fall „Laura-Jane" in ihrer Berufungsentscheidung das Vorliegen einer Garantenstellung der beteiligten Sozialarbeiter anhand der formellen Rechtsquellenlehre. Konkret wird eine Garantenstellung aufgrund Vertrages untersucht.[271] Dabei komme nach Ansicht des Gerichts lediglich § 1 Abs. 3 Nr. 3 SGB VIII zur Begründung einer Garantenstellung in Betracht. Dessen Aufgabe erschöpfe sich allerdings darin, die Zielsetzung des Gesetzes zu umschreiben.[272] Des Weiteren handle es sich beim SGB VIII nicht um ein Eingriffs- sondern um ein Leistungsgesetz, weshalb die Begründung von Garantenpflichten schwerlich die Intention des Gesetzgebers sein könne.[273] Eine Garantenstellung aus Gesetz wird demzufolge abgelehnt, was in der Berufungsinstanz zu einem Freispruch der Angeklagten führte.

bb) Argumentation *Bohnerts*

Daneben wird gegen die Begründung einer Garantenstellung angeführt, dass in jedem Einzelfall umfassende Ermessensentscheidungen zu treffen seien. Es gehe dabei darum, mittels einer Abwägung den Schutz des Minderjährigen und den Erhalt der Familie in Einklang zu bringen.[274] Eine strafrechtliche Betrachtung der Situation scheitere dabei an der Bestimmtheit, wenn man sich in isolierter Betrachtung von einem Erfolg zur Unterlassung „zurückarbeite". Erforderlich sei daher, die Situation, mit der sich der Sozialarbeiter in der Familie konfrontiert sehe, in ihrer Gesamtheit zu erfassen. Selbst dann – so wird so-

---

271 LG Osnabrück NStZ 1996, 437 ff.; ZfJ 1996, 524 ff.

272 LG Osnabrück NStZ 1996, 438.

273 LG Osnabrück NStZ 1996, 438.

274 *Bohnert*, ZStW 2005, 317; ähnlich: *Mörsberger*, RdJB 2005, 452.

gleich relativiert - könne ein Mitarbeiter des Jugendamtes für die vagen Prioritätsregelungen der sozialarbeiterischen Pflichten jedoch nicht „schlechthin" zur Rechenschaft gezogen werden.[275]

Des Weiteren ergäbe sich die rechtliche Verpflichtung eines Sozialarbeiters nur aus seiner Dienstpflicht, welche ihre Konkretisierung durch das Dienstrecht zusammen mit sozialrechtlichen Regelungen erfahre. Darüber hinaus existiere keine weitere Garantie gegenüber einem mitbetreuten Kind, so dass eine Strafbarkeit bei Erfüllung der Dienstpflicht auszuschließen sei.[276] Ein Versprechen im echten Sinn zugunsten Dritter liege nicht vor, lediglich zur Verrichtung des Dienstes.[277]

Auch könne ein Sozialarbeiter nicht bei jedem ihm zugewiesenen Fall zu einer unüberschaubar großen Anzahl von Abwendungshandlungen verpflichtet sein.[278] Dies umso weniger, als dass in den überwiegenden Fällen die geeignetsten und damit schwerwiegendsten Eingriffsmittel heranzuziehen wären.[279] Ferner wird vorgetragen, das tägliche Verhalten des Sozialarbeiter würde sich bei der Annahme einer Garantenstellung vornehmlich nur noch an § 13 StGB orientieren, das Sozialgesetzbuch VIII erführe eine Degradierung zum „Katalog weicher Maßnahmen".[280]

b) Stellungnahme

aa) zur Argumentation des LG Osnabrück

Dem LG Osnabrück und seiner Urteilsbegründung hinsichtlich der Begründung einer Garantenstellung ist zu widersprechen. So ist für eine Garantenstellung aus Gesetz keineswegs erforderlich, dass der Gesetzgeber diese ausdrücklich als solche hervorhebt. Fraglich ist lediglich, ob aus der Norm Garantenpflichten entstehen können. Dies mag bei isolierter Betrachtung des § 1 Abs. 3 SGB VIII zu verneinen sein, jedoch nicht bei einer Gesamtbetrachtung der Normen unter Einbeziehung des in § 1 Abs. 2 S. 2 SGB VIII/Art. 6 Abs. 2

---

275 *Bohnert*, ZStW 2005, 317.

276 *Bohnert*, ZStW 2005, 316.

277 *Bohnert*, ZStW 2005, 317.

278 *Bohnert*, ZStW 2005, 318.

279 *Bohnert*, ZStW 2005, 319.

280 *Bohnert*, ZStW 2005, 321.

S. 2 GG verankerten staatlichen Wächteramtes.[281] Zur Zeit der Entscheidung war § 8a SGB VIII zwar noch nicht eingeführt[282]; der Annahme einer Garantenpflicht auch schon zu diesem Zeitpunkt tut dies aber keinen Abbruch, wenn man sich die Klarstellungsfunktion der Vorschrift vor Augen ruft.[283]

Aufgrund der Dominanz des staatlichen Wächteramtes muss auch der Einwand, dass es sich beim achten Sozialgesetzbuch nicht um ein Eingriffs- sondern um ein Leistungsgesetz handle, ins Leere laufen. Das SGB VIII enthält klar den Auftrag für die Kinder- und Jugendhilfe, zum Schutz von Kindern eingreifend tätig zu werden.[284] Der gesetzliche Schutzauftrag für gefährdete Kinder darf demzufolge auch nicht deshalb abgelehnt werden, weil das SGB VIII *überwiegend* leistender Natur ist. Der erwartungsgemäß „sozialrechtliche Charakter" des SGB VIII steht der Begründung einer Garantenstellung aus Gesetz ebenso wenig entgegen.[285]

bb) zur Argumentation *Bohnerts*

Der weitere Einwand, Sozialarbeiter verfügten nur über sehr begrenzte Möglichkeiten und hätten kaum Eingriffsbefugnisse, kann die Ablehnung einer Garantenstellung ebenfalls nicht tragen. Das gilt auch für die Gesetzeslage vor Inkrafttreten des Kinder- und Jugendhilfeweiterentwicklungsgesetzes (KICK) im Jahr 2005, die der Argumentation zugrunde liegt (SGB VIII a. F.). So gelten die Rechtfertigungsgründe Notwehr und Notstand des Strafgesetzbuches nach wie vor auch für Mitarbeiter der Kinder- und Jugendhilfe, wodurch sich eine Eingriffsmöglichkeit im Rahmen der Notwehr-/Notstandvoraussetzungen für die Fälle ergibt, in denen eine Inobhutnahme wegen dringender Kindeswohlgefährdung umgehend erforderlich ist.[286] Ein Defizit an Eingriffsmöglichkeiten im SGB VIII a. F. steht dabei auch nicht per se einer Garantenstellung entgegen. Die in diesem Zusammenhang aufgeworfene Frage danach, was ein Sozialar-

---

281 Näher dazu im Nachfolgenden.

282 Eingeführt durch das Gesetz zur Weiterentwicklung der Kinder- und Jugendhilfe (KICK) am 01.10.2005.

283 Amtliche Entwurfsbegründung, BT-Drucksache 15/3676, S. 25 f.

284 OLG Oldenburg StV 1997, 133 ff.; ZfJ 1997, 55 ff.; NStZ 1997, 238; *Bringewat*, Tod eines Kindes, S. 64.

285 OLG Oldenburg StV 1997, 133 ff.; ZfJ 1997, 55 ff.; NStZ 1997, 238; *Beulke/Swoboda* in FS-Gössel, S. 84.

286 Soweit zustimmend: *Bohnert*, ZStW 2005, 320.

beiter bei vorausgesetztem Können zu tun verpflichtet ist[287], hat keine Auswirkung auf die Garantenstellung. Dabei handelt es sich um Probleme der Garantenpflichten und der Fahrlässigkeit; sie sind dort zu erörtern.

Seit Inkrafttreten des Kinder- und Jugendhilfeweiterentwicklungsgesetzes (KICK) im Jahr 2005 wird die Argumentation, Sozialarbeiter müssten einer Kindeswohlgefährdung mehr oder weniger tatenlos zusehen, direkt vom Gesetz widerlegt.[288] Gerade § 8a Abs. 3 S. 2 SGB VIII in Verbindung mit dem überarbeiteten § 42 SGB VIII ermöglicht es Sozialarbeitern nun ausdrücklich, bei einer dringenden Gefahr für das Kindeswohl sofort eingreifend handeln zu können, ohne eine Entscheidung des Gerichts abwarten zu müssen. Dieses Handeln umfasst - wenngleich der Wortlaut des § 42 Abs. 1 S. 1 Nr. 2 lit. b SGB VIII hiervon nicht im Besonderen spricht - auch die sofortige Inobhutnahme von Kindern und Jugendlichen ohne die Zustimmung des Personensorgeberechtigten beziehungsweise des Erziehungsberechtigten.[289] Angesichts dieser Befugnis zur Inobhutnahme eines nach eigener Einschätzung dringend gefährdeten Kindes gemäß § 8a Abs. 3 S. 2 SGB VIII in Verbindung mit § 42 Abs. 1 S. 1 Nr. 2 lit. b SGB VIII kann der Einwand der mangelnden Handlungsmöglichkeiten erstrecht nicht mehr greifen.

Des Weiteren ist unklar, weshalb die strafrechtliche Betrachtung einer sozialarbeiterischen Ermessensentscheidung zu unbestimmt sein soll und inwiefern in diesem Zusammenhang ein „Zurückarbeiten" vom Erfolg zur Unterlassung eine Rolle spielen soll. Die detaillierte Analyse jeder Ermessensentscheidung eines Sozialarbeiters, die Gesamtbetrachtung der Situation, die Einbeziehung der als vage bezeichneten Prioritätsregelungen sind für die Annahme einer Garantenstellung nicht erforderlich. Die Garantenstellung ist das Mittel, um den Personenkreis festzulegen, der überhaupt tauglicher Täter eines unechten Unterlassungsdelikts sein kann. Es geht - dies wird offensichtlich verkannt - nicht darum, eine bestimmte Entscheidung eines Sozialarbeiters zu analysieren und eine Garantenstellung dann anzunehmen, wenn diese Entscheidung in irgendeiner Form fehlerbehaftet war. Vielmehr ist in einem solchen Fall die Garantenstellung aus strafrechtlicher Sicht bereits Voraussetzung einer Abwägung und der damit einher gehenden Entscheidung des Sozialarbeiters. Die Einwände

---

287 *Bohnert*, ZStW 2005, 321 f.

288 So auch: *Bringewat*, ZKJ 2006, 238, Fn. 58 am Ende.

289 *Röchling* in SGB VIII LPK, § 42 Rn. 34.

Bohnerts können sich unter Umständen im Rahmen der noch vorzunehmenden Fahrlässigkeitsdiskussion niederschlagen, auf die Garantenstellung haben sie aber keinen Einfluss.

Der Einwand, eine Verpflichtung für Sozialarbeiter könne sich nur aus ihrer Dienstpflicht ergeben, weitere Garantien für das mitbetreute Kind existierten nicht[290], muss differenziert betrachtet werden. Die Frage nämlich, ob das Dienstrecht als alleiniger Maßstab für die Strafbarkeitsbeurteilung herangezogen werden darf, kann für die Garantenstellung nicht von Belang sein. Eine Einschränkung dergestalt würde dazu führen, dass je nach berufseigenem Dienstrecht unechte Unterlassungsstrafbarkeiten bereits beim Prüfungspunkt Garantenstellung scheitern könnten. Unabhängig von der noch folgenden Diskussion hinsichtlich Sorgfaltspflichtsmaßstab und Fachlichkeit, wo einige Stimmen gerade auf die Dienstpflicht abstellen, dürfen die Berufspflichten einzelner Professionen nicht bereits auf die Begründung einer Garantenstellung Einfluss haben. § 13 Abs. 1 StGB steht nicht zur Disposition - weder des Sozialgesetzgebers noch einzelner Berufsgruppen. Mit § 8a SGB VIII würde zudem mittlerweile wohl auch nach dieser Ansicht die Dienstpflicht, welche sich nach dieser Ansicht aus Dienstrecht und sozialrechtlichen Regelungen zusammensetzt, eine Garantie gegenüber dem mitbetreuten Kind begründen.

Auch die Kritik, bei der Annahme einer Garantenstellung sei zu befürchten, die eigentlichen sozialrechtlichen Normen gerieten bei der täglichen Arbeit von Sozialarbeitern angesichts des dominanten § 13 StGB in den Hintergrund, muss zurückgewiesen werden. Das Verhältnis des Strafrechts zu den sozialrechtlichen Vorschriften sowie den Vorwurf einer Verdrängung der Vorschriften des SGB VIII durch § 13 StGB gilt es noch genauer zu untersuchen. Es handelt sich dabei jedoch um eine die Fahrlässigkeitsprüfung, nicht aber die Garantenstellung tangierende Diskussion, da damit Elemente der Fahrlässigkeitsprüfung betroffen sind. Wiederum sollten nicht automatisch alle Argumente, die gegen eine Strafbarkeit nach § 13 StGB angeführt werden, bei dem Prüfungspunkt Garantenstellung angesetzt werden.

Die Bedenken *Bohnerts*, ein Sozialarbeiter könne nicht für seine Vielzahl von Fällen zu einer großen Zahl von Abwehrhandlungen verpflichtet und dabei gleichzeitig noch angehalten sein, die geeignetsten Handlungen vorzunehmen, können ebenfalls nicht überzeugen. Die Garantenstellung eines Sozialarbeiters

---

290 *Bohnert*, ZStW 2005, 316.

ist nicht deshalb ausgeschlossen, weil er - wie hier wohl angedeutet - überlastet ist. Eine Überlastung kann jedoch - insofern unterscheidet sich die Kritik nicht vom vorher Gesagten - in anderen Bereichen der Strafbarkeitsprüfung eine Bedeutung spielen. Die Qualität der vorzunehmenden Abwehrhandlungen bestimmt sich darüber hinaus an der jeweiligen Einzelsituation. Nicht immer muss ein Kind sofort aus der Familie herausgenommen werden. In der überwiegenden Zahl von Fällen sind Maßnahmen nach den §§ 27 ff. SGB VIII die erste und korrekte Wahl der Mitarbeiter des Jugendamtes. Der Versuch, mittels einer solchen Überzeichnung sozialarbeiterischen Tätigwerdens die Garantenstellung entfallen zu lassen, ist demnach zurückzuweisen.

Im Ergebnis ist festzustellen, dass die Ablehnung einer Garantenstellung bei der Betreuung eines Kindes durch das Jugendamt für den zuständigen Sozialarbeiter nicht überzeugen kann. Das frühere Hauptargument, zu wenige Befugnisse stünden zu vielen Risiken gegenüber, wird nach heutiger Gesetzeslage durch § 8a SGB VIII in Verbindung mit § 42 SGB VIII entkräftet. Die Einwände *Bohnerts* sind darüber hinaus im Zusammenhang mit der Frage, ob eine Garantenstellung begründet wird oder nicht zumeist nicht richtig verortet und/oder betreffen die Fachlichkeitsdebatte im Rahmen der Fahrlässigkeitsprüfung. Somit ist die Ansicht, eine Garantenstellung für Fachkräfte des Jugendamtes sei nicht konstruier- oder verantwortbar, abzulehnen.

c) Formelle Rechtsquellenlehre

Die als eigenständige Ansicht kaum mehr vertretene historische formelle Rechtsquellenlehre[291] ist die älteste Theorie zur Bewältigung der Gleichstellung von Handlungs- und Unterlassungstäter. Nach ganz überwiegender Ansicht gilt sie als längst überkommen und zeugt nur durch die Möglichkeit, formelle mit materiellen Kriterien zu verknüpfen, auch heute noch von einer praktischen Bedeutung.[292]

---

291 Ablehnend: *Fischer*, § 13 Rn. 8 ff.; *Freund* in MK, § 13 Rn. 89; *Gössel* in Maurach/Gössel/Zipf, AT/2, § 46 Rn. 58; *Jakobs*, AT, 29/26; *Jescheck* in LK, § 13 Rn. 19; *Jescheck/Weigend*, AT, § 59 IV 2; *Joecks*, Studienkommentar, § 13 Rn. 20 ff.; *Krey*, AT/2, Rn. 332; *Kühl*, AT, § 18 Rn. 43 ff.; *Roxin*, AT/2, § 32 Rn. 10 ff.; *Rudolphi* in SK, § 13 Rn. 25; *Stree* in S/S, § 13 Rn. 8; *Wessels/Beulke*, Rn. 716. In der neueren Literatur hingegen befürwortend: *Lackner/Kühl*, § 13 Rn. 6 ff.; *Mitsch* in B/W/M, AT (10. A.), § 15 Rn. 51; (jedoch bereits einschränkend *ders.* in B/W/M, AT (11. A.), § 15 Rn. 51).

292 Zweites Kapitel B. V. 4.

Aus dem klassischen formellen Rechtsquellenkanon Gesetz, Vertrag, Ingerenz sowie enge Lebens- und Gefahrengemeinschaft kommt in Fällen, in denen eine Familie durch das Jugendamt betreut und ein Kind gleichwohl geschädigt wird, eine Garantenstellung der jeweiligen Mitarbeiter aus Gesetz, Vertrag und Ingerenz in Frage. Im Rahmen der nachfolgenden materiellen Funktionenlehre wird an geeigneter Stelle auf die hergebrachte Kategorisierung eingegangen.

d) Materielle Funktionenlehre

Eine Ansicht orientiert sich zur Begründung der Garantenstellung von Mitarbeitern des Jugendamtes an der Funktionenlehre in Kombination mit der überkommenen Rechtsquellenlehre.[293] Nach den Grundsätzen der Funktionenlehre ist danach zu unterscheiden, ob im Falle des Sozialarbeiters, der eine Familie mit Kindern betreut, der Grundtyp des Beschützer- oder der des Überwachergaranten in Betracht kommt.[294]

aa) Beschützergarantenstellung aus Gesetz

Die Begründung einer Beschützergarantenstellung aus Gesetz findet vor allem in der Literatur Zuspruch.[295] Auf die Darstellung der Diskussion vor dem Inkrafttreten des Kinder- und Jugendhilfeweiterentwicklungsgesetzes (KICK) wird weitgehend verzichtet, da sie hauptsächlich angesichts des neuen § 8a SGB VIII auf eine veränderte Basis gestellt wurde.[296]

(1) Rechtsprechung

Die im Zusammenhang mit den eingangs vorgestellten Fällen 1 bis 5 bislang ergangene Rechtsprechung bezieht sich auf die Gesetzeslage vor Inkrafttreten des KICK, weshalb an dieser Stelle nur kurz auf sie eingegangen wird. Das Berufungsgericht im Fall „Laura-Jane“ schloss eine Garantenstellung aus Gesetz

---

293 *Beulke/Swoboda* in FS-Gössel, S. 84; LG Osnabrück NStZ 1996, 437 ff. mit Anmerkung *Bringewat*; *Bringewat*, FPR 2007, 12 ff.; *ders.*, Strafrechtliche Risiken, S. 13 f.

294 Zurückgehend auf: *Kaufmann*, Unterlassungsdelikte, S. 283 ff.; so auch *Gropp*, AT, § 11 Rn. 13 ff.; *Jescheck/Weigend*, AT, § 59 IV; *Joecks*, Studienkommentar § 13 Rn. 22 ff.; *Rudolphi* in SK, § 13 Rn. 21 ff.; *Schmidt*, AT, Rn. 775; *Stree* in S/S, § 13 Rn. 8 ff.; *Wessels/Beulke*, Rn. 716.

295 *Dießner*, Die Unterlassungsstrafbarkeit der Kinder- und Jugendhilfe, S. 233 ff.; *Jung* in SGB VIII Jung, § 8a Rn. 10.

296 Vergleiche eingehend dazu *Dießner*, Die Unterlassungsstrafbarkeit der Kinder- und Jugendhilfe, S. 233 ff.

aus[297], während das OLG Oldenburg selbige ohne nähere Begründung unter Hinweis auf die Schutzpflicht des Staates nach § 1 Abs. 2 S. 2 Kinder- und Jugendhilfegesetz KJHG/SGB VIII annahm.[298] Im Fall „Tanja"[299] schloss sich der 2. Senat des OLG Düsseldorf dem OLG Oldenburg an und bejahte eine Garantenstellung aus § 1 Abs. 2 S. 2 Kinder- und Jugendhilfegesetz KJHG/SGB VIII, wodurch dem Hilfsbedürftigen ein Anspruch auf Hilfe zustehe.[300] Im Fall „Jenny" bejahte das LG Stuttgart[301] eine Garantenstellung, ließ es aber offen, ob diese auf Gesetz oder Vertrag beruhe.[302]

(2) Literatur

Die Befürworter einer Garantenstellung aus Gesetz wollen an einschlägigen Vorschriften in diesem Zusammenhang nur solche außerhalb des Strafrechts in Betracht ziehen.[303] Fälle, in denen ein Gesetz Garantenpflichten ausdrücklich statuiert, seien jedoch äußerst selten.[304] Von einer Garantenstellung aufgrund Gesetzes könne man aber bereits dann sprechen, wenn aus einer gesetzlichen Regelung Garantenpflichten folgen könnten.[305]

Mrozynski nimmt eine Garantenstellung aus Gesetz an und verweist dazu auf § 1 Abs. 2 S. 2, Abs. 3 Nr. 3 SGB VIII, wodurch das Wächteramt des Art. 6 Abs. 2 S. 2 GG konkretisiert werde.[306] Gerade angesichts der Aufgaben des Jugendamtes nach §§ 8a Abs. 3 und 42 SGB VIII setze sich der einzelne Mitarbeiter des Jugendamtes einem Strafbarkeitsvorwurf aus, wenn er nicht zum Schutz Minderjähriger tätig werde.[307]

---

297 Vergleiche bereits Zweites Kapitel B. V. 5. a) aa).

298 OLG Oldenburg, StV 1997, 134; ZfJ 1997, 55 ff.; NStZ 1997, 238.

299 OLG Düsseldorf, NStZ-RR 2001, 199 ff.; ZfJ 2000, 309 ff.

300 NStZ-RR 2001, 200.

301 Das Urteil des LG Stuttgart – 1 (15) KLs 113 Js 26273/ 96 vom 17.09.1999 wurde bisher nicht veröffentlicht, siehe jedoch kurz dazu bei *Lehmann*, EJ 2000, 48 ff.

302 Vergleiche eingehend dazu *Dießner*, Die Unterlassungsstrafbarkeit der Kinder- und Jugendhilfe, S. 233 ff.

303 *Mitsch* in B/W/M, AT, § 15 Rn. 52.

304 *Beulke/Swoboda* in FS-Gössel, S. 84.

305 *Beulke/Swoboda* in FS-Gössel, S. 84.

306 *Mrozynski*, SGB VIII, § 8a Rn. 29.

307 *Mrozynski*, SGB VIII, § 8a Rn. 29.

Jung ist von einer Beschützergarantenstellung aus Gesetz nicht überzeugt, da sie nicht zielführend sei.[308] So bedürfe es vor allem einer Einweisung in die Zuständigkeit des Einzelfalles und der Übernahme der Betreuung und damit einer weiteren Konkretisierung der Beschützergarantenstellung aus Gesetz. Eine Differenzierung zwischen der Beschützergarantenstellung aus Gesetz und der Garantenstellung kraft Übernahme sei daher zumeist „artifiziell".[309]

Die ausführlichste Herleitung einer Beschützergarantenstellung aus Gesetz erfolgt durch *Bringewat*. Ihm zufolge sei im Rahmen der Kinder- und Jugendhilfe ein gesetzlich normierter durchsetzbarer Anspruch auf Schutz des Kindes durch das Jugendamt erforderlich, um mittels dieser Pflicht eine Garantenstellung begründen zu können.[310] Normen aus dem 4. Buch des BGB, dem Familienrecht, kämen zur Annahme einer gesetzlich begründeten Garantenstellung für Mitarbeiter des Jugendamtes im Zusammenhang mit geschädigten Kindern innerhalb der betreuten Familie dabei nicht in Betracht. Es handle sich mangels entsprechender Konkretisierungen nicht um Vorschriften, die den Anspruch eines Kindes auf Eingriff durch die Kinder- und Jugendhilfe begründeten.[311] Nach Ansicht *Bringewats* sei in derartigen Konstellationen das Sozialgesetzbuch VIII heranzuziehen. Der erste Absatz von § 1 SGB VIII sei sehr allgemein formuliert, konkrete Garantenpflichten des Staates zum Schutz gefährdeter Kinder in betreuten Familien könnten hieran nicht geknüpft werden.[312] Anders verhalte es sich bei § 1 Abs. 2 S. 2 SGB VIII. Das dort wortgleich noch einmal aufgegriffene staatliche Wächteramt des Art. 6 Abs. 2 S. 2 GG münde in einem Anspruch gegen den Staat auf Schutz.[313] § 1 Abs. 2 S. 2 SGB VIII/Art. 6 Abs. 2 S. 2 GG schaffe in Verbindung mit § 1 Abs. 3 Nr. 3 SGB VIII Garantenpflichten für Mitarbeiter des Jugendamtes. Demnach könne eine Garantenstellung aufgrund Gesetzes gemäß § 1 Abs. 2 S. 2 SGB VIII/Art. 6 Abs. 2 S. 2 GG in Verbindung mit § 1 Abs. 3 Nr. 3 SGB VIII hergeleitet werden.[314] Der neu geschaffene § 8a

---

308 *Jung* in SGB VIII Jung, § 8a Rn. 10.

309 *Jung* in SGB VIII Jung, § 8a Rn. 10.

310 *Bringewat*, Sozialpädagogische Familienhilfe, S. 50.

311 *Bringewat*, Sozialpädagogische Familienhilfe, S. 50.

312 *Bringewat*, Sozialpädagogische Familienhilfe, S. 50.

313 *Bringewat*, FPR 2007, 15; *ders.* in SGB VIII LPK, § 8a Rn. 74; *ders.*, Sozialpädagogische Familienhilfe, S. 50; *ders.*, Tod eines Kindes, S. 63 f.; *ders.*, ZKJ 2006, 237.

314 *Bringewat*, FPR 2007, 15; *ders.* in SGB VIII LPK, § 8a Rn. 74; *ders.*, Sozialpädagogische Familienhilfe, S. 50; *ders.*, Tod eines Kindes, S. 63 f.; *ders.*, ZKJ 2006, 237.

SGB VIII führe dabei genau wie § 1 Abs. 3 Nr. 3 SGB VIII zusammen mit dem staatlichen Wächteramt zur Entstehung eines Individualanspruchs gefährdeter und mitbetreuter Kinder, aus dem sich letztendlich die Garantenstellung ergebe.[315] Eine Garantenstellung entstehe danach allerdings immer nur, wenn die staatliche Eingriffsschwelle gemäß §§ 1666, 1666a BGB erreicht ist. *Bringewat* unterteilt den Schutzauftrag der Kinder- und Jugendhilfe damit in einen Präventionsbereich und einen Interventionsbereich.[316] Die Abgrenzung erfolge anhand der Frage, ob im Rahmen der Betreuung eines Kindes die Eingriffsschwelle des Staates gemäß § 1666 Abs. 1 S. 1 BGB noch unterschritten (Präventionsbereich) oder bereits überschritten (Interventionsbereich) ist.[317] Eine Garantenstellung aus Gesetz nach § 1 Abs. 2 S. 2 SGB VIII/Art. 6 Abs. 2 S. 2 GG in Verbindung mit §§ 1 Abs. 3 Nr. 3, 8a SGB VIII wird für den Präventionsbereich abgelehnt[318], da die „Krisensituation" des § 1 Abs. 2 S. 2 SGB VIII nicht erreicht sei.[319] Anders als bei einer rein der formellen Rechtsquellenlehre entstammenden Garantenstellung aus Gesetz fordert *Bringewat* für die Begründung einer *Beschützer*garantenstellung aus Gesetz die Verknüpfung der formellen Rechtsquellenlehre mit der Funktionenlehre. Nur durch die Verbindung formeller und materieller Betrachtungsweisen könne eine Beschützergarantenstellung aus Gesetz entstehen.[320]

In der Argumentation hinsichtlich einer Garantenstellung aus Gesetz orientiert sich *Dießner* grundsätzlich an *Bringewat*, spricht im Fall einer Überschreitung der Gefährdungsschwelle des § 1666 BGB aber von einer Beschützergarantenstellung aufgrund tatsächlicher Übernahme einer gesetzlichen Pflicht.[321] Im Interventionsbereich des § 1666 BGB wirke § 1 Abs. 3 Nr. 3 SGB VIII pflichtbegründend, da Art. 1 Abs. 1 in Verbindung mit Art. 2 Abs. 1 GG, die ihren Ausdruck in Art. 6 Abs. 2 S. 2 GG fänden, den Staat zum Schutz des Kindes verpflichteten. Der neu geschaffene § 8a SGB VIII stütze dieses Ergebnis.[322] Die

---

315 *Bringewat*, FPR 2007, 15; *ders.* in SGB VIII LPK, § 8a, Rn. 69; *ders.*, ZKJ 2006, 238.

316 *Bringewat* in SGB VIII LPK, § 8a Rn. 12.

317 *Bringewat* in SGB VIII LPK, § 8a Rn. 12 ff.

318 *Bringewat*, FPR 2007, 15; *ders.* in SGB VIII LPK, § 8a Rn. 78; *ders.*, Tod eines Kindes, S. 64; *ders.*, ZKJ 2006, 237.

319 *Bringewat*, Sozialpädagogische Familienhilfe, S. 51.

320 *Bringewat*, FPR 2007, 14; *ders.* in SGB VIII LPK, § 8a Rn. 74.

321 *Dießner*, Die Unterlassungsstrafbarkeit der Kinder- und Jugendhilfe, S. 232 ff., 281.

322 *Dießner*, Die Unterlassungsstrafbarkeit der Kinder- und Jugendhilfe, S. 462.

Einstandspflicht nach § 13 Abs. 1 StGB ergebe sich aus der tatsächlichen Schutzübernahme für das Kind.[323]

(3) Stellungnahme

Ein bloßer Verweis in das Sozialgesetzbuch VIII ohne die Anknüpfung an eine konkret gesetzlich geforderte Pflicht kann nicht als ausreichend erachtet werden, um den Anforderungen an eine rechtliche Einstandspflicht nach § 13 Abs. 1 StGB zu genügen. Für einen komplexen Bereich wie die Kinder- und Jugendhilfe kann die pauschale Aussage, es existiere eine Garantenstellung aus Gesetz, nicht befriedigen.[324] *Dießner* merkt an, aus der bloßen Feststellung einer Garantenstellung aus Gesetz gingen weder die von ihr umfasste Personengruppe noch die einzelnen Voraussetzungen hervor.[325] Dem ist zuzustimmen, da andernfalls ein Fall der kaum mehr vertretenen formellen Rechtsquellenlehre mit den aufgezeigten Schwächen vorläge.[326]

Aufgrund seiner materiellen Konkretisierung sieht sich der von *Bringewat* vertretene Ansatz zur Begründung einer Garantenstellung aus Gesetz der grundsätzlichen Kritik an der formellen Rechtsquellenlehre nicht ausgesetzt. Die Konkretisierung durch materielle Kriterien offenbart bei näherer Betrachtung jedoch, dass die dazu notwendigen Voraussetzungen nicht wesentlich von den Kriterien einer Garantenstellung aus tatsächlicher Schutzübernahme abweichen. Auch bei einer Beschützergarantenstellung aus Gesetz bedarf es der Festlegung des betroffenen Personenkreises und vor allem des konkreten Zeitpunkts, ab dem ein Einzelfall als einem Mitarbeiter des Jugendamtes verbindlich zugeordnet anzusehen ist.[327] Ein klar unterscheidbares Nebeneinander der Beschützergarantenstellungen aus Gesetz und tatsächlicher Schutzübernahme[328] ist aus diesem Grund kaum möglich[329], weshalb von einer gegenseitigen

---

[323] *Dießner*, Die Unterlassungsstrafbarkeit der Kinder- und Jugendhilfe, S. 462; vergleiche schon *Beulke/Swoboda* in FS-Gössel, S. 84

[324] So aber: *Mrozynski*, SGB VIII, § 8a Rn. 29; OLG Oldenburg StV 1997, 133 ff.; ZfJ 1997, 55 ff.; NStZ 1997, 238; OLG Düsseldorf, NStZ-RR 2001, 199 ff.; ZfJ 2000, 309 ff.

[325] *Dießner*, Die Unterlassungsstrafbarkeit der Kinder- und Jugendhilfe, S. 244; vergleiche auch *Beulke/Swoboda* in FS-Gössel, S. 84.

[326] Zweites Kapitel B. V. 2.

[327] *Dießner*, Die Unterlassungsstrafbarkeit der Kinder- und Jugendhilfe, S. 244.

[328] So *Bringewat*, deutlich etwa bei FPR 2007, 15.

Beeinflussung ausgegangen werden muss. Diesen Ansatz verfolgt offensichtlich auch *Dießner* mit der Annahme einer Beschützergarantenstellung aufgrund tatsächlicher Übernahme einer gesetzlichen Pflicht.

Sowohl *Bringewat* als auch *Dießner* lehnen eine Garantenstellung aus Gesetz bei materieller Konkretisierung unterhalb der Eingriffsschwelle von § 1666 BGB nachvollziehbar ab. Für den Präventivbereich kommt somit nur eine Garantenstellung aus tatsächlicher Schutzübernahme in Betracht, auf die im Folgenden näher eingegangen wird. Die Einteilung der Garantenstellung in die ursprüngliche Kategorie „aus Gesetz" im Interventionsbereich ist für die Begründung der Beschützergarantenstellung eines Sozialarbeiters jedoch isoliert betrachtet so wenig bedeutsam, dass es vorzugswürdig erscheint, ebenso wie im Präventivbereich, nur von einer Garantenstellung aus tatsächlicher Schutzübernahme zu sprechen.[330] Auf die Voraussetzungen einer Beschützergarantenstellung von Mitarbeitern der Kinder- und Jugendhilfe hat es keinen Einfluss, ob sie als „aus Gesetz" oder „aus tatsächlicher Schutzübernahme" bezeichnet wird.

bb) Beschützergarantenstellung aus tatsächlicher Schutzübernahme

Eine anerkannte Kategorie zur Begründung einer Garantenstellung stellt innerhalb der formellen Rechtsquellenlehre der Vertrag dar. Aus dieser Garantenstellung hat sich die Garantenstellung aus tatsächlicher Schutzübernahme entwickelt, welche die Vertreter der Funktionenlehre mit materiellen Kriterien zur Bestimmung und Begrenzung von Garantenstellungen verknüpfen.

Nach der ursprünglichen Lehre der Garantenstellung aus Vertrag wird eine Garantenstellung an die zivilrechtliche Wirksamkeit eines Rechtsgeschäftes geknüpft. Dieses Vorgehen führt zwar zu einer klaren Abgrenzbarkeit, wird heute von der herrschenden Meinung aber abgelehnt. Begründet wird die Ablehnung damit, dass für eine Strafbarkeit nicht die Gültigkeit eines Vertrages ausschlaggebend sein darf, sondern vielmehr auf die tatsächliche Übernahme des Pflichtenkreises durch den Garanten abgestellt werden muss.[331] Dem ist

---

329 Im Ergebnis ebenso *Jung*, der die Differenzierung in eine Garantenstellung aus Gesetz und in eine Garantenstellung kraft Übernahme als artifiziell bezeichnet: *Jung* in SGB VIII Jung, § 8a Rn. 10; *Kunkel*, ZFSH/SGB 2001, 132.

330 *Jung* in SGB VIII Jung, § 8a Rn. 10.

331 *Fischer*, § 13 Rn. 22 f.; *Gössel* in Maurach/Gössel/Zipf, AT/2, § 46 Rn. 82; *Jescheck* in LK, § 13 Rn. 27; *Jescheck/Weigend*, AT, § 59 IV; *Joecks*, Studienkommentar, § 13 Rn. 28 ff.; *Kühl*, AT, § 18 Rn. 68 ff.; *Lackner/Kühl*, § 13 Rn. 9; *Stree* in S/S, § 13 Rn. 28; *Wessels/Beulke*,

zuzustimmen. Zivilrechtliche Gesichtspunkte wie etwa teilweise Geschäftsunfähigkeit, Anfechtbarkeit oder die exakte Vertragslaufzeit dürfen für die Begründung einer Garantenstellung nicht entscheidend sein. Deutlich wird die Problematik beim bereits erwähnten Beispiel um den Bergführer, welcher entgegen seiner vertraglichen Pflicht zur vereinbarten Zeit nicht erscheint, um die Touristengruppe zu leiten.[332] Zieht die Gruppe ohne den Bergführer los und kommt zu Schaden, wäre es ein groteskes Ergebnis, den Bergführer aufgrund des gültigen, jedoch nicht erfüllten Vertrages wegen eines unechten Unterlassungsdeliktes als strafbar zu erachten. Durch sein Nichterscheinen hat der Bergführer tatsächlich niemals den Schutz der Gruppe übernommen, weshalb eine Garantenstellung ausscheiden muss.

Die Diskussion um die Garantenstellung von Mitarbeitern des Jugendamtes aus tatsächlicher Schutzübernahme wird kontrovers geführt. Grundlage der Erörterung soll hier die Ansicht *Bringewats* sein. Ihm zufolge bedarf es zum einen der Faktizität der Schutzübernahme und somit eines tatsächlichen Elements. Dies allein reiche jedoch nicht aus, denn „garantenpflichtbegründende Kraft kommt der ››Tatsächlichkeit‹‹ der Schutzübernahme erst und nur dann zu, wenn sie sich in einem (sozial-)normativ geprägten Übernahmeakt materialisiert".[333] *Bringewat* verlangt zusätzlich zu einem Realakt als dem faktischen Element der tatsächlichen Schutzübernahme noch ein normatives Element: Das Vertrauen in die Schutzverwirklichung durch den Übernehmer.[334]

Zudem könne eine Garantenstellung aus tatsächlicher Schutzübernahme auch bereits dann vorliegen, wenn das Kindeswohl noch nicht im Sinne von § 1666 BGB gefährdet sei.[335] Als Begründung für die Annahme einer Garantenstellung aus tatsächlicher Schutzübernahme bereits im Präventivbereich führt *Bringewat* an, auch unterhalb der Schwelle des § 1666 Abs. 1 S. 1 BGB bestehe eine Verpflichtung der öffentlichen Kinder- und Jugendhilfe aus dem staatlichen Wäch-

---

Rn. 720; anders, nämlich am Vertrag als Entstehungsgrund festhaltend: *Mitsch* in B/W/M, AT, § 15 Rn. 60.

332 *Kühl*, AT, § 18 Rn. 69.

333 *Bringewat*, Tod eines Kindes, S. 51.

334 *Bringewat*, FPR 2007, 15; *ders.*, NJW 1998, 946; *ders.*, Sozialpädagogische Familienhilfe, S. 53; *ders.*, Strafrechtliche Risiken, S. 18; *ders.*, Tod eines Kindes, S. 51; *ders.*, UJ 2001, 427; *ders.*, ZKJ 2006, 236.

335 *Bringewat* in SGB VIII LPK, § 8a Rn. 80.

teramt, die Pflege und Erziehung von betreuten Kindern durch Präventivmaßnahmen sicherzustellen.[336] Diese Auffassungen gilt es näher zu betrachten.

(1) Faktisches Element

Die Grundvoraussetzung für eine Garantenstellung aufgrund tatsächlicher Schutzübernahme ist eine tatsächlich erfolgte Übernahme (Realakt) der konkreten Schutzfunktion.[337] In Fällen von Schutzzusagen soll von diesem Erfordernis jedoch abgesehen werden können, weshalb es diesen Problemkreis aufgrund seiner möglichen Relevanz auch für die Kinder- und Jugendhilfe näher zu betrachten gilt.

(aa) Fehlender Realakt

Der Veranschaulichung des Problems, ob eine Garantenstellung aus tatsächlicher Schutzübernahme bereits dann entstehen kann, wenn lediglich eine Zusage zur Schutzübernahme erfolgt, der tatsächliche Übernahmeakt jedoch unterblieben ist, soll folgender Beispielsfall dienen:

> Beispiel 5: Der Babysitter hat einen Haustürschlüssel und sagt sein Erscheinen für 20:15 Uhr zu, während die Eltern wie vereinbart bereits um 20:10 Uhr das Haus verlassen. Der Babysitter erscheint nicht.[338]

Der Unterschied zwischen Fällen der bloßen Zusage von Hilfe (Babysitterfall) und den Normalfällen der tatsächlichen Schutzübernahme liegt im Aufgeben eigenen Schutzes[339] in der Hoffnung auf das Eintreten des versprochenen neuen Schutzes, obwohl keinerlei Realakt diese Erwartung stützt. Im Normalfall entsteht eine Garantenstellung aus tatsächlicher Schutzübernahme durch die Übernahme von Schutz (Realakt) zusammen mit einem Vertrauenselement. Anders liegt es im Babysitter- und im Bergführerfall. Die Eltern im Beispiel 5 vertrauen lediglich auf das Erscheinen des Babysitters und haben gar nicht die Möglichkeit, sich von der Tatsächlichkeit des späteren Erscheinens zu überzeugen. Im Falle der Bergtouristen fehlt es hingegen gar an beidem, dem Realakt des Bergführers und ihm entgegengebrachten Vertrauen auf Schutzübernahme.

---

336 *Bringewat* in SGB VIII LPK, § 8a Rn. 80.

337 *Joecks*, Studienkommentar, § 13 Rn. 29; *Kühl*, AT, § 18 Rn. 70.

338 Beispiel angelehnt an *Joecks*, Studienkommentar, § 13 Rn. 30; *Krey*, AT/2, Rn. 344; *Kühl*, AT, § 18 Rn. 70.

339 Durch Personen die Schutzverpflichteten beziehungsweise durch das Schutzobjekt selbst.

Die Konstellation der bloßen Hilfszusage ohne tatsächlichen Schutzübernahmeakt wird unterschiedlich behandelt. Nach einer Ansicht sei eine Garantenstellung in Ausnahmefällen bereits dann zu bejahen, wenn durch die Zusage der Schutzübernahme ein Vertrauen zwischen dem Garanten und dem Zusagenden entstehe.[340] Im Beispiel 5 wäre mit dieser Ansicht eine Garantenstellung auch ohne eine tatsächliche Übernahme anzunehmen. *Roxin* hingegen lehnt eine Garantenstellung aus tatsächlicher Schutzübernahme ab, sofern eine tatsächliche Übernahme nicht vorliegt.[341] Das Übernahmeprinzip werde ansonsten ohne ausreichenden Grund preisgegeben.[342] Demzufolge wäre im Beispiel 5 eine Garantenstellung des Babysitters abzulehnen.

Die Ansicht *Roxins* bringt notwendig mit sich, dass derjenige, der den Schutz für sich oder andere freiwillig im Vertrauen auf die Schutzübernahme durch einen Dritten aufgibt, die Verantwortung für eintretende Schäden zu tragen hat. Dem ist grundsätzlich zuzustimmen. Die Garantenstellung aus tatsächlicher Schutzübernahme muss im Zuge ihrer verfassungsrechtlich notwendigen Einschränkung aus den Merkmalen *Realakt* und *Vertrauen* bestehen. Lässt man bereits die Zusage von Hilfe für die Annahme einer Garantenstellung genügen, so entledigt man sich dabei gleichzeitig des großen Unterschiedes zur Garantenstellung aus Vertrag nach der formellen Rechtsquellenlehre. Gegen diese Garantenstellung wird als Argument angeführt, der reine Vertrag könne nicht ausschlaggebend sein, ein tatsächliches Moment sei zwingend erforderlich.[343] Bei der Zusage durch einen Babysitter, die Aufsicht über ein Kind zu übernehmen, handelt es sich jedoch auch nur um einen mündlich geschlossenen Vertrag. Die Eltern geben den Schutz ihres Kindes eben nicht unmittelbar in die Hände des Babysitters, sondern vertrauen auf die Erfüllung des Vertrages. Das Risiko für die Schutzlosigkeit ihres Kindes tragen sie daher selbst. Nur durch das Merkmal eines Realaktes kann eine klare Grenze zur Garantenstellung gezogen werden.

Ein Unterschied besteht für Vereinbarungen, die darauf ausgerichtet sind, Schutz gegen sicher eintretende *konkrete* Gefahren zu gewährleisten und bei denen ein Realakt erst zu einem bestimmten späteren Zeitpunkt sinnvoll oder

---

340 *Joecks*, Studienkommentar, § 13 Rn. 30; *Krey*, AT/2, Rn. 344; *Kühl*, AT, § 18 Rn. 70.

341 *Roxin*, AT/2, § 32 Rn. 66.

342 *Roxin*, AT/2, § 32 Rn. 66.

343 Zweites Kapitel B. V. 2.

möglich wird. In Betracht kommen dabei vor allem „Abholungsfälle". Bei ihnen steht das Vertrauen derart stark im Vordergrund, dass es für die Annahme einer Garantenstellung genügen muss.

Beispiel 6: Eine Touristengruppe unternimmt im Winter eine Wanderung zu einem 100 m^2 kleinen Felsen im Watt. Vorher hat die Gruppe mit Kapitän K. ihre Abholung von dem Felsen mit einem Boot bei wieder einsetzender Flut vereinbart. Kapitän K. vergisst die Gruppe abzuholen, ein Mitglied der Gruppe erfriert.

Abgesehen von diesen Sonderfällen kann eine Garantenstellung aus tatsächlicher Schutzübernahme nur angenommen werden, wenn ein nach außen hin sichtbarer tatsächlicher Schutzübernahmeakt vorliegt.

(bb) Qualität des tatsächlichen Übernahmeaktes

Für den Bereich der Kinder- und Jugendhilfe werden hinsichtlich der erforderlichen Qualität des Realaktes verschiedene Ansatzpunkte diskutiert.

Bringewat setzt die Voraussetzungsschwelle, ab deren Vorliegen von einem relevanten Realakt im obigen Sinne gesprochen werden kann, niedrig an. In seinen älteren Veröffentlichungen geht er davon aus, der Realakt solle schon immer dann vorliegen, wenn bereits konkrete Vorkehrungen zum Schutz des Rechtsguts getroffen wurden.[344] Auch von einem ersten Aufsuchen der Problemfamilie ist die Rede.[345] Mittlerweile vertritt *Bringewat* die Ansicht, bereits der - sogar nur telefonische[346] - Erstkontakt des Sozialarbeiters mit der zu betreuenden Familie solle genügen, um das faktische Element der tatsächlichen Schutzübernahme zu erfüllen, sofern tätige Hilfe oder sonstiger Schutz angeboten werde.[347] Von Anfang an sei dann von einer „schutzintendierten Handlung" des Sozialarbeiters auszugehen.[348]

Dießner folgt der Ansicht *Bringewats*, wonach ein (telefonischer) Erstkontakt zu einer Familie bei gleichzeitigem Angebot von Schutz und Hilfe das Realakterfordernis im Rahmen der Garantenstellung aus tatsächlicher Schutzübernahme

---

344 OLG Stuttgart NJW 1998, 944 mit Anmerkung *Bringewat; Bringewat*, Sozialpädagogische Familienhilfe, S. 53.

345 *Bringewat*, Sozialpädagogische Familienhilfe, S. 57.

346 *Bringewat*, UJ 2001, 428.

347 *Bringewat*, FPR 2007, 15; *ders.* in SGB VIII LPK, § 1 Rn. 13; *ders.*, Strafrechtliche Risiken, S. 19; *ders.*, UJ 2001, 428.

348 *Bringewat*, FPR 2007, 15.; *ders.*, Strafrechtliche Risiken, S. 19.

erfüllen solle.[349] Ihrer Ansicht nach könne jedoch bereits in der Ablehnung konkreter fallbezogener Schutzmaßnahmen durch einen Sozialarbeiter ein relevanter Realakt gesehen werden. Lediglich die Nichterlangung von Kenntnissen - etwa aufgrund eines Streiks - schließe eine tatsächliche Schutzübernahme aus.[350]

Mörsberger setzt die Schwelle höher an und fordert die Unterscheidung von reiner Beratung, welche eine Garantenstellung nicht zu begründen vermöge, und wirklicher Betreuung.[351] Noch enger wird zum Teil von einem „längeren Arbeits- und Betreuungszusammenhang" als Voraussetzung einer Garantenstellung aus tatsächlicher Schutzübernahme gesprochen.[352]

(cc) Stellungnahme

Dem Merkmal des tatsächlichen Übernahmeaktes kommt, wie bereits dargelegt, bei der Begründung einer Garantenstellung aus tatsächlicher Schutzübernahme zentrale Bedeutung zu. Gegen die dargestellten Ansichten ist angesichts dessen Zweifel angebracht.

Die von *Mörsberger* geforderte Unterscheidung zwischen Beratung und Betreuung überzeugt ebenso wenig wie die Forderung nach einem „längeren Arbeits- und Betreuungszusammenhang". Gegen beide Ansichten ist ihre Unbestimmtheit hinsichtlich der konkret erforderlichen Mindestvoraussetzungen an einen Übernahmeakt einzuwenden. So ist zum einen fraglich, ab wann die Grenze der „reinen Beratung" hin zur Betreuung überschritten, zum anderen wann ein „Arbeits- und Betreuungszusammenhang" ausreichend lang sein soll.

Bringewat und *Dießner* stellen auf bereits sehr frühe Kontakte zwischen dem Sozialarbeiter der Kinder- und Jugendhilfe und der Familie ab. Während *Bringewat* in der Zusage von Schutz und Hilfe im Erstkontakt einen Realakt sieht, lässt *Dießner* sogar die Ablehnung von Schutz und Hilfe ausreichen. Nach Ansicht *Dießners* reichte somit schon das erstmalige Entscheiden eines Sozialarbeiters über das weitere Vorgehen aus, um einen Schutzübernahmeakt annehmen zu dürfen. Damit hätte die Ablehnung von Hilfen und Maßnahmen für eine Familie zur Folge, dass dadurch gleichzeitig der Schutz für sie tatsächlich

349 *Dießner*, Die Unterlassungsstrafbarkeit der Kinder- und Jugendhilfe, S. 253.

350 *Dießner*, Die Unterlassungsstrafbarkeit der Kinder- und Jugendhilfe, S. 253.

351 *Mörsberger*, Jugendhilfe 2000, 233.

352 *Münder u. a.* in FK SGB VIII, § 1 Rn. 42.

übernommen wurde. Dieses bizarre Ergebnis zeigt auf, wie das Merkmal der tatsächlichen Schutzübernahme zum Teil überdehnt wird, um eine Garantenstellung bejahen zu können. Durch die Erstreckung auf äußerlich nicht sichtbare Maßnahmen wird das materielle Merkmal der Tatsächlichkeit jedoch entwertet. Der Unterschied zu einer Garantenstellung aus Gesetz im Sinne der formellen Rechtsquellenlehre wird mit einer Aufweichung des Merkmals Realakt zunehmend preisgegeben. Aus diesem Grund darf ein Akt der Schutz*übernahme* nicht bereits angenommen werden, wenn der Sozialarbeiter nach der ersten Kontaktaufnahme mit der Familie die Ausübung des staatlichen Wächteramtes durch die Kinder- und Jugendhilfe (im Präventions- oder im Interventionsbereich) mittels der Einleitung oder Zusage von Hilfe eröffnet oder verweigert. Ebenso wenig darf auf den tatsächlichen Schutzübernahmeakt völlig verzichtet werden, um zu einer Garantenstellung aus tatsächlicher Schutzübernahme zu gelangen.

Auch wenn das Merkmal Realakt somit grundsätzlich weder entbehrlich noch in die gleiche Richtung zielenden Aushöhlungstendenzen zugänglich ist, gilt es gleichwohl die Sonderstellung der Kinder- und Jugendhilfe aufgrund ihres Schutzauftrages aus § 1 Abs. 2 S. 2 SGB VIII/Art. 6 Abs. 2 S. 2 GG an dieser Stelle zu beachten. So lässt der Wortlaut des Gesetzes[353] Zweifel hinsichtlich der Verbindlichkeit des Schutzauftrages gar nicht erst aufkommen. Angewandt auf die Garantenstellung aus tatsächlicher Schutzübernahme ist festzustellen, dass das staatliche Wächteramt den Realakt gleichsam fingiert. Für die Kinder- und Jugendhilfe wird aus dem Merkmal der tatsächlichen Schutz*übernahme* aufgrund des staatlichen Schutzauftrags eine gesetzlich angeordnete Schutz*übergabe*. Sobald ein Tätigwerden der Kinder- und Jugendhilfe durch Ausübung des staatlichen Wächteramtes aus ex ante Perspektive objektiv erkennbar geboten ist, übernimmt der *zuständige* Sozialarbeiter deshalb ohne weiteren Einfluss auf diesen Vorgang tatsächlich den Schutz für das Wohl des Kindes.

Nicht zuletzt in Anbetracht des üblichen Verständnisses einer Schutz*übernahme* erscheint die Annahme einer gesetzlichen Schutz*übergabe* an die Kinder- und Jugendhilfe die vorzugswürdige Lösung. Zudem widerfährt dem wichtigen Kriterium des tatsächlichen Übernahmeaktes im Rahmen der tatsächlichen Schutzübernahme dadurch keine Beschränkung auf äußerlich nicht erkennbare

---

353 Art. 6 Abs. 2 S. 2 GG/§ 1 Abs. 2 S. 2 SGB VIII: „Über ihre Betätigung wacht die staatliche Gemeinschaft".

Minimalakte, da die entwickelten konstruiert wirkenden Anknüpfungspunkte für einen Realakt von Sozialarbeitern entbehrlich werden. Sofern auf das zusätzliche Vertrauensmoment nicht verzichtet wird[354], bleibt die Garantenstellung aus tatsächlicher Schutzübernahme[355] durch dieses materielle Kriterium auch von der formellen Garantenstellung aus Gesetz abgrenzbar.

Des Weiteren ist der Ansicht *Bringewats* beizupflichten, wonach eine Garantenstellung von Mitarbeitern des Jugendamtes bereits vor Erreichen der Eingriffsschwelle zu bejahen ist. Diese Sichtweise wird dem auch für das staatliche Wächteramt geltenden Verhältnismäßigkeitsprinzip gerecht, wonach Erfolg versprechende Präventivmaßnahmen einem Eingriff in das Elternrecht vorausgehen müssen.[356]

(2) Normatives Element

Hinsichtlich der Anforderungen an das Vertrauen als zweitem Element der tatsächlichen Schutzübernahme, werden für die Betreuungssituation durch das Jugendamt unterschiedliche Ansichten vertreten.

(aa) Streitdarstellung

Nach der Ansicht *Bringewats* bedürfe es über einen Realakt hinaus einer Erwartung des Rechtsgutträgers oder eines Dritten (zu Gunsten des Rechtsgutträgers), dass der Übernehmende einen bestimmten Schutzpart übernehmen werde. Ein solches Vertrauen des Kindes oder des Dritten solle dabei „fast ausnahmslos" anzunehmen sein.[357] Der Grund für das zusätzliche Vertrauenselement zur Begründung einer Garantenstellung aus tatsächlicher Schutzübernahme sei in § 13 StGB zu sehen, da ein Realakt allein dem Erfordernis des *rechtlichen* Einstehenmüssens nicht gerecht werde.[358] Das in die Übernahme gerichtete Vertrauen stelle ein „materielles Garantenkriterium" dar, das dem Realakt „sozialnormativen Gehalt" verleihe und ihn „normativ überforme".[359]

---

354 Siehe dazu im Weiteren.

355 Treffender wäre „Schutzübergabe", gleichwohl wird der Begriff „Schutzübernahme" im Folgenden beibehalten.

356 Siehe dazu bereits Erstes Kapitel C.

357 *Bringewat*, FPR 2007, 15; anders *Hefendehl*, RdJB 2005, 480.

358 *Bringewat*, Sozialpädagogische Familienhilfe, S. 54.

359 *Bringewat*, Sozialpädagogische Familienhilfe, S. 54.

Es komme nicht auf eine verbale Äußerung des Vertrauens an, weshalb auch Kleinkinder oder Säuglinge im Sinne eines „unreflektierten Vertrauens" aufgrund ihrer Schutzabhängigkeit eine entsprechende Erwartung in die Arbeit des Sozialarbeiters setzen dürften. Demgemäß sei das „unreflektierte Vertrauen" eines Säuglings beachtlich und ausreichend für die Annahme einer Garantenstellung, wenn die Gefährdung gerade von den Eltern ausgehe. Ein „untrügliches Anzeichen" für ein solch entgegengebrachtes Vertrauen des Kindes sei die Hilflosigkeit, die mangelnde Fähigkeit zur Schutzwehr und das Ausgeliefertsein an die Gefährdungen für das eigene Wohl.[360] Auf ein Vertrauen der Eltern komme es nicht an.[361]

Beulke/Swoboda stimmen *Bringewats* Argumentation weitgehend zu, werfen jedoch die Frage auf, wessen Vertrauen bei einer Betreuung durch das Jugendamt berührt sein müsse.[362] Sie nennen als mögliche Personen, welche dazu geeignet seien Vertrauen in den Schutz eines Mitarbeiters des Jugendamtes zu bringen, die Eltern des gefährdeten Kindes, mögliche Dritte und das Kind selbst. Das Vertrauen der Eltern könne dabei nicht ausschlaggebend sein, da sie oftmals selbst die Quellen von Missbrauch und Vernachlässigung seien. Dritten wie etwa Nachbarn, Bekannten oder Verwandten fehle es für gewöhnlich an einer rechtlichen Pflicht, weshalb auch sie nicht in Frage kämen, relevantes Vertrauen entgegenzubringen.[363] Schließlich kommen *Beulke/Swoboda* unter Bezugnahme auf den von *Bringewat* geprägten Begriff des „unreflektierten Vertrauens" zu dem Schluss, nur das Kind selbst könne das notwendige Vertrauen entgegenbringen. Dies „korrespondiere" auch mit dem staatlichen Wächteramt, weshalb das Kind ein Recht darauf habe, in staatlichen Schutz vertrauen zu dürfen.[364]

Wiesner zweifelt eine solche Lösung über ein „unreflektiertes Vertrauen" zumindest für die bei *Bringewat* ausdrücklich hervorgehobenen Säuglinge und

---

360 *Bringewat*, FPR 2007, 15; *ders.*, Sozialpädagogische Familienhilfe, S. 54; *ders.*, Strafrechtliche Risiken, S. 18; *ders.*, Tod eines Kindes, S. 51 ff.; *ders.*, UJ 2001, 428.

361 *Bringewat*, Sozialpädagogische Familienhilfe, S. 57.

362 *Beulke/Swoboda* in FS-Gössel, S. 85.

363 *Beulke/Swoboda* in FS-Gössel, S. 86.

364 *Beulke/Swoboda* in FS-Gössel, S. 86.

Kleinkinder jedoch an, da sie noch gar nicht in der Lage seien, eine derartige Erwartungshaltung zu entwickeln.[365]

Dießner schließlich befürwortet ebenfalls ein normatives Element und rekurriert auf das Vertrauen.[366] Anders als *Bringewat* macht sie das Vertrauen eines Kindes jedoch nicht abhängig von den äußeren Umständen seiner Schutzbedürftigkeit, sondern geht - *Beulke/Swoboda* folgend - von einem „Vertrauendürfen" des Kindes aus, was sie als ausreichend erachtet. Ein solches „Vertrauendürfen" könne aus dem Gesetz hergeleitet werden. Ein Vertrauen Dritter sei zwar abzulehnen,[367] entgegen *Beulke/Swoboda* geht *Dießner* aber von einer Vertrauensberechtigung der Eltern aus, selbst wenn sie selbst die Gefahrenquelle für ihr Kind darstellen. Ihr zufolge fungierten die Eltern nicht als eigene Grundrechtsträger, sondern seien nur als „Projektionsfläche des Vertrauens im Hinblick auf das Wohl ihrer Kinder" zu sehen. Andernfalls sei die Garantenstellung des betreuenden Sozialarbeiters und damit möglicherweise der strafrechtliche Schutz des Kindes vom Fehlverhalten der Eltern abhängig.[368]

(bb) Stellungnahme

Eine Garantenstellung aus tatsächlicher Schutzübernahme darf nicht allein aufgrund eines Realakts angenommen werden. Andernfalls dehnte man den Kreis der garantenpflichtigen Personen zu sehr aus und befände sich im Konflikt mit der Norm des § 13 Abs. 1 StGB, welche ausdrücklich ein *rechtliches* Einstehenmüssen verlangt. Wer ein fremdes unbeaufsichtigtes Kind in einer Fußgängerzone an die Hand nimmt, um dessen Eltern zu suchen, kann trotz erfolgten tatsächlichen Schutzübernahmeaktes nicht Garant für dessen Wohl im Sinne von § 13 StGB sein, da es an einem rechtlichen Einstehenmüssen mangelt.

Das rechtliche Einstehenmüssen ist hingegen zu bejahen, wenn Vertrauen vorliegt. Es handelt sich dabei um ein normatives Element, da die erforderliche Vertrauensberechtigung einer Norm entstammen muss und nicht etwa bereits ein Vertrauen im psychologischen Sinne ausreichend sein kann.[369] Im Rahmen

---

365 *Wiesner*, ZfJ 2004, 168, Fn. 29.

366 *Dießner*, Die Unterlassungsstrafbarkeit der Kinder- und Jugendhilfe, S. 254.

367 *Dießner*, Die Unterlassungsstrafbarkeit der Kinder- und Jugendhilfe, S. 254 ff.

368 *Dießner*, Die Unterlassungsstrafbarkeit der Kinder- und Jugendhilfe, S. 257 f.

369 *Sangenstedt*, Garantenstellung, S. 221 ff.

der Kinder- und Jugendhilfe bildet das staatliche Wächteramt die Grundlage für eine Vertrauensberechtigung.[370]

Als Personen, die zu einem Vertrauen in den Schutz der Kinder- und Jugendhilfe berechtigt sein können, kommen das gefährdete Kind selbst, seine Eltern sowie Dritte wie beispielsweise Nachbarn in Frage. Darüber hinaus ist eigentlich erforderlich, dass die vertrauensberechtigte Person auch tatsächlich nachweisbar Vertrauen in die erfolgte Schutzübernahme hatte.[371] Als Konsequenz daraus könnte trotz Vorliegen eines Realakts und einer Vertrauensberechtigung keine Garantenstellung entstehen, sofern ein nachgewiesenes tatsächliches Vertrauen fehlt. Bei Kindern allgemein, bei Säuglingen und Kleinkindern im Speziellen, ist eine tatsächliche Vertrauensbildung mangels Fähigkeit zur Einschätzung der eigenen Situation jedoch nur schwer vorstellbar.

Nach Ansicht *Bringewats* ist in diesen Fällen das Vertrauen des betroffenen Kindes selbst, also des Rechtsgutträgers, in Form eines „unreflektierten Vertrauens" ausschlaggebend. Entscheidend seien äußerlich erkennbare Anzeichen der Schutzbedürftigkeit des gefährdeten Kindes. Mit *Dießner* und *Beulke/Swoboda* erscheint es jedoch angemessener, ohne den Umweg über streitbare äußere Merkmale des Schutzbedürfnisses, direkt auf den Schutzanspruch des gefährdeten Kindes gegenüber dem Staat aus § 1 Abs. 2 S. 2 SGB VIII/Art. 6 Abs. 2 S. 2 GG in Verbindung mit §§ 1 Abs. 3 Nr. 3, 8a SGB VIII als Grundlage für ein Recht auf Vertrauen abzustellen.[372] Dabei sollte nicht nur im Falle von gefährdeten Säuglingen und Kleinkindern auf ein tatsächliches Vertrauensmoment verzichtet werden, sondern auch bei schon älteren Kindern die reine Vertrauens*berechtigung* für die Annahme eines Vertrauens ausreichend sein. Bei einem Kind, das grundsätzlich schon dazu fähig ist Vertrauen zu entwickeln, wird man nicht zwangsläufig auch Vertrauen in die Arbeit eines Sozialarbeiters voraussetzen können. Dazu dürften die Vorstellungen eines Kindes von Funktion und Befugnissen der Kindern und Jugendhilfe noch nicht hinreichend genug konkretisiert sein. Vorzugswürdig erscheint es daher, bei Kindern und Ju-

---

370 Zum selben Ergebnis kommt man bei der Annahme einer Sozialnorm als Grundlage einer Vertrauensberechtigung, vergleiche *Dießner*, Die Unterlassungsstrafbarkeit der Kinder- und Jugendhilfe, S. 254; *Sangenstedt*, Garantenstellung, S. 225 ff.

371 Zum Nachweiserfordernis *Dießner*, Die Unterlassungsstrafbarkeit der Kinder- und Jugendhilfe, S. 255, mit weiteren Nachweisen.

372 So im Ergebnis auch: *Beulke/Swoboda* in FS-Gössel, S. 86; *Dießner*, Die Unterlassungsstrafbarkeit der Kinder- und Jugendhilfe, S. 257 f.;

gendlichen immer allein die Vertrauensberechtigung für die Annahme von Vertrauen ausreichen zu lassen.

Zum Teil wird auch auf die Eltern als diejenigen abgestellt, welche dem Schutz durch den Sozialarbeiter für das Wohl ihres Kindes Vertrauen entgegenbrächten.[373] Dabei ist klar, dass jene Fälle von Kindeswohlbeeinträchtigung, welche auf einer Verletzung der Schutzpflicht der Eltern gemäß § 1626 BGB basieren, mit den Standardfällen einer Garantenstellung aus tatsächlicher Schutzübernahme nicht vergleichbar sind. Der gern zitierte Fall des unaufmerksamen Babysitters stellt sich im Wesentlichen wie folgt dar: Ein Babysitter tritt vorübergehend in eine Familie ein, um den Schutz des Kindes von den Eltern nahtlos zu übernehmen und anschließend wieder in deren Hände zurückzugeben. Die Eltern legen den Schutz ihres Kindes während ihrer Abwesenheit dabei ganz bewusst und freiwillig in die Hände eines anderen Menschen; es handelt sich um einen (reflektierten) Vertrauensakt.

Selbstverständlich entsteht daher auch in einem typischen Fall jugendamtlichen Tätigwerdens eine Garantenstellung aufgrund tatsächlicher Schutzübernahme, wenn die Familie in Krisensituationen Unterstützung findet und die Eltern, wie häufig, die gebotene Hilfe annehmen. Dabei soll durch das von den Jugendamtsmitarbeitern dargebotene Tätigwerden der grundgesetzlich manifestierte Schutzauftrag an die Eltern gemäß Art. 6 Abs. 2 S. 1 GG keineswegs zeitweise ersetzt werden. Vielmehr geht es darum, die Eltern bei Pflege und Erziehung ihrer Kinder zu unterstützen. Wenn aber wie in den hier einschlägigen Fällen die Gefahren für das Kind direkt oder indirekt auf die Eltern zurückzuführen sind, erscheint es widersprüchlich, ein Vertrauen der Eltern in den Schutz ihrer Kinder durch den Mitarbeiter des Jugendamtes anzunehmen beziehungsweise vorauszusetzen. Die Ansicht *Dießners* hat jedoch genau dies zum Inhalt. Sie stellt dabei, ebenso wie bei dem Vertrauen des Kindes selbst, auf ein „Recht auf Vertrauen" – in diesem Fall der Eltern auf Schutz ihres Kindes – ab.

Dieser Argumentation ist nicht zuzustimmen. Beim Elternrecht aus Art. 6 Abs. 2 S. 1 GG spricht man auch von einem fiduziarischen, einem dienenden Recht und einer im echten Sinn anvertrauten treuhänderischen Freiheit.[374] Da-

---

[373] *Bringewat*, Sozialpädagogische Familienhilfe, S. 53 ff.; *ders.*, Tod eines Kindes, S. 56 f.; *Dießner*, Die Unterlassungsstrafbarkeit der Kinder- und Jugendhilfe, S. 254.

[374] BVerfGE 59, 360 (376 f.); 61, 358 (372); 64, 180 (189); *Böckenförde* in Essener Gespräche, S. 64; *Oppermann*, Verhandlungen des Deutschen Juristentages, C.100; *Ossenbühl*, DÖV 1977, 806.

mit wird klar, die Gewährleistung des Elternrechts dient primär dem Schutz des Kindes.[375] Gleichzeitig setzt der sachliche Schutzbereich des verfassungsrechtlich gewährleisteten Elternrechts voraus, die Eltern seien sowohl dazu bereit, als auch dazu in der Lage, ihr Erziehungsrecht zum Wohl des Kindes wahrzunehmen.[376] Diese Ausgestaltung von Art. 6 Abs. 2 S. 1 GG als „fremdnütziges Grundrecht"[377] spricht entgegen *Dießner* jedoch nicht dafür, den Eltern eines Kindes ein relevantes „Vertrauendürfen" zuzugestehen.[378] Die bei *Dießner* dargestellte Gefahr einer Strafbarkeitslücke[379] ist im Falle der Ablehnung einer Garantenstellung aus tatsächlicher Schutzübernahme von Mitarbeitern des Jugendamtes mangels Vertrauens der Eltern nicht gegeben. Denn nachdem bei nicht zur Vertrauensbildung fähigen Kindern auch nach der Ansicht *Dießners* ein „Recht auf Vertrauen" jener Kinder direkt aus dem Gesetz ausreichend für die Annahme von Vertrauen im Sinne der Garantenstellung aus tatsächlicher Schutzübernahme ist, kann das Verhalten der Eltern als Vertrauensquelle für die Begründung der Garantenstellung eines Sozialarbeiters dahinstehen. In jedem Fall begründet das „Recht auf Vertrauen" des Kindes eine Beschützergarantenstellung gegenüber dem einzelnen Jugendamtsmitarbeiter aus § 1 Abs. 2 S. 2 SGB VIII/Art. 6 Abs. 2 S. 2 GG in Verbindung mit §§ 1 Abs. 3 Nr. 3, 8a SGB VIII. Angesichts dessen erscheint die Argumentation *Dießners*, die Eltern fungierten nicht als eigene Grundrechtsträger - das wäre angesichts des nicht eröffneten sachlichen Schutzbereichs nicht möglich –, sondern lediglich als „Projektionsflächen des Vertrauens im Hinblick auf das Wohl ihrer Kinder"[380] als nicht notwendig, um eine Garantenstellung begründen zu können.

Darüber hinaus verdient die Konstruktion, eine Vertrauensberechtigung der Eltern mittels einer „Vertrauensprojektion" zu bewerkstelligen, obwohl gerade ein Verhalten der Eltern das schützende Tätigwerden des Staates erforderlich macht, keine Zustimmung. Die Sätze 1 und 2 des Art. 6 Abs. 2 GG machen deutlich, dass bei einer Gefahr für das kindliche Wohl die „treuhänderische Freiheit" der Eltern endet und der kindliche Schutzanspruch gegen die staatli-

---

375 BVerfGE 61, 358 (371).

376 BVerfGE 56, 363 (382).

377 Vergleiche *Dießner*, Die Unterlassungsstrafbarkeit der Kinder- und Jugendhilfe, S. 74, Fn. 104, mit weiteren Nachweisen.

378 *Dießner*, Die Unterlassungsstrafbarkeit der Kinder- und Jugendhilfe, S. 257.

379 *Dießner*, Die Unterlassungsstrafbarkeit der Kinder- und Jugendhilfe, S. 257.

380 *Dießner*, Die Unterlassungsstrafbarkeit der Kinder- und Jugendhilfe, S. 257.

che Gemeinschaft Bedeutung erlangt. Damit hat richtigerweise das Vertrauendürfen beziehungsweise die Vertrauensberechtigung der Eltern für die Begründung einer Garantenstellung zugunsten des Kindes keine Bedeutung.

Annehmen könnte man zudem, dass das Vertrauen Außenstehender betroffen ist. Hier ist an den oben bereits angesprochenen Personenkreis aus dem näheren und weiteren Umfeld der Familie zu denken. Beispielsweise könnten Nachbarn der betreuten Familie davon ausgehen, der vom Jugendamt eingeschaltete Mitarbeiter werde alles Notwendige zum Schutz der Kinder vornehmen. Sehr fraglich ist jedoch, ob das dem Sozialarbeiter durch jene eigentlich außen stehende Personen entgegengebrachte Vertrauen und der damit einhergehende Verzicht auf (weitere) eigene Intervention zum Schutz der Kinder als ausreichend erachtet werden darf, um eine tatsächliche Schutzübernahme des Jugendamtsmitarbeiters annehmen zu können. Dies ist zu verneinen, da es zum einen an einer Verpflichtung und zum anderen an Möglichkeiten dieser Außenstehenden fehlt, das Kindeswohl gegen die Erziehungsberechtigten zu verteidigen.[381]

(3) Zwischenergebnis

Für die Begründung einer Garantenstellung aus tatsächlicher Schutzübernahme ist grundsätzlich das Vorliegen eines Realakts, einer Vertrauensberechtigung sowie eines tatsächlichen Vertrauens in die Schutzübernahme erforderlich. Die zum Teil vertretene Ansicht, bei einer vertrauenschaffenden Schutzzusage könne auf einen Realakt verzichtet werden um die Garantenstellung entstehen zu lassen, ist daher prinzipiell abzulehnen.

Im Rahmen der Kinder- und Jugendhilfe als Sonderfall erfahren diese Ergebnisse jedoch eine erhebliche Einschränkung, wodurch die Grenzen einer Garantenstellung aus tatsächlicher Schutzübernahme und einer Garantenstellung aus Gesetz verwischen.[382] Ein tatsächlicher Schutzübernahmeakt durch den Sozialarbeiter ist zu ersetzen durch die Schutz*übergabe* aufgrund des staatlichen Wächteramtes. Die Vertrauensberechtigung des gefährdeten Kindes ergibt sich gleichsam aus § 1 Abs. 2 S. 2 SGB VIII/Art. 6 Abs. 2 S. 2 GG. Auf das Vorliegen tatsächlichen Vertrauens gefährdeter Kinder darf es aufgrund des eindeutigen

[381] *Beulke/Swoboda* in FS-Gössel, S. 86; im Ergebnis ebenso *Dießner*, Die Unterlassungsstrafbarkeit der Kinder- und Jugendhilfe, S. 256 f.

[382] Vergleiche bereits Zweites Kapitel B. V. 5. d) aa) (3).

Schutzauftrages für die Kinder- und Jugendhilfe ebenfalls nicht ankommen. Die nicht von der Hand zu weisende Aushöhlung der Merkmale einer Garantenstellung aus tatsächlicher Schutzübernahme muss gleichsam hingenommen werden, um dem Schutzauftrag des staatlichen Wächteramtes nicht zuwider zu laufen.

Mittels dieser Lösung ist eine Garantenstellung aus tatsächlicher Schutzübernahme auch in Fällen bloßer Hilfsangebote ohne entsprechenden Realakt möglich:

> Beispiel 7: Sozialarbeiter S. erhält um 10 Uhr Morgens einen Anruf von der 14-jährigen N., zu der zuvor noch kein Kontakt bestand. N. gibt an, von ihrem Vater V. bereits einige Male sexuell genötigt worden zu sein. Sie fürchtet einen sexuellen Missbrauch wenn ihr Vater um 14 Uhr betrunken nach Hause kommt, weshalb sie vorher weglaufen möchte um sich in Sicherheit zu bringen. S. verspricht N. sie noch vor 14 Uhr aufzusuchen, woraufhin N. zu Hause bleibt und auf S. wartet. S. versäumt es N. in Obhut zu nehmen, weshalb N. gegen 15 Uhr von V. sexuell missbraucht wird.

Mit Anruf durch N. ist aus ex ante Sicht objektiv erkennbar, dass ein Eingreifen der Kinder- und Jugendhilfe geboten ist. Dadurch erfolgt in diesem Augenblick die Übertragung der wächteramtlichen Schutzaufgabe auf Herrn S., den Sozialarbeiter. N. ist aufgrund Gesetzes berechtigt, der Jugendhilfe Vertrauen entgegen zu bringen. Dieses Recht auf Vertrauen reicht aus, um eine Garantenstellung aus tatsächlicher Schutzübernahme zu begründen. Auf das tatsächliche Vertrauen von N. - das hier zweifelsfrei vorliegt - kommt es nicht an. Im eingangs geschilderten Fall „Tanja“, bei dem die angerufene Mitarbeiterin des Jugendamtes das Einleiten von Maßnahmen oder Hilfen ablehnt, kommt man zu demselben Ergebnis. Im Unterschied zu Beispiel 7 liegt aber wohl kein tatsächliches Vertrauen des Kindes Tanja vor. In den Fällen „Laura-Jane“, „Jenny“, „Kevin“ ist eine Garantenstellung aus tatsächlicher Schutzübernahme der jeweils zuständigen Mitarbeiter des Jugendamtes unproblematisch gegeben. Für den Fall „Lea-Sophie“ ist die Frage nach einer Garantenstellung mangels genauer Angaben nicht eindeutig zu entscheiden.

cc) Beschützergarantenstellung aus Amtsträgerschaft

Eine Beschützergarantenstellung könnte sich auch aus der Stellung eines Sozialarbeiters als Amtsträger ergeben. Über die grundsätzliche Behandlung dieser Garantenstellung besteht jedoch Uneinigkeit. Eine verbreitete Ansicht sieht in ihr lediglich einen Unterfall der Garantenstellung aus tatsächlicher Schutzübernahme[383], während andere in ihr eine eigenständige Garantenstellung sehen[384] oder sie als Garantenstellung aus Gesetz betrachten.[385]

In der Literatur wird die Garantenstellung kraft Amtsträgerschaft vor allem im Zusammenhang mit für den Umweltschutz zuständigen Behörden sowie für Polizeibeamte diskutiert. Es gilt zu untersuchen ob und inwieweit davon ausgehend Parallelen zur Kinder- und Jugendhilfe zu ziehen sind.

(1) Umweltschutzbehörden

Für die Amtsträger von für den Umweltschutz zuständigen Behörden wird nach herrschender Ansicht eine Beschützergarantenstellung angenommen, welche sie dazu verpflichtet, Gefahren von allgemeinen Umweltrechtsgütern fern zu halten.[386] Begründet wird dies damit, dass die Mitarbeiter von Umweltschutzbehörden ausschließlich für den Schutz der Umwelt zuständig seien. Gesprochen wird etwa von „geborenen Beschützern" oder einem „auf Posten gestellt sein" der jeweiligen Amtsträger.[387] Dieser Auffassung widerfährt dabei nicht nur Zustimmung.[388] Es gilt trotz aller Bedenken jedoch die Besonderheiten der Garantenstellung aufgrund Amtsträgerschaft im Umweltschutzrecht zu beachten: So stellt sich gerade im Bereich des Umweltschutzrechts die Verbindung der Behörden zu ihrem Schutzgut als äußerst eng dar. Eine Pflicht der Amtsträger-Garanten zum Einschreiten ergibt sich zudem nur dann, wenn es das Umweltverwaltungsrecht vorschreibt. Eine Strafbarkeit ist somit an ein eindeutig ermessensfehlerhaftes Verhalten gekoppelt.[389]

---

383 *Brammsen,* Die Entstehungsvoraussetzungen der Garantenpflichten, S. 190 ff.; *Bringewat,* Sozialpädagogische Familienhilfe, S. 59 f.; *ders.,* Strafrechtliche Risiken, S. 24, Fn. 21; *Jescheck* in LK, § 13 Rn. 29; *Jescheck/Weigend,* AT, § 59 IV 3 c; *Otto,* GK AT, § 9 Rn. 67; *Rudolphi* in SK, § 13 Rn. 54d; grundsätzlich wohl auch *Herzberg,* Die Unterlassung im Strafrecht und das Garantenprinzip, S. 355 f.; *Kühl,* AT, § 18 Rn. 77.

384 *Stree* in S/S, § 13 Rn. 31.

385 *Freund* in MK, § 13 Rn. 169 ff; *Krey,* AT/2, Rn. 335 ff.; *Stratenwerth/Kuhlen,* AT, § 13 Rn. 17.

386 OLG Frankfurt NJW 1987, 2757; OLG Köln NJW 1988, 2121; OLG Stuttgart NStZ 1989, 122 f.; weitere Nachweise bei *Rogall,* Die Strafbarkeit von Amtsträgern im Umweltbereich, S. 218, Fn. 515.

387 Siehe die Nachweise bei *Kühl,* AT, § 18 Rn. 80.

388 *Jescheck/Weigend,* AT, § 59 IV 3 c; *Rudolphi* in SK, § 13 Rn. 54d, welcher eine uferlose Ausdehnung der Garantenpflichten für Amtsträger befürchtet; *Schall,* NJW 1990, 1270.

389 *Kühl,* AT, § 18 Rn. 82.

(2) Polizeibeamte

Noch weitaus mehr Streit herrscht darüber, ob eine Beschützergarantenstellung von Polizeibeamten zum Schutz der Bürger vor rechtswidrigen Angriffen Dritter oder anderweitiger Gefahren besteht. Der Bundesgerichtshof bejaht eine derartige „Obhuts"- oder „Beschützer"garantenstellung und stellt fest, der Schutz des einzelnen Bürgers vor Straftaten sei wesentlicher Bestandteil der Berufspflicht des Polizisten.[390] Wegen der Herleitung der Garantenstellung aus dem Beruf seien jedoch Einschränkungen festzustellen. So sei eine sachliche wie örtliche Zuständigkeit des Polizeibeamten erforderlich; zudem müsse die Straftat während der Dienstzeit registriert werden. Für während der Freizeit wahrgenommene Straftaten hafte ein Polizeibeamter wie jeder andere Bürger auch nur im Rahmen der echten Unterlassungsdelikte.[391] Etwas anderes gelte indes für Dauerdelikte, die während der Dienstzeit fortwirken, sowie für Straftaten die die Rechtsgüter der Allgemeinheit oder eines Einzelnen sehr schwer beeinträchtigen. Immer bedürfe es einer Abwägung zwischen den privaten Interessen des Polizeibeamten[392] und dem öffentlichen Interesse.[393]

Die Gegner einer Garantenstellung vertreten die Meinung, dass jedem Bürger der Schutz seiner Rechtsgüter prinzipiell selbst obliege, wozu ihm die staatliche Rechtsordnung umfassende Notwehr-, Notstands- und Selbsthilferechte gewähre.[394] *Herzberg* sieht in der Pflicht der Polizeibeamten, Gefahren von Bürgern fernzuhalten, lediglich eine Reflex- und Nebenwirkung der Berufspflicht.[395]

Die überwiegende Anzahl an Stimmen in der Literatur billigt in Variationen grundsätzlich die Entscheidung des Bundesgerichtshofs. So geht beispielsweise eine verbreitete strengere Ansicht erst dann von einer Beschützergarantenstel-

---

390 BGHSt 38, 388 (390).

391 BGHSt 38, 388 (390 f).

392 Der geschützte Bereich menschlicher Beziehungen (Art. 1, 2 GG), siehe BGHSt 38, 388 (391).

393 BGHSt 38, 388 (391 f).

394 *Rudolphi* in SK, § 13 Rn. 54c; *Schünemann*, GA 1985, 379 f.

395 *Herzberg*, Die Unterlassung im Strafrecht und das Garantenprinzip, S. 356.

lung von Polizeibeamten aus, wenn eine Pflicht zum Eingreifen bestehe (Ermessensreduzierung auf Null).[396]

(3) Kinder- und Jugendhilfe

Bringewat geht wie bereits erwähnt davon aus, die Übernahme von Schutzpflichten aufgrund einer Amts- oder Dienstpflicht sei als „eine Anwendungsvariante oder Modalität, als Untergruppe oder Sonderfall der Garantenposition aus tatsächlicher Schutzübernahme zu charakterisieren"[397]. Es handle sich dabei aber lediglich um eine Modifikation des Normalfalles, in den man durch pflichtgemäßes Verhalten in die Garantenstellung aufgrund tatsächlicher Schutzübernahme einrücke.[398] Das Ergebnis – eine Beschützergarantenstellung für gefährdete Kinder innerhalb der betreuten Familien – bliebe jedenfalls auch dann unverändert, leitete man die Garantenstellung ausschließlich aus der Stellung als Amtsträger und der zugehörigen Pflichterfüllung ab. Alle Einschränkungen die dann erforderlich wären, um einer Ausuferung der Strafbarkeit entgegenzuwirken, seien bei der Betreuung gefährdeter Kinder durch das Jugendamt immer schon enthalten.[399]

In Anlehnung an *Bringewats* Ausführungen erscheint die Annahme einer Garantenstellung aufgrund Amtsträgereigenschaft für Sozialarbeiter innerhalb der Kinder- und Jugendhilfe zwar als begründbar, jedoch nicht als notwendig. Das wird ersichtlich, wenn man die Einschränkungen berücksichtigt, welche auf eine originäre Garantenstellung aufgrund Amtsträgerschaft zukämen.

Eine Garantenstellung aus Amtsträgerschaft könnte grundsätzlich schon früher begründet werden als eine Garantenstellung aufgrund tatsächlicher Schutzübernahme. Das Abstellen auf den reinen Status der Amtsträgerschaft würde die Strafbarkeit jedoch über Gebühr ausweiten. So zum Beispiel, wenn schon allein das Zuteilen einer Vorgangsakte die Garantenstellung aus Amtsträgerschaft für einen sich im Urlaub befindenden Sozialarbeiter begründen könnte. Um derartige Fälle zu verhindern, müssen im Bereich der Kinder- und Jugend-

---

[396] BGHSt 43, 82 (88); *Joecks*, Studienkommentar, § 13 Rn. 34; *Krey*, AT/2, Rn. 337; *Pawlik*, ZStW 1999, 335 f., 355 f.; *Roxin* AT/2, § 32 Rn. 86 ff.

[397] *Bringewat*, Sozialpädagogische Familienhilfe, S. 59.

[398] *Bringewat*, Sozialpädagogische Familienhilfe, S. 59.

[399] *Bringewat*, Sozialpädagogische Familienhilfe, S. 60.

hilfe für die Annahme einer Garantenstellung aufgrund Amtsträgerschaft zusätzliche Merkmale erfüllt sein.

Jene Pflichtenbeschränkungen sind aber bereits Teil des standardmäßigen Arbeitens der Kinder- und Jugendhilfe und anders als etwa im Verhältnis von Polizeibeamten zu gefährdeten Bürgern kein von außen einzubringender Begrenzungsfaktor für eine ansonsten ausufernde Strafbarkeit. Die Garantenstellung eines Polizisten, der eine Straftat zu Lasten eines Bürgers beobachtet, bedarf - wie oben gezeigt - je nach Ansicht unter anderem der Einschränkung, dass er sich im Dienst befand sowie sachlich und örtlich zuständig war. Dies alles ist im konkreten Falle einer Betreuung durch einen Mitarbeiter des Jugendamtes nach den Vorschriften des SGB VIII bereits berücksichtigt. Hinsichtlich des Zeitpunktes, in dem eine Garantenstellung frühestens begründet wird, ist auf das zur Garantenstellung aufgrund tatsächlicher Schutzübernahme Gesagte zu verweisen.[400] Auf einen noch früheren Zeitpunkt abzustellen würde den Kreis der garantenpflichtigen Personen unangemessen ausweiten.

Da demnach auch eine Garantenstellung aus Amtsträgerschaft aufgrund der erforderlichen Beschränkungen nicht früher in Frage käme als bei einer Garantenstellung aufgrund tatsächlicher Schutzübernahme, kann erstere mithin als Unterfall der tatsächlichen Schutzübernahme angesehen werden.

dd) Beschützergarantenstellung aus vorangegangenem Tun

Neben der tatsächlichen Schutzübernahme als Ausprägungen einer Beschützergarantenstellung ist zu untersuchen, ob für Mitarbeiter des Jugendamtes eine Pflicht zur Erfolgsabwendung auch aufgrund einer Beschützergarantenstellung aus vorangegangenem Tun (Ingerenz[401]) in Betracht kommt.

(1) Grundlagen

Unter Ingerenz versteht man dabei die „tatsächliche Herbeiführung einer Gefahrenlage".[402] Ähnlich charakterisiert *Roxin* die Ingerenzhaftung als „Schaffung einer neuen Gefahrenquelle".[403] Die grundsätzliche Existenz einer Garantenstellung aus Ingerenz wird heute weitgehend angenommen, wenngleich

---

400 Zweites Kapitel B. V. 5. d) bb) (1) (bb) und Zweites Kapitel B. V. 5. d) bb) (1) (cc).

401 Von lateinisch „ingerere", sich in etwas einmischen beziehungsweise jemandem etwas antun oder zufügen.

402 *Fischer*, § 13 Rn. 27.

403 *Roxin*, AT/2, § 32 Rn. 143.

anders lautende Stimmen nicht vollkommen verstummt sind.[404] Die Frage, welche Voraussetzungen erfüllt sein müssen, um eine Garantenstellung aus Ingerenz annehmen zu können, ist in allen Bereichen stark umstritten. Die Grundvoraussetzung dieser Garantenstellung ist jedoch in jedem Fall ein dem Erfolg vorausgehendes Vorverhalten des Täters. Aufgrund dieses Vorverhaltens steht er nicht länger wie ein beliebiger Dritter zu dem Tatopfer, weshalb bei Erfolgseintritt eine über das echte Unterlassen hinausgehende Strafbarkeit angenommen werden kann. Wie auch in allen anderen Bereichen der Strafbarkeit aufgrund unechten Unterlassens fehlt es bei der Garantenstellung aus Ingerenz an einer gesetzlichen Regelung. Aus diesem Grund herrscht vor allem hinsichtlich der Frage, welche Qualität dem Vorverhalten zukommen muss, ein lebhafter Streit.

Die ältere Rechtsprechung ließ schon allein die Kausalität der Gefahrverursachung für die Begründung einer Garantenstellung genügen.[405] Dies geht freilich viel zu weit, da nicht jedes denkbare kausale Verhalten ohne jegliche weitere Wertung zu einer Strafbarkeit aufgrund unechten Unterlassens führen darf.[406] Die neuere Rechtsprechung geht ebenso wie der überwiegende Teil der Lehre daher heute davon aus, nur eine objektiv pflichtwidrige Verursachung der Gefahr könne eine Garantenstellung aus Ingerenz begründen.[407] Die Zahl anderer Ansichten ist groß. So wird beispielsweise als Mindermeinung vertreten, auch ein rechtmäßiges Vorverhalten könne eine Garantenstellung aus Ingerenz begründen.[408] Andere stellen darauf ab, ob eine durch die Vorhandlung bedingte Risikoerhöhung vorliege.[409] Die Ansicht, nach der auch ein rechtmäßiges Vorverhalten eine Ingerenzgarantenstellung begründen können solle, ist abzulehnen, um eine Ausweitung der Strafbarkeit zu vermeiden. Für die Kinder- und Jugendhilfe gilt, dass der der Kinder- und Jugendhilfe zur Verfügung gestellte Maßnahmen- und Leistungskatalog des SGB VIII den Rahmen eines erlaubten Risikos absteckt. Eine Ingerenzgarantenstellung darf damit nur bei pflichtwid-

---

404 Ausführlicher zur Möglichkeit einer Ingerenzgarantenstellung: *Roxin*, AT/2, § 32 Rn. 144 ff.

405 Vergleiche zum Beispiel BGHSt 3, 203 (205); 4, 20 (22).

406 OLG Oldenburg NJW 1961, 1938; NStE, § 25 Nr. 10; *Roxin*, AT/2, § 32 Rn. 155.

407 BGHSt 37, 106 (115 ff.); 43, 381 (397); OLG Celle VRS 41, 98; *Jescheck* in LK, § 13 Rn. 33; *Jescheck/Weigend*, AT, § 59 IV 4a; *Rudolphi*, Gleichstellungsproblematik, S. 157 ff.; *Stree* in S/S, § 13 Rn. 35.

408 *Arzt*, JA 1980, 716; *Herzberg*, JZ 1986, 986 ff.

409 *Otto*, NJW 1974, 528 ff.; *Otto/Brammsen*, Jura 1985, 648.

rigen Verhaltensweisen von Mitarbeitern der Kinder- und Jugendhilfe in Betracht gezogen werden.

Bei einer Orientierung an der herrschenden Meinung wird die Frage, welche Anforderungen dabei an die objektive Pflichtwidrigkeit zu stellen sind, wiederum unterschiedlich beantwortet. Einem Teil der Rechtsprechung etwa genügt für die Annahme einer Garantenstellung aus Ingerenz ein objektiv rechtswidriges Risiko der Erfolgsverursachung. In seiner „Ledersprayentscheidung“[410] lässt der Bundesgerichtshof dazu bereits die „rechtliche Missbilligung des Gefährdungserfolges“[411] ausreichen, ohne auf eine etwaige Sorgfaltspflichtverletzung abzustellen.[412] Teilweise wird in der Rechtsprechung aber auch eine höhere Anforderung gestellt, indem aus der Position eines gedachten Dritten in der Situation des Handelnden danach gefragt wird, ob das Vorverhalten ein objektiv erkennbares rechtswidriges Risiko der Erfolgsverursachung beinhaltete.[413] Wenngleich diese letzte Ansicht die Entstehung einer Garantenstellung aus Ingerenz einschränkt und aus diesem Grund von einigen als zu eng abgelehnt wird[414], spiegelt sie die auch in der Literatur vorherrschende Meinung wider.[415] Gerade aufgrund der restriktiven Voraussetzungen soll diese Ansicht als Grundlage für die weiteren Ausführungen dienen, so dass bei der Bejahung einer Garantenstellung aus Ingerenz eine eben solche auch nach den extensiveren Ansichten vorliegen würde.

(2) Bedeutung für die Kinder- und Jugendhilfe

Daran anknüpfend stellt sich nun die Frage, ob bei der Betreuung von Kindern und Jugendlichen durch Mitarbeiter des Jugendamtes Situationen denkbar sind, bei denen das Verhalten der Sozialarbeiter eine Garantenstellung aus Ingerenz begründen könnte.

In „Tod eines Kindes“ geht *Bringewat* auf die Garantenstellung aus Ingerenz nur sehr kurz ein, hält ihr Vorliegen jedoch im Rahmen einer Betreuungssituation mit Kindern für möglich. Er denkt dabei „vor allem an rechtswidriges ge-

---

410 BGHSt 37, 106 (115 ff.).

411 BGHSt 37, 119.

412 BGHSt 37, 118 f.

413 So *Frister*, AT, 22/28; Bezug nehmend auf BGHSt 25, 218 (220 ff.).

414 *Dencker* in FS-Stree/Wessels, S. 170 ff.

415 *Rudolphi* in SK, § 13 Rn. 39a, mit weiteren Nachweisen.

fährliches Vorverhalten in Form eines garantenpflichtwidrigen Unterlassens, etwa wenn garantenpflichtwidrig elterliche Beeinträchtigungen des körperlichen Kindeswohls nicht verhindert werden".[416] Das Nichtverhindern fortwährender körperlicher Züchtigungen des Kindes könnte daher zu einer Garantenstellung aus Ingerenz für den das Kind in der Familie mitbetreuenden Sozialarbeiter führen. Im Falle einer Tötung des Kindes durch seine gewalttätigen Eltern wäre daher eine Strafbarkeit des zuständigen Mitarbeiters des Jugendamtes wegen fahrlässiger Tötung durch Unterlassen in Erwägung zu ziehen. Dies gilt es näher zu untersuchen.

(aa) Untätigkeit bei wiederholten Kindeswohlbeeinträchtigungen

Um eine Garantenstellung aus Ingerenz für einen derart gelagerten Sachverhalt annehmen zu können, müsste das vorangegangene Verhalten des Unterlassenden zwei Voraussetzungen erfüllen. Erforderlich wäre zunächst, dass das Vorverhalten die nahe Gefahr des tatbestandlichen Erfolgseintritts herbeiführt.[417] Dies kann sowohl durch das Einwirken auf einen bereits bestehenden Schutz, als auch durch die Schaffung neuer Gefahrenquellen geschehen. Als eine neue Gefahrenquelle wird angesehen, wenn das Vorverhalten einen zu einer Rechtsgutverletzung hinstrebenden Kausalverlauf auslöst oder aber die Gefahr einer Straftat oder einer Selbstverletzung hervorruft.[418]

Fraglich ist zuerst, ob das beschriebene Vorverhalten - ein Nichteingreifen bei fortlaufender körperlicher Misshandlung des mitbetreuten Kindes - als Tun oder als Unterlassen anzusehen ist. Wie bereits oben dargestellt, wird Tun als „das Aufwenden von Energie in einer bestimmten Richtung", Unterlassen als „das Nichteinsetzen von Energie in einer bestimmten Richtung" angesehen.[419] Aus diesem Grund kann es sich bei dem untersuchten Vorverhalten nur um ein Unterlassen handeln. Eine Garantenstellung aus Ingerenz, bei der das Vorverhalten ein Unterlassen ist, wird sowohl von der Rechtsprechung[420] als auch im

---

416 *Bringewat*, Tod eines Kindes, S. 48.

417 BGH StV 1998, 127 f.

418 *Rudolphi* in SK, § 13 Rn. 38.

419 *Engisch* in FS-Gallas, S. 170 f.; *Freund* in MK, § 13 Rn. 9 f.; *Gössel* in Maurach/Gössel/Zipf, AT/2, § 45 Rn. 30; *Schlüchter*, JuS 1976, 795.

420 RGSt 68, 100 (104).

Schrifttum[421] anerkannt. Wie bei der Ingerenz aufgrund eines Tuns müsste das Verhalten des Sozialarbeiters einen Zustand geschaffen haben, bei dem das Untätigbleiben die Gefahr oder den Schaden für das Kind vergrößert.[422] Nur dann darf eine Garantenstellung aus Ingerenz angenommen werden.[423] Deutlich wird dies bei der Betrachtung eines Standardbeispiels für eine Garantenstellung aus Ingerenz durch ein unterlassendes Vorverhalten. Hierin unterlässt es ein Hauseigentümer pflichtwidrig, Dachziegel gegen ein Herunterfallen bei Sturm zu sichern (Vorverhalten). Wird nun ein Passant durch einen herab fallenden Ziegel lebensgefährlich verletzt, so wird der Eigentümer zum Garanten aus Ingerenz und muss sich um dessen Rettung kümmern. Andernfalls ergibt sich eine Strafbarkeit wegen unechten Unterlassens, sollte das Nichtversorgen des Passanten zum Tode führen.[424] Die pflichtwidrige Vorhandlung schafft einen Zustand (verletzter Passant), bei dem das weitere Untätigbleiben den Schaden vergrößern würde (Tod).

Bei einer Familienbetreuung durch das Jugendamt stellt das Nichthandeln des Sozialarbeiters die Vorhandlung in Form eines Unterlassens dar. Voraussetzung ist die vorangehende Kenntnisnahme von (schweren) Misshandlungen des Kindes sowie der damit einhergehenden Gefahr weiterer Misshandlungen und gegebenenfalls des Todes. Weiter müsste dieses Unterlassen wiederum einen Zustand geschaffen haben, bei dem das Untätigbleiben die Gefahr oder den Schaden vergrößert. Ist durch das Vorverhalten des Mitarbeiters des Jugendamtes der Schaden jedoch bereits endgültig herbeigeführt, führt dies zur Ablehnung einer Unterlassungsstrafbarkeit. In Fällen, die nach einer Reihe von Misshandlungen im Tod des Kindes gipfeln, ist diese Frage zu verneinen. Das Vorverhalten des Sozialarbeiters schafft einen Zustand der Schutzlosigkeit des betreuten Kindes. Das weitere Untätigbleiben des Sozialarbeiters vergrößert die Gefahr einer tödlich endenden Kindesmisshandlung. Fraglich ist indessen, ob eine Garantenstellung aus Ingerenz angenommen werden darf, wenn die durch den Sozialarbeiter registrierten Misshandlungen die Gefahr schwererer Verletzungen oder des Todes nicht in sich bergen. Für den Fall, dass die Misshand-

---

[421] *Blei*, AT, S. 323; *Fischer*, § 13 Rn. 27; *Gössel* in Maurach/Gössel/Zipf, AT/2, § 46 Rn. 95; *Roxin*, AT/2, § 32 Rn. 190; *Stree* in S/S, § 13 Rn. 32, 46; andere Auffassung: *Androulakis*, Unterlassungsdelikte, S. 215 f.

[422] *Stree* in S/S, § 13 Rn. 42.

[423] *Schröder*, NJW 1966, 1001 f.

[424] *Roxin*, AT/2, § 32 Rn. 190; *Rudolphi* in SK, § 13 Rn. 45.

lungen im Laufe der Zeit tatsächlich weder an Qualität noch Quantität zunehmen, könnte angenommen werden, eine Voraussetzung der Ingerenz - die Schaffung eines gefahrerhöhenden Zustandes - sei nicht gegeben. Dies ist jedoch abzulehnen, da auch bereits jede weitere gleichartige Misshandlung den „Schaden am Kind" - nicht zuletzt psychisch - vergrößert. Im Rahmen der Betreuung von Kindern durch Mitarbeiter des Jugendamtes sind somit durchaus Konstellationen ersichtlich, in denen das Vorverhalten die nahe Gefahr des tatbestandlichen Erfolgseintritts herbeiführt.

Zudem müsste bei einer Orientierung an der herrschenden Auffassung eine weitere Voraussetzung vorliegen. So wäre nach den Wertungen der Rechtsordnung eine Verantwortlichkeit des Unterlassenden für den ausgelösten Gefahrenzustand aufgrund des Vorverhaltens nachzuweisen.[425]

In diesem Zusammenhang müsste das Unterlassen des Sozialarbeiters pflichtwidrig sein. Darunter versteht man einen Verstoß gegen ein solches Gebot, das gerade dem Schutz des betroffenen Rechtsguts zu dienen bestimmt ist.[426] Das staatliche Wächteramt gemäß Art. 6 Abs. 2 S. 2 GG in seiner einfachgesetzlichen Ausprägung nach § 1 Abs. 2 S. 2, Abs. 3 Nr. 3, §§ 2, 8a SGB VIII dient dabei zweifelsohne dem Schutz eines gefährdeten Kindes. Dem zuständigen Sozialarbeiter obliegt es diesen gesetzlichen Schutz zu gewährleisten. Bei einem nicht der Gefährdungslage entsprechenden Handeln des Mitarbeiters des Jugendamtes liegt demgemäß eine Pflichtverletzung im obigen Sinn vor.

Ein eindeutiges Beispiel für die Pflichtwidrigkeit jugendamtlichen Handelns stellt etwa das Untätigbleiben des Sozialarbeiters im Fall „Kevin" dar. Konkret kann die Situation im Krankenhaus als Beispiel angeführt werden. Die dort erstellte Diagnose beim Aufenthalt vom 27.09.2004 bis 14.10.2004 spricht eindeutig von multiplen traumatischen Frakturen, worunter der Bruch gesunder Knochen meist als Folge von Gewalteinwirkung verstanden wird.[427] Das geballte Auftreten von Frakturen gesunder Knochen, die zum Teil erst wenige Wochen zurück lagen, hätte die Einschaltung des Familiengerichts nach §§ 1666, 1666a BGB erforderlich gemacht, um weiteren Schaden von Kevin abzuhalten. Die anderweitigen unterstützenden Maßnahmen, die vom zuständigen Sozialarbeiter für die Familie stattdessen angedacht wurden, sind allesamt als unange-

---

425 *Rudolphi* in SK, § 13 Rn. 39.

426 BGHSt 37, 106 (115); *Stree* in FS-Klug S. 395; *Wessels/Beulke*, Rn. 725.

427 Roche Lexikon Medizin.

messen und unzureichend einzustufen, um die Gefahr für das Leben des Kindes erheblich reduzieren zu können. Der Mitarbeiter des Jugendamtes hat seine gesetzliche Pflicht das Kind zu schützen in diesem Fall verletzt.

Mit der hier vertretenen strengen Ansicht gilt es darüber hinaus festzustellen, ob das Vorverhalten ein objektiv erkennbares rechtswidriges Risiko der Erfolgsverursachung beinhaltete. *Rudolphi* formuliert hierzu wie folgt: „Nur dann, wenn dem Unterlassenden bereits aufgrund seiner pflichtwidrigen Vorhandlung die abzuwendende Gefahr und damit auch die sich aus ihr entwickelnde Rechtsgutverletzungen objektiv als fahrlässig bewirkt zugerechnet werden können, hat er aufgrund dieser Vorhandlungen auch als Garant nach § 13 StGB rechtlich dafür einzustehen, dass die von ihm pflichtwidrig geschaffene Gefahr sich nicht in einem tatbestandsmäßigen Unrechtserfolg realisiert."[428] Auf detaillierte Ausführungen zur objektiven Fahrlässigkeit wird an dieser Stelle verzichtet um nicht vorzugreifen, sie erscheinen hier aber auch nicht erforderlich. Denn gerade in den untersuchten extremen Fällen wie im Beispielfall „Kevin" liegt eine objektive Erkennbarkeit unproblematisch vor. So war objektiv erkennbar, dass durch das Untätigbleiben des Sozialarbeiters die Gefahr des Todes für den Jungen vergrößert würde. Eine Garantenstellung aus Ingerenz aufgrund pflichtwidriger Nichtverhinderung von (weiteren) Misshandlungen ist somit begründbar und immer anzunehmen, sofern die Voraussetzungen wie dargestellt vorliegen.

(bb) „Rückführung" eines Kindes

Sofern das pflichtwidrige Vorverhalten in der Rückführung eines zuvor von seiner Familie aufgrund deren Gefährlichkeit getrennten Kindes liegt, handelt es sich dabei um ein „Tun" des Sozialarbeiters. Bei objektiver Erkennbarkeit des Risikos für das Kind durch seine Rückgabe in die Familie wird unter Zugrundlegung der obigen Darstellung ebenfalls eine Ingerenzgarantenstellung begründet.

(cc) Unrichtige Aussage vor dem Familiengericht

Eine Garantenstellung aus Ingerenz könnte sich für Mitarbeiter des Jugendamtes auch aus einer falschen Wiedergabe der Situation eines gefährdeten Kindes und seiner Familie vor dem Familiengericht ergeben.

---

428 *Rudolphi* in SK, § 13 Rn. 39a.

Das Jugendamt wirkt gemäß § 50 Abs. 1 S. 1 SGB VIII bei allen Maßnahmen vor dem Vormundschaftsgericht sowie dem Familiengericht mit, welche die Personensorge von Kindern und Jugendlichen betreffen. Eine Aufzählung der Verfahren in denen eine Mitwirkung erforderlich ist, enthält § 50 Abs. 1 S. 2 SGB VIII in Verbindung mit §§ 49, 49a FGG.[429] Darüber hinaus erfolgt die Unterstützung des Gerichts in weiteren personensorgerechtlichen Entscheidungen wie zum Beispiel §§ 1628, 1629 Abs. 2 S. 3, 1630 Abs. 2, 1678 Abs. 2, 1684 Abs. 4, 1693, 1696, 1779 Abs. 1, 1846, 1887 Abs. 3, 1889 BGB, § 620a Abs. 3 ZPO.[430] Eine Garantenstellung aus Ingerenz könnte sich dabei immer dann ergeben, wenn die Arbeit des Jugendamtmitarbeiters im Rahmen der Beteiligung unzureichend oder falsch und somit pflichtwidrig erfolgt. Im Zusammenhang mit Kindeswohlgefährdung innerhalb der Familie (beziehungsweise mit Duldung der Eltern) dürften dabei vor allem diejenigen gerichtlichen Maßnahmen bedeutsam für eine mögliche Strafbarkeit durch Unterlassen sein, welche sich auf den direkten Kontakt zwischen potentiellem Schädiger (meist einen Elternteil selbst) und dem gefährdeten Kind auswirken. Hierunter fallen vor allem gerichtliche Maßnahmen bei Gefährdung des Kindeswohls (§ 1666 BGB) und den Umgang des Kindes betreffend (§§ 1632 Abs. 2, 1684, 1685 BGB), zudem die Abänderung und Überprüfung dieser gerichtlicher Anordnungen (§ 1696 BGB).

Beispiel 8: Sozialarbeiterin S. betreut Mutter M. und deren Tochter T. (3 Jahre alt) seit der Geburt des Kindes. Trotz entsprechender Hilfen durch den ASD kommt es zu schweren Misshandlungen der T. durch M., so dass der Mutter das Sorgerecht schließlich wegen Erziehungsunvermögen gemäß §§ 1666, 1666a BGB vom Familiengericht entzogen wird. Nach geraumer Zeit erfolgt eine Überprüfung dieser Maßnahme gemäß § 1696 BGB. Das Familiengericht erbittet vom ASD daraufhin gemäß § 50 Abs. 1 S. 2 SGB VIII in Verbindung mit §§ 49, 49a FGG eine gutachterliche Stellungnahme hinsichtlich der Verfassung von Frau M. Der ASD beauftragt dazu S., welche M. auch nach der Entziehung des Sorgerechts weiter betreut hatte. S. hat Mitleid mit M., die unter der Entziehung des Sorgerechts sehr leidet. Aus diesem Grund sagt sie vor Gericht wahrheitswidrig aus, dass von M. keine Gefahr mehr ausgehe. M. erhält das Sorgerecht für ihre Tochter T. daraufhin zurück.

---

[429] Zum 01.09.2009 tritt das Gesetz über das Verfahren in Familiensachen und in den Angelegenheiten der freiwilligen Gerichtsbarkeit (FamFG) in Kraft. Die §§ 49, 49a FGG werden dabei durch die §§ 194,162 FamFG ersetzt. Die bisherige Aufzählung der Verfahren, in denen das Jugendamt mitwirkt, wird in die Formulierungen „in Adoptionssachen" (§ 194 FamFG) beziehungsweise „Verfahren die die Person des Kindes betreffen" (§ 162 FamFG) abgeändert. Auswirkungen auf die nachfolgenden Darstellungen in dieser Arbeit sind dadurch nicht zu erwarten.

[430] *Kunkel* in SGB VIII LPK, § 50 Rn. 5.

Wie bereits dargestellt müsste das Verhalten des Mitarbeiters des Jugendamtes zweierlei erfüllen, um eine Ingerenzgarantenstellung bejahen zu können: Zum einen müsste das Vorverhalten - in diesem Fall die falsche gutachterliche Stellungnahme vor Gericht - die nahe Gefahr des tatbestandlichen Erfolgseintritts herbeiführen. Zum anderen wäre eine Verantwortlichkeit des Handelnden für den ausgelösten Gefahrenzustand erforderlich. Dazu müsste das Verhalten des Sozialarbeiters pflichtwidrig sein und eine objektive Fahrlässigkeit hinsichtlich des Erfolgsverursachungsrisikos vorliegen.

Konkret könnten hiervon die - zugegebenermaßen in der Praxis wohl selten vorkommenden - Fälle erfasst sein, in denen aufgrund der Darstellungen eines gemäß § 50 SGB VIII in Verbindung mit § 49a FGG involvierten Mitarbeiters des Jugendamtes eine gerichtliche Maßnahme angeordnet wird, die sich negativ auf die Gefährdungslage des betroffenen Kindes auswirkt. Denkbar wäre beispielsweise, dass die gutachterliche Stellungnahme[431] positiver ausfällt, als sich die Situation in der Realität darstellt und das betroffene Kind eigentlich aufgrund eines hohen Maßes an Gefährdung von den Eltern getrennt werden beziehungsweise bleiben müsste. Dies etwa, um der Familie „noch eine Chance zu geben" und die bereits getätigten Bemühungen nicht als gescheitert ansehen zu müssen. Wird dann die Stellungnahme des Sozialarbeiters Grundlage für die Aufrechterhaltung oder Neubegründung des Kontakts zwischen dem Kind und der Gefahrenquelle, so liegt die Herbeiführung einer nahen Gefahr des tatbestandlichen Erfolgseintritts vor.

Das Verhalten des Sozialarbeiters müsste darüber hinaus pflichtwidrig sein. Es wäre demnach ein Verstoß gegen ein solches Gebot zu verlangen, das gerade dem Schutz des betroffenen Rechtsguts zu dienen bestimmt ist.[432] Aufgrund der Situation vor Gericht wäre hier an § 153 Abs. 1 StGB zu denken. Demnach wäre die Falschheit der Aussage erforderlich, sie also nicht die Wahrnehmung zum Zeitpunkt des relevanten Vorgangs wiedergibt.[433] Abgesehen davon, dass die Vorschrift nicht den Schutz des Kindes sondern die wahrheitsgemäße Tatsachenfeststellung in - zumeist gerichtlichen - Beweisverfahren bezweckt[434], ist

---

[431] Als solche wird der Umfang der Unterstützungspflicht gemäß § 50 Abs. 2 SGB VIII bezeichnet; so etwa bei *Kunkel* in SGB VIII LPK, § 50 Rn. 12.

[432] BGHSt 37, 106 (115); *Stree* in FS-Klug, S. 395; *Wessels/Beulke*, Rn. 725.

[433] *Müller H. E.*, Falsche Zeugenaussage und Beteiligungslehre, S. 85 ff.; *ders.* in MK, § 153 Rn. 50 f.

[434] *Müller H. E.* in MK, Vor. §§ 153 ff. Rn. 7.

in den meisten Fällen einer jugendamtlichen gerichtlichen Stellungnahme gemäß § 50 Abs. 2 SGB VIII jedoch bereits nicht der Straftatbestand des § 153 Abs. 1 StGB erfüllt: Mitarbeiter des Jugendamtes sind bei ihrer Beteiligung nach § 50 SGB VIII nicht als Sachverständige im Sinne des § 153 Abs. 1 StGB anzusehen.[435] Die Einwände sind zivilverfahrensrechtlicher Natur.[436] Vertreten wird stattdessen, es handle sich um eine „sachverständige Amtshilfe"[437] oder einen „Status sui generis"[438]. In jedem Fall muss eine Strafbarkeit gemäß § 153 Abs. 1 StGB wegen einer vorsätzlichen uneidlichen Falschaussage am Analogieverbot des Art. 103 Abs. 2 GG scheitern. Hiervon unterschieden werden muss die Möglichkeit des Gerichts, einen bestimmten Mitarbeiter des Jugendamtes als Zeugen zu laden. Ungeachtet dessen handelt es sich wie bereits erwähnt bei § 153 Abs. 1 StGB jedoch nicht um eine Vorschrift, die den Schutz gefährdeter Kinder bezweckt, weshalb eine Pflichtwidrigkeit zur Begründung einer Ingerenzgarantenstellung hieran nicht festgemacht werden kann.

Ein Verstoß gegen § 153 Abs. 1 StGB ist allerdings auch gar nicht erforderlich, um eine Pflichtwidrigkeit seitens eines Sozialarbeiters zu bejahen. Gemäß dem staatlichen Wächteramt nach Art. 6 Abs. 2 S. 2 GG und seiner einfachgesetzlichen Ausprägung nach § 1 Abs. 2 S. 2, Abs. 3 Nr. 3, §§ 2, 8a SGB VIII ist es die Aufgabe des Jugendamtes, den Schutz eines von ihm betreuten gefährdeten Kindes herzustellen. Kommt der jeweilige Sozialarbeiter dem nicht nach, indem seine gutachterliche Stellungnahme - wie im obigen Beispielsfall - ein ins Positive verzerrtes Bild der tatsächlichen Situation wiedergibt, liegt hierin bereits eine Pflichtverletzung.[439] Das Vorverhalten der pflichtwidrigen gutachterlichen Stellungnahme kann dabei selbstverständlich durch eine aktive unwahre Darstellung erfolgen. In Anlehnung an die Voraussetzungen einer Strafbarkeit auf-

---

435 *Kunkel* in SGB VIII LPK, § 50 Rn. 2; *Mörsberger* in SGB VIII Wiesner, Vor. § 50 Rn. 52; *Münder u. a.* in FK SGB VIII, § 50 Rn. 19.

436 Ein Gutachter wird gemäß § 404 ZPO vom Gericht ausgesucht; beim Jugendamt ist dies nicht der Fall (§§ 85, 87b SGB VIII); ferner dürften die Parteien einen Gutachter wegen des Verdachts der Befangenheit ablehnen (§ 406 ZPO); auch dies ist hinsichtlich des Jugendamtes nicht möglich; das Jugendamt bekommt anders als ein Gutachter keine Sachverständigengebühren (§ 413 ZPO).

437 Etwa *Kunkel* in SGB VIII LPK, § 50 Rn. 2; *Oberloskamp*, FamRZ 1992, 1247.

438 *Mörsberger* in SGB VIII Wiesner, Vor. § 50 Rn. 55.

439 Selbstverständlich ist immer auf den Einzelfall abzustellen. So wird hier davon ausgegangen, dass das Jugendamt - was es nicht muss aber am sinnvollsten ist - den Mitarbeiter zu einer gutachterlichen Stellungnahme veranlasst, der mit dem Fall auch in ausreichendem Umfang vertraut ist.

grund falscher uneidlicher Aussage nach § 153 Abs. 1 StGB[440] erscheint jedoch auch ein Unterlassen in Form eines nicht offen gelegten Verschweigens möglich. Darüber hinaus müsste das Vorverhalten wiederum ein objektiv erkennbares rechtswidriges Risiko der Erfolgsverursachung in sich bergen. Bei einem Sachverhalt wie im obigen Beispielsfall liegt eine Erkennbarkeit der Gefahrschaffung für das Kind T. vor. Es ergäbe sich daraus eine Garantenstellung aufgrund Ingerenz durch eine bewusst unrichtige gutachterliche Stellungnahme bei Erkennbarkeit einer Gefahrschaffung.

(3) Zwischenergebnis

Eine Garantenstellung aus Ingerenz kann im Bereich der Betreuung von Kindern durch das Jugendamt sowohl durch ein vorangegangenes Handeln als auch durch ein Unterlassen begründet werden. Die einzelnen Voraussetzungen variieren dabei in der Frage ihrer grundsätzlichen Notwendigkeit und dem erforderlichen Umfang mit den unterschiedlichen vertretenen Ansichten. Der Beschützergarantenstellung aus Ingerenz wird in Literatur und Rechtsprechung im Zusammenhang mit einer Kindeswohlbeeinträchtigung im Rahmen einer Betreuung durch das Jugendamt kaum Beachtung geschenkt.[441] Dies liegt wohl daran, dass in diesen Fällen einer Garantenstellung von Mitarbeitern der Kinder- und Jugendhilfe immer auch bereits eine Beschützergarantenstellung aufgrund tatsächlicher Schutzübernahme vorliegt. Die „tatsächliche Schutzübernahme" kann wie dargestellt zudem sehr frühzeitig die Annahme einer Garantenstellung begründen, da nicht auf einzelne Verhaltensweisen abgestellt werden muss. Die Begründung einer Beschützergarantenstellung aufgrund Ingerenz ist dagegen mit mehr Aufwand verbunden[442] – man denke an die vorgezogene Erkennbarkeitsprüfung – stellt jedoch einen ebenfalls gangbaren Weg dar.

ee) Überwachergarantenstellung wegen Verantwortlichkeit für das Verhalten Dritter

Es könnte über die dargestellten Beschützergarantenstellungen hinaus auch eine Überwachergarantenstellung von Mitarbeitern der Jugendhilfe begründbar sein. Die Garantenstellung für Mitarbeiter des Jugendamtes ergäbe sich aus

---

440 *Müller H. E.* in MK, § 153 Rn. 11.

441 Kurze Erwähnung bei *Bringewat*, Tod eines Kindes, S. 48.

442 So auch *Dießner*, Die Unterlassungsstrafbarkeit der Kinder- und Jugendhilfe, S. 278 f.

der Pflicht zur Überwachung der „Gefahrenquelle Eltern". Im Falle einer Schädigung des Kindes käme aufgrund der unzureichenden Überwachung der gefährlichen Eltern eine garantenpflichtwidrige Unterlassung in Betracht.

(1) Grundlagen

Grundsätzlich ist hinsichtlich einer Garantenstellung aus Verantwortung für das rechtswidrige Handeln Dritter ihre Unvereinbarkeit mit dem „Prinzip der Eigenverantwortlichkeit" festzustellen. Dieses Prinzip entstammt der Lehre von der objektiven Zurechnung und befasst sich mit der These, nach der jedermann immer nur für sein eigenes Verhalten verantwortlich ist.[443] Gleichzeitig darf niemand für das eigenverantwortliche Handeln einer anderen Person verantwortlich gemacht werden.[444] Dieses Prinzip der Eigenverantwortlichkeit erscheint zunächst unvereinbar mit der Annahme einer Garantenstellung aufgrund Verantwortlichkeit für das Verhalten Dritter. Ausnahmen von diesem Prinzip sind für bestimmte Fallkonstellationen jedoch unerlässlich. Sie werden anerkannt, wenn ein Dritter aufgrund von der Rechtsordnung zugestandener Aufsichts- und Befehlsgewalt die Herrschaft über einen anderen (gefährlichen) Menschen ausübt.[445] Dies wird auch als „überlegene Wissens- oder Organisationsherrschaft" bezeichnet.[446] Man unterteilt dabei in zwei Fallgruppen. Bei der ersten Gruppe handelt es sich um Menschen, die für ihr Verhalten nicht zur Verantwortung gezogen werden können. Darunter fallen Kinder, Jugendliche, Geisteskranke, wohl auch altersdemente Menschen sowie aus sonstigen Gründen Schuldunfähige. In all diesen Fällen sind diejenigen Personen, die zur Beaufsichtigung beziehungsweise Betreuung dieser Menschen bestellt sind, für deren Verhalten verantwortlich. Konkret handelt es sich dabei in erster Linie um die Eltern minderjähriger Kinder[447], Betreuer, Leiter und Personal von

---

[443] *Lenckner* in FS-Engisch, S. 506 f.; *Otto*, GK AT, § 6 Rn. 48 ff.; *Schumann*, Strafrechtliches Handlungsunrecht, S. 19 ff.; *Walther*, Eigenverantwortlichkeit und strafrechtliche Zurechnung, S. 78 ff.

[444] *Kühl*, AT, § 4 Rn. 84.

[445] *Herzberg*, Die Unterlassung im Strafrecht und das Garantenprinzip, S. 320 f.; *Jescheck* in LK, § 13 Rn. 41; *Jescheck/Weigend*, AT, § 59 IV 4 c; *Rudolphi* in SK, § 13 Rn. 32; *Schünemann*, Grund und Grenzen der unechten Unterlassungsdelikte, S. 323 ff.; *Stree* in S/S, § 13 Rn. 51.

[446] *Seelmann* in NK StGB, § 13 Rn. 127.

[447] *Gössel* in Maurach/Gössel/Zipf, AT/2, § 46 Rn. 79; *Jescheck* in LK, § 13 Rn. 42; *Jescheck/Weigend*, AT, § 59 IV 4 c; *Kühl*, AT, § 18 Rn. 116; *Roxin*, AT/2, § 32 Rn. 127 ff.; *Rudolphi* in

psychiatrischen Krankenhäusern[448] sowie Altersheimen. Für den schulischen Bereich (Schule, Ausflüge) erstreckt sich die Aufsichtspflicht und somit die Verantwortung für strafrechtlich relevantes Verhalten der Schüler zudem auf die jeweiligen Lehrer.[449]

Die zweite Fallgruppe erfasst die Verantwortung für die Aufsicht schuldfähiger Personen. Da dies dem Prinzip der Eigenverantwortlichkeit grundsätzlich entgegensteht, ist eine solche Verantwortlichkeit für das strafbare Verhalten anderer schuldfähiger Menschen nur für einige Ausnahmefälle vorgesehen.[450] Zudem muss der verantwortlichen Person die Befehlsgewalt über einen zu überwachenden Menschen von der Rechtsordnung eingeräumt werden. Die Garantenstellung von vorgesetzten Amtsträgern ist dabei in § 357 StGB gesetzlich geregelt. Das gleiche gilt für militärische Vorgesetzte nach § 41 WStG. § 108 Abs. 1 S. 1 SeemannsG verpflichtet Schiffsoffiziere dazu, „Verstößen gegen die Gesetze entgegenzutreten". Vor allem Schmuggelgeschäfte der Mannschaft gilt es dabei zu verhindern.[451] Des Weiteren besteht eine Verpflichtung des Personals von Gefängnissen[452] und psychiatrischen Krankenhäusern[453], Straftaten von Insassen abzuwenden. In all diesen Fällen gewährt die Rechtsordnung Befehlsgewalt über schuldfähige Menschen, was zu einer strafrechtlichen Überwachergarantenstellung der Aufsichtspflichtigen für deren Verhalten führt.

(2) Bedeutung für die Kinder- und Jugendhilfe

Hinsichtlich der Betreuung einer Familie durch das Jugendamt stellt sich die Frage, ob für Sozialarbeiter eine Überwachergarantenstellung begründbar ist, die in einer Pflicht zur Überwachung von Eltern und den von ihnen ausgehenden Gefahren mündet.

SK, § 13 Rn. 33; *Schünemann*, Grund und Grenzen der unechten Unterlassungsdelikte, S. 327.

448 BGH FamRZ 1958, 211 ff.; *Köhler*, AT, S. 228; *Roxin*, AT/2, § 32 Rn. 131; *Rudolphi* in SK, § 13 Rn. 33.

449 *Jescheck* in LK, § 13 Rn. 42; *Jescheck/Weigend*, AT, § 59 IV 4 c; *Kühl*, AT, § 18 Rn. 116; *Roxin*, AT/2, § 32 Rn. 130; *Rudolphi* in SK, § 13 Rn. 33; *Schünemann*, Grund und Grenzen der unechten Unterlassungsdelikte, S. 325.

450 *Freund*, Erfolgsdelikt und Unterlassen, S. 252; *Rudolphi* in SK, § 13 Rn. 35.

451 RGSt 71, 176 (177).

452 RGSt 53, 292 (292 f.); *Jescheck* in LK, § 13 Rn. 42; *Jescheck/Weigend*, AT, § 59 IV 4 c.

453 Hier im Fall schuldfähiger Patienten; so etwa bei: BGH NJW 1983, 462; BGHSt 49, 1; BGH JR 2004, 427 ff. mit Anmerkung *Pollähne*; BGH StV 2004, 484 mit Anmerkung *Roxin*.

Bringewat verlangt in Übereinstimmung mit den soeben dargestellten Grundsätzen für die Begründung einer Überwachergarantenstellung wegen Verantwortlichkeit für das Verhalten Dritter das Vorliegen einer Aufsichts- oder Autoritätsstellung, die von der Rechtsordnung eingeräumt wird.[454] Dem Garanten müsse es durch tatsächliche oder rechtlich gewährte Macht möglich und geboten sein, eine andere Person dergestalt zu beherrschen, dass die Schädigung Dritter vermieden werden könne. Tatsächliche Macht allein reiche zur Begründung einer Garantenstellung jedoch nichts aus, es bedürfe zusätzlich immer auch einer rechtlich gewährten Möglichkeit, auf das Verhalten einer anderen Person zugunsten eines Dritten rechtsgüterschützend Einfluss zu nehmen. In einem Betreuungsverhältnis des Jugendamtes mit einer Problemfamilie entstehe zwischen den Eltern und dem zuständigen Sozialarbeiter jedoch kein Aufsichts- oder Autoritätsverhältnis, da dem Jugendamtsmitarbeiter keinerlei Befugnisse zur Steuerung der Eltern zustünden.[455] Dem Jugendamt obliege lediglich eine „problemlösungsbestimmte Aufsicht und Kontrolle"[456], die aus der Fachlichkeit sozialer Arbeit resultiere, jedoch frei sei von rechtlich eingeräumten Machtbefugnissen. Selbst bei einer Überschreitung der Eingriffsschwelle des staatlichen Wächteramts, wenn das gefährdete Kind einen Anspruch auf Hilfe habe, ergebe sich für Mitarbeiter des Jugendamts keine Beherrschbarkeit elterlichen Erziehungsverhaltens.[457] Etwas anders gelte indes dann, wenn dem zuständigen Sozialarbeiter die Aufsichts- und Kontrollpflichten gegenüber Sorgeberechtigten aufgrund einer Entscheidung oder Maßnahme des Vormundschaftsgerichts oblägen. In diesem Fall sei eine Überwachergarantenstellung wegen Verantwortlichkeit für das Verhalten Dritter nicht auszuschließen.[458]

Nach Ansicht *Dießners* gelte es hinsichtlich der Begründung einer Beschützergarantenstellung wegen Verantwortlichkeit für das Verhalten Dritter zunächst zu klären, ob bei der Betreuung einer Familie durch Mitarbeiter des Jugendamtes überhaupt ein Fall der Überwachergarantenstellung vorliegen könne. Dafür spreche die Formulierung von Art. 6 Abs. 2 S. 2 GG, welche die Wächter-

---

454 *Bringewat,* Tod eines Kindes, S. 59.

455 *Bringewat,* Tod eines Kindes, S. 59.

456 *Bringewat,* Tod eines Kindes, S. 60.

457 *Bringewat,* Tod eines Kindes, S. 61.

458 *Bringewat,* Tod eines Kindes, S. 61, Fn. 153.

funktion des Staates über das Kindeswohl herausstellt.[459] Bei einer Gesamtbetrachtung der Norm stelle man jedoch fest, dass allein das Kindeswohl „Legitimationsgrundlage sowohl der elterlichen Sorge als auch des staatlichen Wächteramts" sei.[460] Sofern ein Eingreifen des Staates notwendig wird, um das Kindeswohl anstelle der Eltern zu gewährleisten, so geschehe dies nicht zum Zweck, die „potentielle Gefahrenquellenquelle Familie"[461] wie ein Überwachergarant zu beherrschen, sondern zum Schutz der kindlichen Rechtsgüter. Eine Überwachergarantenstellung sei deshalb abzulehnen.[462] *Dießner* stimmt *Bringewat* indes darin zu, eine Beschützergarantenstellung wegen Verantwortlichkeit für das Verhalten Dritter dann anzunehmen, wenn durch Sozialarbeiter die Aufsicht über Eltern dem Gericht gegenüber explizit übernommen wurde.[463]

Den Ausführungen *Bringewats* zu einer Überwachergarantenstellung von Mitarbeitern der Kinder- und Jugendhilfe wegen Verantwortlichkeit für das Verhalten Dritter ist grundsätzlich zuzustimmen. Ihnen werden aufgrund *Dießners* zutreffender Kritik, es läge bereits kein Fall einer Überwachergarantenstellung der zuständigen Sozialarbeiter vor, allerdings der Boden entzogen. Mitarbeiter des Jugendamtes sind nicht „auf Posten" gestellt, um einem Überwachergaranten gleich familiäre Gefahrenquellen zu kontrollieren. Bei einer vor Gericht zugesagten Aufsicht und Kontrolle der Eltern oder sonstiger Sorgeberechtigter erscheint eine Überwachergarantenstellung hingegen möglich.[464] Gleichwohl ist eine Überwachergarantenstellung aufgrund Verantwortlichkeit für das Verhalten Dritter in Fällen von Kindeswohlbeeinträchtigungen durch die Eltern (oder deren Umfeld) für Mitarbeiter des Jugendamtes nur in diesem Ausnahmefall gegeben.

---

459 *Dießner*, Die Unterlassungsstrafbarkeit der Kinder- und Jugendhilfe, S. 280 f.

460 *Dießner*, Die Unterlassungsstrafbarkeit der Kinder- und Jugendhilfe, S. 281.

461 *Dießner*, Die Unterlassungsstrafbarkeit der Kinder- und Jugendhilfe, S. 281.

462 *Dießner*, Die Unterlassungsstrafbarkeit der Kinder- und Jugendhilfe, S. 281.

463 *Dießner*, Die Unterlassungsstrafbarkeit der Kinder- und Jugendhilfe, S. 281, Fn. 608.

464 Insofern nicht zutreffend: *Albrecht*, Sozialarbeit und Strafrecht, S. 202, demzufolge eine Überwachergarantenstellung „nach Auffassung aller" nicht in Betracht käme.

e) Materielle Herrschaftslehre

Die bereits vorgestellte Lehre, welche eine Garantenstellung von der Herrschaft über den Grund des Erfolges abhängig macht[465], wird auch im Zusammenhang mit der jugendamtlichen Betreuung von Kindern vertreten. Vor allem *Albrecht* und *Hefendehl* sind Anhänger dieser Auffassung, wenngleich sie jedoch nicht in allen Punkten übereinstimmen.

aa) Ansicht *Albrechts*

Albrecht lehnt in Bezugnahme auf *Rudolphi*[466] die Einteilungen der Funktionenlehre nicht grundsätzlich ab.[467] Deren Rückgriff auf die formelle Rechtsquellenlehre sei für die Annahme von Handlungsäquivalenz eines Unterlassens jedoch nicht ausreichend.[468] Vielmehr bedürfe es zusätzlich zur Schutzunfähigkeit des Rechtsguts, dass dem Unterlassenden der Schutz rechtlich geboten sei und er das tatsächliche Geschehen aufgrund der Schutzposition beherrsche.[469] Fraglich sei in diesem Zusammenhang daher immer, ob dem Unterlassenden – hier also einem Sozialarbeiter des Jugendamtes bei der Betreuung einer Familie mit Kind – letztendlich die Entscheidung über den Erfolgseintritt obliege.[470]

Hinsichtlich des für die Betreuung einer Familie zuständigen Sozialarbeiters werden sodann ernsthafte Zweifel angemeldet, ob angesichts der relativ schwachen Position die ein Mitarbeiter des Jugendamtes gegenüber den Eltern habe, von einer Beherrschung des Geschehens gesprochen werden könne. *Albrecht* weist etwa darauf hin, die Herausnahme eines gefährdeten Kindes aus seiner Familie sei nicht ohne das Familiengericht möglich.[471]

---

465 *Schünemann*, Grund und Grenzen der unechten Unterlassungsdelikte, S. 237 ff.; überwiegend zustimmend: *Roxin*, AT/2, § 32 Rn. 31; *Rudolphi* in SK, § 13, Rn. 26, 46; *Sangenstedt*, Garantenstellung, S. 345 f.

466 *Rudolphi* in SK, § 13 Rn. 24.

467 *Albrecht*, Sozialarbeit und Strafrecht, S. 202 f.

468 *Rudolphi* in SK, § 13 Rn. 25.

469 *Albrecht*, Sozialarbeit und Strafrecht, S. 203; *Rudolphi* in SK, § 13 Rn. 22.

470 *Albrecht*, Sozialarbeit und Strafrecht, S. 203.

471 *Albrecht*, Sozialarbeit und Strafrecht, S. 204.

bb) Ansicht *Hefendehls*

Hefendehl vertritt zur Begründung einer Garantenstellung, ebenso wie *Albrecht*, die Herrschaftslehre, hält die Funktionenlehre hingegen für wenig hilfreich.[472] Anders als *Albrecht* geht *Hefendehl* jedoch nicht auf eine mangelnde Beherrschbarkeit des familiären Geschehens ein, sondern präzisiert zunächst den Begriff „Herrschaft über den Grund des Erfolges". Danach existierten grundsätzlich unzählige Herrschaftsoptionen, welche erst dann zu einer Herrschaft über den Grund des Erfolges reiften, wenn sie mit Herrschaftswillen ergriffen werden würden.[473] Er bleibt aber nicht bei der Feststellung, dass eine derart enge Beziehung zwischen Sozialarbeitern und ihren zu schützenden Kindern im Normalfall nicht bestehe. Vielmehr konstituiere sich die Herrschaft im Wesentlichen über das Recht; die Hilfs- und Interventionsmöglichkeiten des SGB VIII bildeten einen „normativen (Herrschafts-)Rahmen".[474] Um nicht den Amtspflichten „Relevanz im Sinne einer Rechtspflichttheorie zuzumessen"[475] bedürfe es darüber hinaus einer konkretisierten Herrschaftsgewalt, um allgemeine Gewaltverhältnisse zwischen Staat und Bürger hiervon abzugrenzen.[476] Bei allgemeinen Gewaltverhältnissen fehle es gegenüber konkretisierten Gewaltverhältnissen an einem Dispositionsakt des Opfers, die nur schlichte Rechtspflichten begründeten. Nach Ansicht *Hefendehls* sei ein Sozialarbeiter eher einer konkreten Herrschaftsbeziehung zuzuordnen. Sofern somit eine institutionalisierte Beziehung eines Sozialarbeiters zu einer Familie oder einem Kind bestehe und der Herrschaftsrahmen nicht ausgeschöpft sei, führe dies zur Bejahung einer Garantenstellung.[477]

Des Weiteren sei zusätzlich zur Herrschaft ein Vertrauen erforderlich. Gemeint ist damit das Vertrauen der schutzbedürftigen Person in den zuständigen Sozialarbeiter des Jugendamtes, welcher den Vertrauensgegenstand darstellt.[478] Ein „unreflektiertes Vertrauen" des betreuten Kindes, wie es im Zusammenhang mit der Beschützergarantenstellung aus tatsächlicher Schutzübernahme zum Teil angenommen wird, lehnt *Hefendehl* zur Begründung einer Garantenstel-

---

[472] *Hefendehl*, RdJB 2005, 472, 478.

[473] *Hefendehl*, RdJB 2005, 472, 481.

[474] *Hefendehl*, RdJB 2005, 472, 482.

[475] *Hefendehl*, RdJB 2005, 472, 482.

[476] *Hefendehl*, RdJB 2005, 472, 483.

[477] *Hefendehl*, RdJB 2005, 472, 483.

[478] *Hefendehl*, RdJB 2005, 472, 479 f.

lung ab. Ein solches allgemeines Vertrauen sei nicht ausreichend, da es am konkreten Vertrauensgegenstand fehle und dadurch keine subjektive Sicherheit vermittelt werde. *Hefendehl* führt als Beispiel an, dass niemand im Vertrauen auf die Rechtsordnung darauf verzichten werde sein Kind von der Kita abzuholen, sondern nur wenn es von den Nachbarn vereinbarungsgemäß abgeholt werden solle.[479]

Damit bedürfe es jedoch zusätzlich zur Beherrschung des Geschehens einer Vertrauensbeziehung - entweder der Eltern oder des Kindes gegenüber dem Sozialarbeiter -, um eine Garantenstellung von Mitarbeitern der Kinder- und Jugendhilfe annehmen zu dürfen. Eine solche „Vertrauensbeziehung" liegt nach Ansicht *Hefendehls* jedoch nur ausnahmsweise vor.[480] *Mörsberger*, der in der Vergangenheit eine Garantenstellung von Mitarbeitern des Jugendamtes bei der Betreuung von Kindern ablehnte,[481] ist beiden Ansichten gegenüber positiv eingestellt. Er setzt sich dabei jedoch nicht mit den dogmatischen Grundlagen und Unterschieden auseinander.[482]

cc) Stellungnahme

Die ablehnende Begründung *Albrechts*, welche für das Gros der Betreuungssituationen von Bedeutung wäre, setzt sich im Grundsatz derselben Kritik aus, die auch schon gegen die gleich gerichtete Kritik *Bohnerts* und des LG Osnabrück ins Felde geführt wurde: Die Eingriffsmöglichkeiten von Mitarbeitern des Jugendamtes umfassen etwa mit § 8a SGB VIII in Verbindung mit dem überarbeiteten § 42 SGB VIII bei dringender Gefahr nun ausdrücklich die sofortige Herausnahme eines Kindes aus einer Familie ohne die Entscheidung des Familiengerichts abwarten zu müssen. Sofern im Hinblick auf die Tatherrschaftslehre, wie hier geschehen, nur auf die Eingriffsmöglichkeiten von Sozialarbeitern abgestellt wird, kann nach den Änderungen des SGB VIII nicht mehr mit der mangelnden Beherrschbarkeit des Geschehens argumentiert werden.[483] Der Lehre von der Herrschaft über den Grund des Erfolges kann im

---

479 *Hefendehl*, RdJB 2005, 472, 480.

480 *Hefendehl*, RdJB 2005, 472, 480.

481 In *Mörsberger*, Jetzt aber bitte nach Karlsruhe!, spricht er von „völlig unpassenden rechtsdogmatischen Konstrukten".

482 *Mörsberger*, Landkreisnachrichten Baden-Württemberg 2007, 40 ff.; *ders.*, ZVW 2006, 217 ff.

483 So auch: *Bringewat*, ZKJ 2006, 238.

Falle der Ausführungen *Albrechts*[484] damit entgegengehalten werden, dass mittlerweile genügend effektive Eingriffsmöglichkeiten der Sozialarbeiter zur Verfügung stehen. Die Annahme einer Garantenstellung ist mit dieser Ansicht vertretbar.

Bei einer Sicht wie der *Hefendehls*, die Herrschaft weniger mit faktischer Macht gleichzusetzen versucht, bedarf es hingegen weiterer Ausführungen.[485] Für gewöhnlich besteht zwischen Sozialarbeitern und den durch sie zu schützenden Personen keine sonderlich enge Beziehung, so dass ein unveränderter Herrschaftsbegriff in diesen Fällen immer zur Ablehnung der Garantenstellung führen müsste. Die von *Hefendehl* befürwortete Konstitution der Herrschaftsbegründung über das Recht - hier das Sozialgesetzbuch VIII - erinnert im Ergebnis stark an die formelle Rechtsquellenlehre. Bemerkenswert ist jedoch vor allem, wie *Hefendehl* das Verhältnis des Sozialarbeiters zu seiner betreuten Familie in die letztere der beiden Kategorien „allgemeine Herrschaftsgewalt" und „konkretisierte Herrschaftsgewalt" einordnet. Worin sich der geforderte konkrete Dispositionsakt des Opfers manifestieren soll, bleibt dahingestellt und bereits die Formulierung „[...] scheint mir [...] dann eher einer konkreten Herrschaftsbeziehung zuzuordnen zu sein, sofern [...]"[486] zeugt nicht von der Hieb- und Stichfestigkeit der durch diese Lehre gewonnenen Ergebnisse.

Hefendehl spricht hinsichtlich des zusätzlichen Merkmals „Vertrauen" von einer „Vertrauensbeziehung"[487] zwischen Eltern und Sozialarbeiter oder Kind und Sozialarbeiter. Dem ist zu entnehmen, dass neben einer Vertrauensberechtigung auch ein tatsächliches Vertrauen vorliegen muss um eine Garantenstellung begründen zu können. Diese Ansicht überzeugt nicht, denn sie hätte die strafrechtliche Schutzlosigkeit derer zur Folge, die den Schutz am nötigsten haben: Die zur Vertrauensbildung noch unfähigen Säuglinge und Kleinkinder, von deren Eltern die Gefahr für das Kindeswohl ausgeht.[488]

Die Unsicherheit, welche aufgrund der notwendigen Konkretisierung und normativen Abgrenzung des Herrschaftsbegriffes entsteht, lässt die Grenzen der Unterlassungsstrafbarkeit im Dunkeln bleiben. Das Abstellen auf ein tat-

---

484 *Albrecht*, Sozialarbeit und Strafrecht, S. 183 ff.

485 *Hefendehl*, RdJB 2005, 472 ff.

486 *Hefendehl*, RdJB 2005, 483.

487 *Hefendehl*, RdJB 2005, 480.

488 Siehe schon oben: Zweites Kapitel B. V. 5. d) bb) (2).

sächliches Vertrauensmoment führte zudem zu einer Strafbarkeitslücke gerade im Falle besonders schutzloser Kinder. Der Lehre von der Herrschaft über den Grund des Erfolges kann daher im Rahmen der Kinder- und Jugendhilfe nicht gefolgt werden.

f) Fazit zur Garantenstellung

Die eingangs dargestellte Kritik daran, überhaupt eine Garantenstellung für Sozialarbeiter des Jugendamtes in Erwägung zu ziehen, steht hauptsächlich auf zwei Säulen. Zum einen - so wird argumentiert - fehle es den jeweils zuständigen Mitarbeitern an Eingriffsmitteln, um ein von familiärer Gewalt bedrohtes Kind effektiv - das heißt zeitnah und angemessen - zu schützen. Dies kann mittels Verweis auf das mittlerweile durch das KICK geänderte SGB VIII widerlegt werden. Zum anderen schlägt die Kritik in die Kerbe, dass sich das Strafrecht hinsichtlich einiger strittiger Schnittpunkte regelrecht in einem Konkurrenzverhältnis zur sozialen Arbeit befinde und dabei versuche, mittels nur oberflächlicher Betrachtungen übereilt zu einer Strafbarkeit zu gelangen. Diese Einwände sind derweil wie dargestellt jedoch nicht dazu geeignet, die Begründung einer Garantenstellung zu behindern. Ziel der Begrenzung der Garantenstellung ist es, den Kreis der Personen festzulegen, die taugliche Täter des unechten Unterlassungsdelikts sein können.[489] Geklärt werden muss, wer rechtlich dafür einzustehen hat, damit ein Erfolg nicht eintritt. Es handelt sich dabei um die erste Voraussetzung für die Gleichstellung des Unterlassens mit einem Tun.[490] Fragen der Sorgfaltspflicht und des diesbezüglich anzusetzenden Maßstabes dürfen hier ebenso wenig von Bedeutung sein wie Einwände persönlicher Natur, die jedoch etwa im Rahmen des Fahrlässigkeitsschuldvorwurfes beachtet werden können.

Die im Zusammenhang mit der Garantenstellung von Mitarbeitern des Jugendamtes wohl als herrschend bezeichenbare Ansicht bedient sich der Funktionenlehre. Bei ihr handelt es sich um eine erweiterte Form der formellen Rechtsquellenlehre mit materiellen Bezügen. Die Einteilung in „Beschützergarantenstellungen“ und „Überwachergarantenstellungen“ trägt - darüber be-

---

489 *Arzt*, JA 1980, 557.

490 Vergleiche *Roxin*, AT/2, § 32 Rn. 1 ff. und Rn. 218 ff.: Die Entsprechungsklausel bildet die zweite Gleichstellungsvoraussetzung. Für die in dieser Arbeit behandelten Erfolgsdelikte spielt die Entsprechungsklausel jedoch keine eigenständige Rolle, siehe *Roxin*, AT/2, § 32 Rn. 223 ff.

steht Einigkeit – nicht zur Klärung des Problems bei, welche Faktoren für die Entstehung einer Garantenstellung erfüllt sein müssen.

Eine Garantenstellung von Mitarbeitern der Kinder- und Jugendhilfe aufgrund Ingerenz ist im Einzelfall begründbar, während eine Garantenstellung aus Amtsträgerschaft als Unterfall einer Garantenstellung aus tatsächlicher Schutzübernahme zu sehen ist. Eine Überwachergarantenstellung aufgrund von Aufsichts- und Kontrollpflichten über die Sorgeberechtigten ergibt sich nicht alleine durch Übernahme eines Betreuungsfalles und stellt die Ausnahme dar. Eine Garantenstellung aufgrund tatsächlicher Schutzübernahme entsteht bereits, wenn ein Tätigwerden des zuständigen und tatsächlich mit dem Fall betrauten Sozialarbeiters durch Ausübung des staatlichen Wächteramtes aus ex ante Perspektive objektiv erkennbar geboten ist und eine Vertrauensberechtigung vorliegt. Eine Garantenstellung aus tatsächlicher Schutzübernahme entsteht dabei bereits im so genannten „präventiven" Bereich.

Die rein materielle Herrschaftslehre, wie von *Albrecht* vertreten, führte zu einer Garantenstellung von Mitarbeitern des Jugendamtes. *Hefendehls* Ansicht hingegen ist aufgrund ihrer Unbestimmtheit und den zu aus ihr erwachsenden Strafbarkeitslücken bei betreuten Klein- und Kleinstkindern abzulehnen.

Durch die Einschränkungen der Merkmale einer Garantenstellung aus tatsächlicher Schutzübernahme im Bereich der Kinder- und Jugendhilfe wird der Kreis der Garanten im Vergleich zu anderen vertretenen Ansichten ausgedehnt. Eine unüberschaubare Ausweitung der Strafbarkeit ist indessen jedoch nicht zu befürchten, da mit der Garantenstellung allein eine Strafbarkeit nicht begründet werden kann. Je weniger ein Mitarbeiter des Jugendamtes bei Kontaktaufnahme über eine neue Familie und ihre Lebenssituation erfährt, desto geringer wird zu diesem Zeitpunkt[491] der ihm zu machende Fahrlässigkeitsvorwurf sein können. Aus diesem Grund ist an dieser Stelle Furcht vor einer Verurteilung nicht angebracht. Je länger und intensiver sich ein Sozialarbeiter mit einer Familie befasst hat, umso genauer wird man prüfen müssen, ob nicht vorwerfbares fahrlässiges Unterlassen gegeben war.

Die Aufgabe der Garantenstellung ist es, den Kreis der *möglichen* Täter eines unechten Unterlassungsdelikts festzulegen. Das bedeutet nicht, dass automatisch an jede Garantenstellung auch unmittelbar eine Strafbarkeit gekoppelt ist,

---

491 Voraussetzung ist natürlich, dass bereits eine Garantenstellung begründet wurde.

da für ein fahrlässiges unechtes Unterlassungsdelikt immer auch eine Fahrlässigkeit vorliegen muss. Die strikte Trennung der Fahrlässigkeit von der Garantenstellung hat dabei gerade den Sinn, letztere vom „Kainsmalcharakter" zu befreien.

g) Delegation einer Garantenstellung

Ein weiteres Problem, das sich im Zusammenhang mit einer Garantenstellung von Jugendamtsmitarbeitern ergeben kann, betrifft die sogenannte Delegation. Hierunter versteht man die Möglichkeit eines Sozialarbeiters, bestimmte Leistungen und Betreuungsaufgaben an einen freien Träger delegieren zu können.[492] Die Beteiligung freier Träger ist in § 3 Abs. 2 S. 1 SGB VIII ausdrücklich vorgesehen. Fraglich ist jedoch, ob ein Sozialarbeiter bei der Delegation an die freie Jugendhilfe auch seine Garantenstellung übertragen kann und als Folge davon nicht mehr aufgrund eines unechten Unterlassungsdelikts belangt werden könnte.

Es besteht weitgehend Einigkeit darüber, dass bei einer Delegation die Garantenstellung des Sozialarbeiters nicht erlischt.[493] *Bringewat* zufolge könne ein Mitarbeiter der Kinder- und Jugendhilfe seine Garanten*stellung* nicht delegieren, sondern behalte sie bis zur Beendigung der Fallzuständigkeit. Eine Delegation sei jedoch hinsichtlich der Garantenpflichten möglich, wodurch der Mitarbeiter eines freien Trägers zu einem „Sekundärgaranten" werde.[494] Während *Bringewat* dieses Ergebnis nicht weiter begründet, leitet *Dießner* ein Fortbestehen der Garantenstellung aus § 1 Abs. 3 Nr. 3 und § 8a SGB VIII ab.[495] Der Schutz des Kindes obliege demzufolge auch bei einer Delegation an einen freien Träger noch immer dem Mitarbeiter des Jugendamtes, der darüber hinaus nach § 36 SGB VIII Ansprechpartner für die Familie bleibe. Die für die Annah-

---

492 So bei Fall 1: „Laura-Jane".

493 BGHSt 47, 224 („Wuppertaler Schwebebahnfall"); OLG Oldenburg StV 1997, 133 f.; *Bringewat*, NJW 1998, 947; *ders.*, NStZ 1996, 441; *ders.*, Sozialpädagogische Familienhilfe, S. 61 ff.; *ders.*, Tod eines Kindes, S. 69 ff.; *ders.*, ZKJ 2006, 238 f.; *Beulke/Swoboda* in FS-Gössel, S. 90; *Kunkel*, ZFSH/SGB 2001, 134 f.; anders LG Osnabrück NStZ 1996, 440.

494 *Bringewat*, NJW 1998, 947; *ders.*, NStZ 1996, 441; *ders.* in SGB VIII LPK, § 8a Rn. 81; *ders.*, Sozialpädagogische Familienhilfe, S. 61 ff.; *ders.*, Tod eines Kindes, S. 69 ff.; *ders.*, ZKJ 2006, 238 f..

495 *Dießner*, Die Unterlassungsstrafbarkeit der Kinder- und Jugendhilfe, S. 285, Fn. 625.

me einer Garantenstellung aus tatsächlicher Schutzübernahme erforderliche Vertrauensberechtigung bestehe daher fort.[496]

Diesem Ergebnis ist zuzustimmen. Nach § 8a Abs. 2 S. 1 SGB VIII muss die Wahrnehmung des Schutzauftrages im Sinne von § 8a Abs. 1 SGB VIII durch freie Träger *sichergestellt* sein. Gemäß § 8a Abs. 2 S. 2 SGB VIII gilt es die freien Träger gar vertraglich dazu zu verpflichten, das Jugendamt zu informieren, sofern die angebotenen Hilfen für eine Gefährdungsabwehr nicht ausreichen. Zusammen mit der in § 79 SGB VIII geregelten Gesamtverantwortung der öffentlichen Kinder- und Jugendhilfe bringt das SGB VIII damit zum Ausdruck, dass auch beim Einsatz freier Träger dem Jugendamt weiterhin Verantwortung zukommt. Über den Umfang dieser Verantwortung ist damit gleichwohl noch keine Aussage getroffen. Im Falle der Delegation einer Leistung auf die freie Jugendhilfe ist damit keine Unterbrechung oder Beendigung der Garantenstellung des delegierenden Jugendamtsmitarbeiters anzunehmen, da die Voraussetzungen einer Garantenstellung aus tatsächlicher Schutzübernahme - Schutzübergabe an die öffentliche Kinder- und Jugendhilfe und berechtigtes Vertrauen - weiterhin vorliegen.

h) Garantenstellung und Garantenpflicht(en)

Im vorangegangenen Abschnitt über die Delegation einer Garanten*stellung* wurde der Begriff „Garantenpflichten" verwendet ohne ihn näher zu bestimmen. Aufgrund des zum Teil uneinheitlichen Gebrauchs der Begriffe „Garantenstellung", „Garantenpflicht" und „Garantenpflicht*en*" in Rechtsprechung und Literatur erscheint eine Erläuterung an dieser Stelle geboten. Im Anschluss daran erfolgt eine Auseinandersetzung mit den Auswirkungen der Delegation auf den Kreis der Pflichten eines Garanten.

aa) Abgrenzung der Begriffe

Wie bereits dargestellt kommt dem Merkmal der Garanten*stellung* die Aufgabe zu, den Kreis der Personen festzulegen, die Täter eines unechten Unterlassungsdelikts sein können. Es handelt sich bei der Garanten*stellung* vollkommen unstreitig um ein Tatbestandsmerkmal des unechten Unterlassungsdeliktes, so dass ein Irrtum darüber als ein Vorsatz ausschließender Tatbestandsirrtum nach § 16 Abs. 1 S. 1 StGB gesehen werden muss.

---

[496] *Dießner*, Die Unterlassungsstrafbarkeit der Kinder- und Jugendhilfe, S. 285.

Sofern von „*der* Garanten*pflicht*" die Rede ist, sollte mit dem Bundesgerichtshof unter diesem Merkmal die aus der Garanten*stellung* folgende konkrete Handlungspflicht verstanden werden, die zur Erfolgsabwendung notwendig gewesen wäre.[497] Die Rechtswidrigkeit wird durch die zum Erfolg führende Unterlassung und die Garanten*stellung* indiziert.[498] Wie die Unterlassungspflicht bei den Begehungsdelikten ist die Handlungspflicht Bestandteil der Rechtswidrigkeit[499] und nicht des Tatbestandes.[500] Ein Irrtum über die Garanten*pflicht* ist aus diesem Grund kein Tatbestandsirrtum, sondern ein Gebotsirrtum, der nach § 17 StGB zu behandeln ist.[501]

Der teilweise verwendete Begriff der „Garantenpflicht*en*" hingegen ist als eine Gesamtheit der Pflichten eines Garanten im Sinne eines Pflichtenkreises zu verstehen. Aus einer Garantenstellung können grundsätzlich unterschiedliche Pflichten entstehen, die aber selbstverständlich nicht alle zu einer Garantenpflicht im obigen Sinne, also zu einer bestimmten Abwendungspflicht eines konkreten straftatbestandlichen Erfolges, werden. Die Garantenpflicht in einem konkreten Fall ist damit retrospektiv zu bestimmen, während der Pflichtenkreis eines Garanten einer prospektiven Sichtweise unterliegt. Bei Vorliegen eines konkreten Unterlassungserfolges kann sich die Garantenpflicht jedoch nur aus dem Pflichtenkreis ergeben.

Beispiel 9: Sozialarbeiterin S. betreut eine Familie, bestehend aus den Eltern und ihrem Sohn K. Sozialarbeiterin S. ist unter anderem verpflichtet Informationen einzuholen, geeignete Leistungen des SGB VIII anzubieten, bei Gefahr für das Kind K. einzugreifen und vor Urlaubsantritt einen Kollegen entsprechend zu instruieren. Sobald sie jedoch Kenntnis von einer bevorstehenden Tötung des Kindes K. durch dessen Eltern erlangt, wird nur die Pflicht zur sofortigen Inobhutnahme zu einer Handlungspflicht im Rahmen der Rechtswidrigkeit des unechten Unterlassungsdelikts nach §§ 222, 13 StGB.

Da sich nach der Entscheidung des Bundesgerichtshofs die Garantenpflicht aus einer Gesamtbetrachtung des Tatbestandes ergibt, erscheint eine Behandlung des Pflichtenkreises an dieser Stelle angebracht.

---

497 BGHSt 16, 155 (158).

498 BGHSt 16, 155 (158).

499 BGHSt 16, 155 (158); *Jescheck/Weigend*, AT, § 59 VI 1.

500 So noch BGHSt 2, 150 (155); 3, 82 (89); 4, 327 (331); 5, 187 (189); 14, 229 (232).

501 BGHSt 16, 155 (158); *Wessels/Beulke*, Rn. 738.

bb) Modifikation des Pflichtenkreises

Bestimmte Änderungen und Ereignisse bei der Betreuung einer Familie durch das Jugendamt könnten sich auf den Pflichtenkreis eines Garanten auswirken.[502] Bei der hier als Beispiel dienenden bereits dargestellten Delegation von Aufgaben an freie Träger der Jugendhilfe herrscht Streit über einen derartigen Wandel der Pflichten.[503]

(1) Vertretene Ansichten bei der Delegation

Bringewat geht davon aus, dass sich die für einen Mitarbeiter des Jugendamtes aus dessen Garantenstellung ergebenden Pflichten bei der Delegation auf einen freien Träger in entsprechende Auswahl- und Kontrollpflichten wandeln. Nur durch Auswahl und Kontrolle der freien Mitarbeiter könne ein Mitarbeiter der öffentlichen Kinder- und Jugendhilfe seinem verbleibenden Schutzauftrag bei einer Kindeswohlgefährdung nachkommen.[504] Die Kontrolldichte hinsichtlich der Leistungen eines Mitarbeiters der freien Jugendhilfe sei individuell zu bestimmen und unter anderem abhängig von Art und Maß der Kindeswohlgefährdung und dem Qualifikationsgrad der Fachkraft.[505] Diese Veränderung des Pflichtenkreises beruhe auf der verbleibenden Garantenstellung beim delegierenden Sozialarbeiter (Primärgarant) und der gleichzeitigen Neuentstehung einer Garantenstellung beim Mitarbeiter des freien Trägers (Sekundärgarant).[506]

Eine andere Ansicht vertritt *Papenheim*, der Auswahl- und Kontrollpflichten von Mitarbeitern der öffentlichen Kinder- und Jugendhilfe für den Fall einer Delegation an freie gemeinnützige Träger ablehnt.[507] Dazu verweist *Papenheim* auf das Kontrollrecht öffentlicher Leistungsträger gemäß §§ 89, 97 SGB X.[508] Demnach stünden dem öffentlichen Träger umfassende Kontrollrechte nach § 97 Abs. 1 und 2 SGB X in Verbindung mit § 89 Abs. 3 bis 5 SGB X zu, sofern er Jugendhilfeaufgaben von privat-gewerblichen Trägern ausführen lasse. Bei ei-

---

502 Zu der grundsätzlichen Möglichkeit einer Modifikation von Garantenpflichten vergleiche BGHSt 19, 286 (288 f.).

503 Die Darstellung weiterer Modifikationsfaktoren ist zu finden bei *Dießner*, Die Unterlassungsstrafbarkeit der Kinder- und Jugendhilfe, S. 291 ff.

504 *Bringewat*, ZKJ 2006, 239.

505 *Bringewat*, ZKJ 2006, 239 unter Hinweis auf BGHSt 47, 224 ff.

506 *Bringewat*, ZKJ 2006, 238 f.

507 *Papenheim*, Sozialpädagogische Familienhilfe, S. 7 ff.

508 *Papenheim*, Sozialpädagogische Familienhilfe, S. 7.

nem Tätigwerden freier gemeinnütziger Träger entfielen diese Kontrollrechte jedoch, da § 17 Abs. 3 S. 4 SGB I in diesem Fall die Anwendung von § 97 Abs. 1 S. 1 bis 4, Abs. 2 SGB X in Verbindung mit § 89 Abs. 3 bis 5 SGB X ausschließe.[509] Auch nach dem Inkrafttreten des Kinder- und Jugendhilfeweiterentwicklungsgesetz (KICK) und hier vor allem des § 8a SGB VIII sei der öffentliche Träger weder berechtigt noch verpflichtet, den freien gemeinnützigen Träger hinsichtlich dessen Leistungsdurchführung zu kontrollieren.[510] Ein Garant sei zu eigener Kontrolle nicht mehr verpflichtet, wenn er auf die Zuverlässigkeit des Dritten vertrauen könne.[511] Recht und Pflicht, einen konkreten Mitarbeiter auszuwählen, liege ausschließlich beim freien Träger.[512] Lediglich eine Pflicht zur Vorabprüfung des vom freien Träger ausgewählten freien Mitarbeiters hin auf allgemeine personelle und sachliche Eignung sei gegeben.[513] Daneben existiere immer die Pflicht einzuschreiten, sofern konkrete Anhaltspunkte den Verdacht begründeten, der Mitarbeiter der freien Jugendhilfe sei nicht bereit oder nicht fähig den erforderlichen Schutz für das betreute Kind zu gewährleisten.[514]

Dießner stimmt einem Wandel des Pflichtenkreises im Falle der Delegation grundsätzlich zu, wobei sie Auswahl- und Kontroll*rechte* aus „verfassungsrechtlichen Gründen und zur effektiven Ausübung des staatlichen Wächteramtes“ [515] zugesteht. Auswahl- und Kontroll*pflichten* seien jedoch von deren sozialrechtlichen Rechtmäßigkeit abhängig, da eine Garantenpflicht nicht contra legem entstehen könne. Aus diesem Grund schränkt sie *Bringewats* Ergebnis dergestalt ein, dass erst aus einem begründeten Verdacht der Kindeswohlbeeinträchtigung eine Verpflichtung zur Auswahl und Kontrolle des freien Trägers erwachse.[516]

---

509 *Papenheim* in LPK-SGB VIII § 4 Rn. 27; *ders.*, Sozialpädagogische Familienhilfe, S. 8.

510 *Papenheim* in LPK-SGB VIII § 4 Rn. 43.

511 *Papenheim* in LPK-SGB VIII, § 4 Rn. 43 unter Bezugnahme auf BGHSt 47, 224.

512 *Papenheim* in LPK-SGB VIII, § 4 Rn. 43; *ders.*, Sozialpädagogische Familienhilfe, S. 8.

513 *Papenheim*, Sozialpädagogische Familienhilfe, S. 9.

514 *Papenheim*, Sozialpädagogische Familienhilfe, S. 9.

515 *Dießner*, Die Unterlassungsstrafbarkeit der Kinder- und Jugendhilfe, S. 288.

516 *Dießner*, Die Unterlassungsstrafbarkeit der Kinder- und Jugendhilfe, S. 288.

(2) Stellungnahme

Das Gesetz schreibt der öffentlichen Jugendhilfe in § 4 Abs. 1 S. 2 SGB VIII vor, die Selbständigkeit der freien Jugendhilfe zu achten. Weitere Regelungen zum Verhältnis von öffentlicher und freier Jugendhilfe können sich neben dem SGB VIII aus den allgemeinen Bestimmungen des ersten und des zehnten Sozialgesetzbuches ergeben. Sofern eine Norm aus dem SGB VIII einen Sachverhalt jedoch speziell regelt, finden gemäß § 37 SGB I abweichende Regelungen aus dem SGB I und X keine Anwendung.

Alle hier dargestellten Ansichten stimmen darin überein, im Falle konkreter Anhaltspunkte für eine Kindeswohlbeeinträchtigung auch bei einer vorangegangenen Delegation auf einen freien Träger das Eingreifen des öffentlichen Trägers als verpflichtend anzusehen. Dem ist zuzustimmen, da bei der Delegation der staatliche Schutzauftrag der öffentlichen Kinder- und Jugendhilfe nie erloschen ist. Die Schutzpflicht wurde lediglich auf den freien Träger miterstreckt.

Mit den Auswirkungen einer auf Dritte erstreckten Garantenstellung befasste sich der Bundesgerichtshof im sogenannten „Wuppertaler Schwebebahnfall".[517] Dem Urteil zufolge seien die Pflichten des ursprünglichen Garanten einzelfallabhängig und richteten sich nach dem Ausmaß der zu verhindernden Gefahr sowie nach der Zuverlässigkeit der übrigen Garanten.[518] Wendete man diese Rechtsprechung auf die hier diskutierten Fälle der Delegation innerhalb der Kinder- und Jugendhilfe an, so käme man zu dem von *Bringewat* vertretenen Ergebnis. Mit in die Abwägung mit einzubeziehen gilt es jedoch den verfassungsrechtlichen Schutzauftrag der öffentlichen Kinder- und Jugendhilfe einerseits, sowie die im SGB VIII verankerte grundsätzliche Selbständigkeit der freien Kinder- und Jugendhilfe andererseits.

Die Lösung *Papenheims* wird dabei dem alles überspannenden Schutzauftrag der öffentliche Kinder- und Jugendhilfe nicht gerecht, wenn sich die Pflicht des

---

517 BGHSt 47, 224: Nach Arbeiten an der Bahnstrecke wurde das Entfernen einer verschraubten „Kralle" unterlassen, wodurch die Schwebebahn entgleiste und durch den Sturz in die Wupper fünf Fahrgäste getötet, sowie mindestens 37 der Überlebenden verletzt wurden. Zu den für die Demontage der „Krallen" eingeteilten Arbeitern traten während des Abbaus zwei weitere hilfswillige Arbeiter hinzu. Der BGH erstreckte sowohl die Garantenstellung als auch die Garantenpflicht hinsichtlich der Beseitigung des Hindernisses auf alle am Abbau beteiligten Arbeiter.

518 BGHSt 47, 224 (230 f.).

Jugendamtsmitarbeiters auf eine allgemeine Eignungsprüfung der Fachkraft und eine Aufklärung über besondere Gefahren beschränken soll. *Dießner* versucht einen Ausgleich zwischen dem Selbstbestimmungsrecht der freien Jugendhilfe und dem staatlichen Wächteramt durch eine Anhebung der Schwelle, ab der eine Verpflichtung zu Aufsicht und Kontrolle vorliegen soll, zu erreichen. Diese Lösung, bei der der begründete Verdacht einer Kindeswohlgefährdung einer Auswahl- und Kontrollpflicht zwingend zeitlich vorauszugehen hat, überzeugt jedoch ebenfalls nicht.

Bei beiden Ansichten geht das Risiko, ob die grundsätzlich befähigte Fachkraft einem konkreten (gefahrträchtigen) Betreuungsfall von Anfang an gewachsen ist, zu Lasten des betreuten Kindes. Vielmehr muss aber gerade in der sensiblen Übernahmephase durch den freien Träger eine vorübergehende Kontrolle durch die öffentliche Kinder- und Jugendhilfe erfolgen, bis das gebotene Schutzniveau wieder hergestellt ist. Durch die Delegation darf das verfassungsrechtlich begründete Schutzniveau nicht abgesenkt werden. Soweit Risikofaktoren bei der Delegation erkennbar vorliegen (Unerfahrenheit der Fachkraft, gefährliche unvorhersehbare familiäre Situation et cetera), müssen diese dementsprechend durch die öffentliche Jugendhilfe kompensiert werden. Gerade bei komplizierten oder gefahrgeneigten Betreuungsverhältnissen wird erst nach einer Einarbeitungszeit der Fachkraft eines freien Trägers von einem vollen Schutzniveau ausgegangen werden dürfen. Sobald die durch die Delegation entstandene Schutzlücke von dem Mitarbeiter der freien Jugendhilfe völlig geschlossen wurde, erwachsen für den Jugendamtsmitarbeiter aus seiner Garantenstellung jedoch keine weiteren Auswahl- oder Kontrollpflichten mehr. Die zu Beginn einer Delegation bestehenden Auswahl- und Kontrollpflichten der öffentlichen Kinder- und Jugendhilfe als Ausdruck des staatlichen Wächteramtes werden nach dieser Lösung bei völliger Wiederherstellung des Schutzniveaus durch das Selbstbestimmungsrecht der freien Jugendhilfe verdrängt. Eine fortdauernde – wenn auch minimale – Pflicht zur Kontrolle, wie sie von *Bringewat* angenommen wird, ist abzulehnen. Das gesetzlich geforderte Schutzniveau muss bei seinem voll erfüllten Vorliegen nicht durch weitere willkürliche Kontrollen ausgedehnt werden, sofern nicht tatsächliche Anhaltspunkte dies rechtfertigen.

Damit ist als Ergebnis festzuhalten, dass bei der Delegation von Leistungen im Rahmen der Kinder- und Jugendhilfe Auswahl- und Kontrollpflichten der öffentlichen Kinder- und Jugendhilfe gegenüber der freien Kinder- und Jugendhilfe so lange bestehen, bis Schutzniveauparität erreicht wird. Eine Pflicht einzugreifen besteht darüber hinaus nur bei tatsächlichen Anhaltspunkten für eine Gefährdung des Kindes.

VI. Fahrlässigkeit

Wenngleich ein im Sinne des § 15 StGB vorsätzliches Unterlassen durch Mitarbeiter des Jugendamtes keinesfalls als ausgeschlossen oder undenkbar gilt, so wird in den allermeisten Praxisfällen der Vorwurf doch „nur" auf Fahrlässigkeit lauten. Dennoch handelt es sich nach heute überwiegender Ansicht bei der Fahrlässigkeit nicht um eine schwächere Form des Vorsatzes[519], sondern um einen besonderen Strafbarkeitstypus mit Unrechts- und Schuldelementen.[520] Die Auffassungen hinsichtlich der Beschreibung des Handlungsunrechts fahrlässigen Verhaltens sind sehr unterschiedlich und bedürfen im Folgenden einer klärenden Darstellung.

1. Die Kriterien fahrlässigen Verhaltens

Bei der Frage nach den Tatbestandsvoraussetzungen eines Fahrlässigkeitsdelikts sind im Wesentlichen drei Ansichten zu unterscheiden.

a) Objektive Sorgfaltspflichtverletzung

Die herrschende Meinung vertritt die Ansicht, dass sich der Unrechtsgehalt des Fahrlässigkeitsdelikts aus einem sorgfaltswidrigen Verhalten gegenüber dem geschützten Rechtsgut ergibt.[521] Die Begrifflichkeiten sind dabei nicht immer einheitlich, zudem ist - ebenso wie auch bei allen anderen Theorien zur Fahrlässigkeit - ihre weitere Konkretisierung notwendig. In einer neueren Entscheidung des Bundesgerichtshofs wird definiert: „Fahrlässig handelt, wer eine objektive Pflichtwidrigkeit begeht, sofern er diese nach seinen subjektiven Kenntnissen und Fähigkeiten vermeiden konnte, und wenn gerade die Pflichtwidrig-

---

519 Anders die „klassische Auffassung" (so benannt bei *Cramer/Sternberg-Lieben* in S/S, § 15 Rn. 111) bis in die deutsche Nachkriegszeit hinein. Eine begriffliche, historische und rechtsvergleichende Darstellung bietet *Duttge* in MK, § 15 Rn. 38 ff.

520 Entgegen der Auffassung des RG: BGHSt 4, 340 (341).

521 Vergleiche etwa *Jescheck/Weigend*, AT, § 54 I; *Kühl*, AT, § 17 Rn. 14 ff.; *Lackner/Kühl*, § 15 Rn. 36 ff.; *Stree* in S/S, § 15 Rn. 116 ff.; *Weber* in B/W/M, AT, § 22 Rn. 10 ff.; *Wessels/Beulke*, Rn. 716.

keit objektiv und subjektiv vorhersehbar den Erfolg gezeitigt hat."[522] Wie sich auch aus der Definition des Bundesgerichtshofs entnehmen lässt, ist nach dieser Ansicht neben einer Sorgfaltspflichtverletzung erforderlich, dass die Tatbestandsverwirklichung für den Täter vermeidbar und voraussehbar ist.

b) Erkennbarkeit der Tatbestandsverwirklichung

Andere namhafte Vertreter lehnen eine Sorgfaltspflichtverletzung als Kriterium für eine Fahrlässigkeitsstrafbarkeit ab und verweisen allein auf die Erkennbarkeit der Tatbestandsverwirklichung als entscheidenden Tatumstand. So sei es utopisch anzunehmen, man könne alle gesellschaftlichen Bereiche durch konkrete Sorgfaltsvorschriften regeln.[523] Die Sorgfaltspflicht sei daher kein geeignetes Mittel, um die Fahrlässigkeit zu konkretisieren, denn „hinsichtlich der Kriterien, wann nun Fahrlässigkeit gegeben ist und wann nicht, gibt sie überwiegend keine Antwort."[524]

c) Die Lehre von der objektiven Zurechnung

Eine dritte Meinung geht schließlich den Weg, den Tatbestand des fahrlässigen Delikts allein über die Lehre von der objektiven Zurechnung zu konkretisieren.[525] Danach handele es sich bei dem Merkmal der objektiven Sorgfaltspflichtverletzung um eine Generalklausel, bestehend aus Zurechnungselementen, welche einzeln für sich genommen dem Fahrlässigkeitsbegriff präziser gerecht werden würden als der vage Begriff der objektiven Sorgfaltspflichtverletzung.[526]

d) Stellungnahme

Ein Hauptkritikpunkt gegen die Lehre von der objektiven Sorgfaltspflichtverletzung wird sowohl von Vertretern der Ansicht, die auf die Erkennbarkeit der möglichen Tatbestandverwirklichung abstellen vorgebracht,[527] als auch von den Anhängern die der Meinung sind, es sei lediglich auf die objektive Zurech-

---

522 BGHSt 49, 1 (5).

523 *Duttge* in MK, § 15 Rn. 107 ff.; *Schmidhäuser* in FS-Schaffstein, S. 129 ff.; *Schroeder* in LK, § 16 Rn. 127 ff.; *Schroeder*, JZ 1989, 776 ff.

524 *Schroeder*, JZ 1989, 779.

525 *Gropp*, AT, § 12 Rn. 66 ff.; *Kretschmer*, Jura 2000, 269; *Roxin*, AT/1, § 24 Rn. 10 ff.; *Weigend* in FS-Gössel, S. 133 ff.; *Yamanaka*, ZStW 1990, 944.

526 So etwa: *Roxin*, AT/1, § 24 Rn. 12.

527 *Schroeder* in LK, § 16 Rn. 158.

nung zu rekurrieren[528]: Durch den Begriff der Sorgfalts*pflicht*verletzung als Voraussetzung für ein fahrlässiges Begehungsdelikt entstehe der Eindruck, als bestehe gerade eine Pflicht zu handeln. Dies wiederum rücke die Sorgfaltspflicht fälschlicherweise in die Nähe der Garantenstellung eines unechten Unterlassungsdeliktes.[529] Beide Ansichten nehmen für sich in Anspruch, ein gegenüber der Lehre von der objektiven Sorgfaltspflichtverletzung höheres Maß an Bestimmtheit und Genauigkeit hinsichtlich der Konkretisierung der Merkmale fahrlässigen Verhaltens aufzuweisen. Dies erscheint jedoch als sehr fraglich. *Roxin*, der allein auf die Lehre von der objektiven Zurechnung als einzig richtige Lösung abstellt, sieht „hinter dem Merkmal der Sorgfaltspflichtverletzung verschiedene Zurechnungselemente" verborgen.[530] Auch die Ansichten, die auf „Erkennbarkeit" oder „Vermeidbarkeit" der möglichen Tatbestandsverwirklichung abstellen, berücksichtigten Elemente der objektiven Zurechnung.[531] Man könnte hieraus den Schluss ziehen, die objektive Zurechnung stelle den größten gemeinsamen Nenner aller Theorien zum Tatbestand der Fahrlässigkeit dar, und der Ansicht, welche nur auf die objektive Zurechnung als Kriterium abstellt, sei deshalb aufgrund ihrer Einfachheit der Vorzug zu geben. Dem ist grundsätzlich auch zuzustimmen, denn die Bewertung eines Verhaltens in Bezug auf den eingetretenen Erfolg wird in jedem Fall an der Frage festzumachen sein, ob ein rechtlich missbilligtes Risiko geschaffen wurde, welches sich schließlich im tatbestandsmäßigen Erfolg realisiert hat.[532] Ein „mehr" an Bestimmtheit gegenüber der Lehre von der objektiven Sorgfaltspflichtverletzung ist aber weder bei der Lehre von der Erkennbarkeit noch bei der Ansicht, es sei lediglich auf die objektive Zurechnung abzustellen, auszumachen.[533] In jedem Fall ist eine weitere Konkretisierung der plakativen Begriffe erforderlich, welche letztendlich jedoch über die allgemeinen Zurechnungskriterien nicht hinausgehen wird.[534] Die herrschende Lehre von der objektiven Sorgfaltspflichtverletzung prüft die Pflichtwidrigkeit vorangestellt für jede einzelne Strafbarkeit. Dem folgt eine Prüfung der Erkennbarkeit und der objektiven Zu-

528 *Roxin*, AT/1, § 24 Rn. 8 ff.

529 *Jakobs*, AT, 9/6; *Schroeder* in LK, § 16 Rn. 158.

530 *Roxin*, AT/1, § 24 Rn. 10.

531 *Roxin*, AT/1, § 24 Rn. 9.

532 So etwa bei *Kühl*, AT, § 4 Rn. 43.

533 So auch *Dießner*, Die Unterlassungsstrafbarkeit der Kinder- und Jugendhilfe, S. 305.

534 So auch *Kretschmer*, Jura 2000, 269.

rechnung nach. Allein auf die Erkennbarkeit abzustellen[535] führt ebenso wie die Ansicht, eine Prüfung der objektiven Zurechnung allein reiche aus, zur Unübersichtlichkeit der Prüfung.

Da die unterschiedlichen Lösungsansätze wie aufgezeigt allesamt ein Werturteil voraussetzen, sind keine divergierenden Ergebnisse zu erwarten. Für die Lehre von der objektiven Sorgfaltspflichtverletzung spricht die Klarheit des Prüfungsaufbaus, weshalb ihr auch für die nachfolgende Prüfung der Vorzug zu geben ist.[536]

2. Mögliche Konstellationen fahrlässigen Unterlassens

Fahrlässige Delikte können auch durch ein Unterlassen verübt werden. Gesetzlich geregelte Fälle unechter fahrlässiger Unterlassungsdelikte sind § 315c Abs. 1 Nr. 2 lit. g in Verbindung mit Abs. 3 StGB (Gefährdung des Straßenverkehrs durch Nichtkenntlichmachung haltender oder liegen gebliebener Fahrzeuge) sowie § 41 Abs. 3 WStG (Mangelnde Dienstaufsicht gegenüber Untergebenen). Darüber hinaus können alle Delikte in Form eines fahrlässigen unechten Unterlassens verwirklicht werden, bei denen eine Tatbestandsverwirklichung durch fahrlässiges Begehen unter Strafe gestellt ist.[537] Aufgrund der Eigenart des unechten Unterlassungsdelikts kann sich eine Strafbarkeit aufgrund Fahrlässigkeit jedoch auch bei speziellen Konstellationen ergeben, die im Bereich der strafbaren Fahrlässigkeit durch ein Tun nicht denkbar sind. Folgende Erscheinungsformen fahrlässigen (unechten) Unterlassens lassen sich unterscheiden:[538]

Der unterlassende Garant verkennt die tatbestandsmäßige Situation sorgfaltswidrig. Ein solcher Fäll läge vor, wenn der eine Familie betreuende Mitarbeiter des Jugendamtes eine drohende Gefahr für das Kind überhaupt nicht erkennt. Dies wäre beispielsweise der Fall, wenn der Sozialarbeiter im Rahmen seines Auftrags, eine Risikoeinschätzung gemäß § 8a Abs. 1 S. 1, 2 SGB VIII vorzu-

---

535 Diese Ansicht weist nach Meinung ihrer Gegner weitere schwerwiegende Schwächen auf. Eine Darstellung findet sich etwa bei *Kühl*, AT, § 17 Rn. 14 ff.

536 Ebenso hinsichtlich *Roxin*s Ansicht, dass der Tatbestand nur durch die Lehre von der objektiven Zurechnung ausgefüllt werden darf: *Kretschmer*, Jura 2000, 269.

537 *Jescheck/Weigend*, AT, § 59 VII.

538 Hier angelehnt an die Darstellung bei *Roxin*, AT/2, § 31 Rn. 196 ff.; ebenso: *Jescheck/Weigend*, AT, § 59 VII; *Kühl*, AT, § 19 Rn. 2; *Rudolphi* in SK, Vor. § 13 Rn. 28a; *Struensee*, JZ 1977, 217 ff.; ähnlich: *Jakobs*, AT, 29/94.

nehmen, keinerlei Anzeichen für eine Gefährdung wahrnimmt, er beispielsweise nicht bemerkt hat, dass die Eltern des Kindes während des gesamten Gesprächs unter dem Einfluss von nach dem BtMG erlaubnispflichtigen Substanzen standen. Diesem Fall des Verkennens der Situation - es handelt sich um unbewusste Fahrlässigkeit - steht die Situation nahe, dass die Gefahr zwar gesehen, jedoch leichtsinnig darauf vertraut wird, alles werde von alleine wieder gut. Das Ergebnis dieser bewussten Fahrlässigkeit ist für das betroffene Kind das gleiche wie bei der unbewussten Fahrlässigkeit: Ihm wird keine amtliche Hilfe gewährt.

Das vermeidbare Verkennen der Garantenstellung durch den Unterlassenden stellt eine weitere Form fahrlässigen unechten Unterlassens dar. Im Bereich der Betreuung durch das Jugendamt erscheint dies vor allem immer dann denkbar, wenn der bisherige Sozialarbeiter einer Familie die Betreuung an den Pflegedienst eines freien Trägers abgibt. Nach auch hier vertretener herrschender Ansicht[539] bleibt der Mitarbeiter des Jugendamtes in diesen Fällen Garant. Sofern er von Gefährdungen des Kindes Kenntnis erlangt, jedoch irrig davon ausgeht, er sei nicht mehr Garant für dessen Wohlergehen, liegt der Fahrlässigkeitsvorwurf in der vermeidbaren Unkenntnis der Garantenstellung.

Darüber hinaus liegt fahrlässiges (unechtes) Unterlassen vor, wenn sich der unterlassende Garant fälschlicherweise für handlungsunfähig hält. Ein Sozialarbeiter etwa, indem er Hilfsmöglichkeiten der Jugendhilfe gemäß §§ 27 ff. SGB VIII nicht berücksichtigt und im Folgenden untätig bleibt.

Schließlich - und hierbei handelt es sich um die am wenigsten umstrittene Form des fahrlässigen unechten Unterlassens - reicht es aus, wenn „der Garant die gebotene Handlung sorgfaltswidrig fehlerhaft ausführt und dadurch den Erfolg verursacht“[540], um eine Strafbarkeit annehmen zu können.[541] In diesen Bereich sind die meisten Vorwürfe einzuordnen, welche Sozialarbeitern im hier untersuchten Zusammenhang gemacht werden. Schätzt ein Mitarbeiter des Jugendamtes im Rahmen der Ermittlung des Gefährdungsrisikos gemäß § 8a Abs. 1 SGB VIII die von den Eltern und ihrem Umfeld ausgehende Gefahr für ein mitbetreutes Kind der Familie falsch ein und kommt es infolgedessen zu

---

539 Zweites Kapitel B. V. 5. h) bb).

540 *Roxin*, AT/2, § 31 Rn. 200.

541 *Kaufmann* scheint allein diese Form des fahrlässigen Unterlassens genügen lassen zu wollen, in *ders.*, Unterlassungsdelikte, S. 172 ff.

einer Schädigung des Kindes, so liegt fahrlässiges (unechtes) Unterlassen in Form der unsachgemäßen Gebotserfüllung vor.

Nach der Darstellung der möglichen Erscheinungsformen fahrlässigen unechten Unterlassens wird auf eine Präsentation des Streits, ob es überhaupt fahrlässiges Unterlassen jenseits der fehlerhaften Gebotserfüllung geben kann, verzichtet. Die ganz herrschende Ansicht besagt, dass eine Strafbarkeit nach jeder der hier angeführten vier Kategorien möglich ist.[542]

3. Die objektive Sorgfaltspflichtverletzung

Der herrschenden Meinung folgend gilt es bei der Prüfung des Fahrlässigkeitstatbestandes zuerst herauszustellen, ob gegen eine Sorgfaltspflicht verstoßen wurde.[543] Dabei muss das Verhalten, welches die Rechtsordnung in der jeweiligen Situation des Täters fordert, geklärt werden. Dieses sorgfältige Verhalten muss alsdann mit dem tatsächlichen Verhalten des Täters verglichen werden. Eine Sorgfaltspflichtverletzung liegt bei diesem Vergleich immer dann vor, wenn das Täterverhalten vom „Soll" des geforderten Verhaltens negativ, das bedeutet „nach unten" hin abweicht.[544]

Der Frage, welches Verhalten die Rechtsordnung genau fordert, kommt naturgemäß eine große Bedeutung zu. Die Fahrlässigkeitsstraftatbestände geben derweil hinsichtlich Art und Maß der an den Tag zu legenden Sorgfalt meist keine Informationen und sind daher ergänzungsbedürftig.[545] Das Bürgerliche Gesetzbuch definiert in § 276 Abs. 2 den Fahrlässigkeitsbegriff, wonach „Fahrlässig handelt, wer die im Verkehr erforderliche Sorgfalt außer Acht lässt." Diese Legaldefinition findet auch im Strafrecht bei der Darstellung des objektiven Fahrlässigkeitstatbestandes zum Teil Verwendung,[546] ist aufgrund des hohen Maßes an Unbestimmtheit jedoch wenig geeignet im Einzelfall zu der Frage

---

542 *Jescheck/Weigend*, AT, § 59 VII; *Kühl*, AT, § 19 Rn. 2; *Roxin*, AT/2, § 31 Rn. 196 ff.; *Rudolphi* in SK, Vor. § 13 Rn. 28a; *Struensee*, JZ 1977, 217 ff.; ähnlich: *Jakobs*, AT, 29/94.

543 Siehe bereits oben: So etwa *Jescheck/Weigend*, AT, § 54 I; *Kühl*, AT, § 17 Rn. 14 ff.; *Lackner/Kühl*, § 15 Rn. 36 ff.; *Stree* in S/S, § 15 Rn. 116 ff.; *Weber* in B/W/M, AT, § 22 Rn. 10 ff.; *Wessels/Beulke*, Rn. 716.

544 *Kühl*, AT, § 17 Rn. 22.

545 *Kretschmer*, Jura 2000, 269, mit weiteren Nachweisen.

546 Vergleiche etwa *Jescheck/Weigend*, AT, § 55 I, mit weiteren Nachweisen; *Wessels/Beulke*, Rn. 667.

nach der anzuwendenden Sorgfalt einen wertvollen Beitrag zu leisten.[547] Hingegen haben Literatur und Rechtsprechung im Laufe der Zeit eine große Menge an Anforderungsregeln für eine Vielzahl von Situationen aufgestellt, die zusammen mit weiteren einzelfallbezogenen Erwägungen dem Ziel dienen sollen, die jeweilige Sorgfaltspflicht zu konkretisieren. Sofern die zivilrechtliche Legaldefinition ebenfalls mittels Rechtsnormen, Erfahrungssätzen et cetera konkretisiert wird[548], ist im Ergebnis kein Unterschied auszumachen.

a) Generalisierter oder individualisierter Fahrlässigkeitsmaßstab

Die Prüfung einer Strafbarkeit wegen Fahrlässigkeit enthält objektive wie subjektive Elemente. In der Literatur herrscht Streit darüber, an welcher Stelle im Aufbau sich individuelle Fähigkeiten - sie stellen das subjektive Element dar - auswirken. Der Streit ist nicht von Bedeutung, sofern die individuellen Fähigkeiten des Täters dem vorher konkretisierten Normalfall-Maßstab gerecht werden. Sobald der Täter jedoch über- oder unterdurchschnittliche Fähigkeiten besitzt oder über Sonderwissen verfügt, fragt sich, ob sich diese individuellen Abweichungen vom Standard bereits im Tatbestand auswirken oder erst im Rahmen der Fahrlässigkeitsschuld Beachtung finden.

aa) Generalisierung des Fahrlässigkeitsmaßstabes

Die herrschende Meinung wendet einen „doppelten Maßstab" an.[549] Doppelt deshalb, da zunächst im Tatbestand der Fahrlässigkeitsprüfung der Sorgfaltsmaßstab mittels Erstellung eines „Sorgfaltstyps" konkretisiert wird und die Frage, ob die Person aufgrund ihrer Kenntnisse und Möglichkeiten überhaupt in der Lage war, diesem standardisierten Sorgfaltstyp gerecht zu werden, erst innerhalb der Schuld geprüft wird. Nach *Kühl* ist ein „Sorgfaltstyp" der „gewissenhafte beziehungsweise einsichtige und besonnene Angehörige des betreffenden Verkehrskreises."[550] *Beulke* macht die anzuwendende Sorgfalt von den Anforderungen abhängig, die aus einer ex ante Betrachtung der Gefahrenlage „an einen besonnenen und gewissenhaften Menschen in der konkreten La-

---

547 Ebenso: *Kretschmer*, Jura 2000, 270.

548 So etwa *Wessels/Beulke*, Rn. 669 ff.

549 *Jescheck/Weigend*, AT, § 54 I; *Kindhäuser*, StGB-LPK, § 15 Rn. 60 f.; *Krey*, AT/2, Rn. 525; *Schünemann*, JA 1975, 512 ff.; *Wessels/Beulke*, Rn. 667 ff.

550 *Kühl*, AT, § 17 Rn. 25.

ge und der sozialen Rolle des Handelnden zu stellen sind."[551] In beiden Fällen ist eine Konkretisierung der Erklärungssätze - je nach Sachverhalt mittels einer oder auch mehrerer der Kategorien - durch Rechtsnormen, Verkehrsnormen, Vertrauensgrundsatz, differenzierte Maßfigur, Erkundigungs- oder Unterlassungspflichten oder eine Nutzen-Risiko-Abwägung erforderlich.[552]

bb) Individualisierung des Fahrlässigkeitsmaßstabes

Anhänger einer Mindermeinung vertreten die Ansicht, dass bereits auf Tatbestandsebene subjektive Fähigkeiten und spezielles Wissen Berücksichtigung finden müssen. Es handelt sich um die so genannte „Theorie von der individuellen Sorgfaltswidrigkeit".[553] Die erforderliche Sorgfalt wird hierbei nicht an einem durchschnittlichen Sorgfaltstyp festgemacht, sondern bestimmt sich nach den individuellen Fähigkeiten des Täters. Als Konsequenz daraus kann es vorkommen, dass von zwei sich vollkommen identisch verhaltende Personen aufgrund ihrer unterschiedlichen individuellen Fähigkeiten oder ihres ungleichen Wissensstandes die eine den Fahrlässigkeitstatbestand erfüllt, die andere hingegen nicht.

cc) Ansicht *Roxins*

Roxin verfolgt eine vermittelnde Lösung, indem er zwischen unterdurchschnittlichen und überdurchschnittlichen Fähigkeiten differenziert. Erstere seien nicht dazu geeignet, den Tatbestand und die Rechtswidrigkeit auszuschließen, wohingegen über dem Durchschnitt liegende individuelle Fähigkeiten immer eingesetzt werden müssten.[554] Griffig fasst *Roxin* zusammen: „Es ist also nach ‚unten' zu generalisieren, nach ‚oben' zu individualisieren."[555] In Fällen, in denen Sonderbefähigte handeln beziehungsweise unterlassen, wird nach dieser Ansicht die objektive Fahrlässigkeit also individualisiert. Dies gilt für alle Fälle, in denen es die Messlatte der anzuwendenden Sorgfaltspflicht im Einzelfall nach *oben* zu versetzen gilt. Ein Teil der herrschenden Lehre möchte den Sorgfaltsmaßstab bei Sonderkönnen ebenfalls anheben und somit gegen den Täter

---

551 *Wessels/Beulke*, Rn. 669.

552 Siehe Details bei *Roxin*, AT/1, § 24 Rn. 14 ff.

553 Etwa: *Duttge* in MK, § 15 Rn. 94 ff.; *Gropp*, AT, § 12 Rn. 80 ff.; *Jakobs*, AT, 9/1 ff.; *Otto*, GK AT, § 10 Rn. 13.

554 *Roxin*, AT/1, § 24 Rn. 57; so auch: *Cramer/Sternberg-Lieben* in S/S, § 15 Rn. 118 f., 121, 131 ff.; *Herzberg*, Jura 1984, 409 f.; *Jäger*, AT, § 10 Rn. 374; *Kretschmer*, Jura 2000, 272.

555 *Roxin*, AT/1, § 24 Rn. 57.

gelten lassen, um keine Haftungsobergrenze und somit eine Privilegierung jener Personen zu schaffen.[556]

dd) Stellungnahme

Gegen die „Theorie von der individuellen Sorgfaltswidrigkeit" spricht die Beseitigung des Unrechts der Tat, sofern unterdurchschnittliche Befähigungen des Täters vorliegen.[557] Des Weiteren kommt standardisierten Sorgfaltspflichtanforderungen die Aufgabe zu, eine „plakative Verhaltensrichtlinie" darzustellen und so zu umsichtigem Verhalten zu motivieren.[558] Das Spinnen eines solchen roten Fadens durch alle Lebensbereiche, in denen fahrlässiges Verhalten von Bedeutung sein kann, fehlt bei einer völligen Individualisierung des Fahrlässigkeitsmaßstabes. Positiv ist zudem hervorzuheben, dass im allgemeinen zwar die Rechtsprechung Sorgfaltsregeln konkretisiert, sie sich dabei jedoch an gesellschaftlichen Gegebenheiten mitsamt den einhergehenden Veränderungen orientieren muss, was ebenfalls wieder zu einer größeren Eingängigkeit bei der Bevölkerung führen dürfte.[559] Die rein individualisierende Ansicht muss vor allem unter Verweis auf die Vorteile von standardisierten Sorgfaltsmaßstäben daher abgelehnt werden.

Ein bedeutender Teil der herrschenden Lehre[560] bestimmt den Sorgfaltsmaßstab lediglich am erforderlichen Durchschnitt und lässt Sonderfähigkeiten völlig außen vor. Das bedeutet nach dieser Ansicht eine Nichterfüllung des Unrechtstatbestands des fahrlässigen Delikts, wenn eine Person den durchschnittlichen Anforderungen genüg hat, damit jedoch weit hinter dem individuell leistbaren zurückgeblieben ist. Vor allem mit dem Argument, dies führe zu einer ungerechtfertigten Privilegierung sonderbefähigter Personen, wird diese Ansicht zum Teil abgelehnt. In Konsequenz wird der eigentlich generalisierte Maßstab aufgeweicht und individualisiert.[561]

556 Etwa: *Cramer/Sternberg-Lieben* in S/S, § 15 Rn. 138 ff.; *Wessels/Beulke*, Rn. 670.

557 *Cramer/Sternberg-Lieben* in S/S, § 15 Rn. 142.

558 *Kretschmer*, Jura 2000, 272; *Kühl*, AT, § 17 Rn. 29, mit weiteren Nachweisen; *Schroeder* in LK, § 16 Rn. 146.

559 *Kühl*, AT, § 17 Rn. 29; *Jescheck/Weigend*, AT, § 54 I 3.

560 Siehe die Nachweise bei *Cramer/Sternberg-Lieben* in S/S, § 15 Rn. 141.

561 *Roxin*, AT/1, § 24 Rn. 61 ff.

Dem wird entgegnet, das Festhalten an einem Standard nach oben wie nach unten sei Ausdruck des Gleichheitssatzes.[562] Des Weiteren mute es befremdlich an, dass - meist freiwillig - erworbene Sonderfähigkeiten dem Täter zum Nachteil gereichen sollen. Dies könne gerade „freiwillige Vorkehrungen zur Erfolgsverhütung in bedenklicher Weise lähmen".[563] Auch stellt sich die Frage, ob von jemandem, der grundsätzlich dazu im Stande ist, eine überdurchschnittliche Leistung zu erbringen, dies immer und überall gefordert werden darf. Wenn beispielsweise die Fahrkünste eines erfahrenen Rallyefahrers den Maßstab für einen privaten Unfall desselben Fahrers im Privat-PKW auf einer öffentlichen Straße darstellen sollen, dann erscheint dies doch realitätsfremd.[564] Die angespannte Wettbewerbssituation im Profisport mit der Fahrt zum Supermarkt bei möglicherweise laufendem Autoradio zu vergleichen, erscheint daher verfehlt. Auch ein professioneller Fahrer kann einmal trotz grundsätzlich vorhandener Sonderreaktionsfähigkeiten aus einer Unbedachtheit oder Entspanntheit heraus „nur" so reagieren wie ein durchschnittlicher Autofahrer. Hier herauszufinden, was der Täter in der Situation wirklich hätte leisten können und mit dem zu vergleichen was er geleistet hat, erscheint wenig praktikabel.[565] Daher sprechen praktische Gründe und solche der Gleichheit dafür, im Unrechtstatbestand keine Individualisierung vorzunehmen. Andernfalls könnte sich ein zum Rettungssanitäter ausgebildeter Lehrer kaum mit seiner Schulklasse in ein Freibad, ein Rallyefahrer nicht auf die öffentliche Straße getrauen, ohne Furcht, bei entsprechender Gefahr eine herausragende Leistung vollbringen zu müssen.

Im Folgenden wird mit der herrschenden Ansicht ein generalisierender Fahrlässigkeitsmaßstab zur Ausfüllung des Unrechtstatbestandes angewandt. Der zu erfüllende Sorgfaltstypus für Mitarbeiter des Jugendamtes entspricht dabei dem des gewissenhaften beziehungsweise einsichtigen und besonnenen Angehörigen des Verkehrskreises Sozialarbeiter beziehungsweise Sozialpädagoge/ Pädagoge im Arbeitsbereich des Jugendamtes. Zusätzliche relevante Sonderfähigkeiten (über die Qualifikationen als Sozialarbeiter hinaus) in diesem Zusammenhang könnten zum Beispiel Zusatzqualifikationen wie medizinische oder psychologische Studienabschlüsse sein. Die Bedenken hinsichtlich der Be-

---

562 *Jescheck/Weigend*, AT, § 54 I 3; ebenso: *Schroeder* in LK, § 16 Rn. 147.

563 *Schroeder* in LK, § 16 Rn. 148.

564 So aber *Roxin*, AT/1, § 24 Rn. 61, 64.

565 Dieses Problem sieht auch *Roxin*: AT/1, § 24 Rn. 64.

achtung solcher Fähigkeiten bleiben derweil bestehen. Bei der Nichtnutzung von Sonder*wissen* muss hingegen nach ganz herrschender Ansicht eine Sorgfaltspflichtverletzung angenommen werden.[566] Darunter fiele etwa das privat erlangte Wissen eines Sozialarbeiters, dass ein bestimmter Familienvater als gewalttätig einzustufen ist.

b) Rechtsnormen

Für die Konkretisierung einer Sorgfaltspflicht im Rahmen der Fahrlässigkeit kann es dienlich sein, außerstrafrechtliche Rechtsnormen[567] zu betrachten. Die Indizwirkung, welche solche - meist verwaltungsrechtliche - Normen für eine zu klärende Sorgfaltspflichtanforderung haben können, lässt sich dabei nicht pauschal und generell feststellen. Sie ist stark abhängig davon, wie konkret das jeweilige Gesetz ausgestaltet ist. Im Bereich der Straßenverkehrsdelikte kommt der StVO dabei eine entscheidende Bedeutung zu. Wegen des hohen Maßes an Bestimmtheit liegt beim Verstoß gegen eine ihrer Normen meist auch eine Sorgfaltspflichtverletzung vor. So etwa, wenn ein Autofahrer innerhalb einer geschlossenen Ortschaft einen Fußgänger mit einer Geschwindigkeit von 70 km/h erfasst und dabei schwer verletzt oder tötet. In diesem Fall ist bereits wegen der außerstrafrechtlichen Rechtsnorm des § 3 Abs. 3 Nr. 1 StVO[568] (Sondernorm) die Sorgfaltspflicht ausreichend konkretisiert und ihre Verletzung offensichtlich. Aufgrund der gesondert zu prüfenden Frage der Vorhersehbarkeit[569] und der objektiven Zurechnung ist damit allein ein Fahrlässigkeitsvorwurf jedoch noch nicht begründet.

Im für diese Arbeit bedeutsamen Teil des Sozialrechts sind es die Normen des SGB VIII, welche eine bestimmte Vorgehensweise für Sozialarbeiter vorschreiben. Sie entfalten grundsätzlich Indizcharakter für die Frage der Sorgfaltspflichtverletzung. Diese Normen sind jedoch weitaus unbestimmter formuliert

---

566 BGH JZ 1987, 877; *Greco*, ZStW 2005, 519; *Jakobs*, AT, 7/49 f. (Jedoch Unterscheidung, ob Täter in einen Organisationskreis eingebunden ist); *Roxin*, AT/1, § 24 Rn. 62; *Wessels/Beulke*, Rn. 670; weitere Nachweise bei *Kühl*, AT, § 17, Fn. 70 f.

567 Teilweise wird auch gesprochen von „Sondernormen": *Dießner*, Die Unterlassungsstrafbarkeit der Kinder- und Jugendhilfe, S. 315 ff.; *Kühl*, AT, § 17 Rn. 23; *Wessels/Beulke*, AT, Rn. 672.

568 Die zulässige Höchstgeschwindigkeit beträgt auch unter günstigsten Umständen innerhalb geschlossener Ortschaften für alle Kraftfahrzeuge 50 km/h.

569 Hierauf stellte der BGH trotz Indizwirkung durch eine Sondernorm ab: BGHSt 4, 182 (185).

als beispielsweise die Vorschriften der StVO, weshalb es diesen Unterschied herauszuarbeiten und strafrechtlich zu würdigen gilt.

aa) Prognoseentscheidungen der Kinder- und Jugendhilfe

Die Grundlage jeglicher Schutzgewährleistung durch die Kinder- und Jugendhilfe bildet die Abschätzung des Gefährdungsrisikos im konkreten Fall. Für den Präventionsbereich ergibt sich dies mit § 8a Abs. 1 S. 1 SGB VIII direkt aus dem Gesetz. Für den Interventionsbereich kommt man mit Hilfe eines Umkehrschlusses aus § 8a Abs. 3 S. 1 HS. 2 SGB VIII ebenfalls zu dem Ergebnis, dass eine Abschätzung des Gefährdungsrisikos nach § 8a Abs. 1 S. 1 SGB VIII erforderlich ist. Das Abschätzen des Gefährdungsrisikos nach § 8a Abs. 1 S. 1 SGB VIII wird dabei allgemein als Prognose betrachtet[570], die sich aus einer Aufklärung des Prognosesachverhalts sowie dessen fachlicher Bewertung zusammensetzt.[571] Sofern durch die Prognose eine Gefährdung für das Wohl des Kindes festgestellt wird, ist die Kinder- und Jugendhilfe verpflichtet, geeignete Maßnahmen zur Gefahrabwehr einzuleiten. Je nach Intensität der Gefährdung handelt es sich bei dieser Prognoseentscheidung[572] entweder um Hilfsangebote nach § 8a Abs.1 S. 3 SGB (meist in Verbindung mit §§ 27 ff. SGB VIII) oder um Maßnahmen nach § 8a Abs. 3 SGB VIII (Anrufung des Familiengerichts, sofortige Inobhutnahme).[573]

Der im Rahmen von § 8a Abs. 1 SGB VIII zentrale Begriff des Kindeswohls ist verwaltungsrechtlich betrachtet ein unbestimmter Rechtsbegriff, bei dessen Vorliegen eine Prognose- beziehungsweise Risikoentscheidung nach § 8a Abs. 1 S. 3 oder § 8a Abs. 3 SGB VIII erforderlich wird.[574] Ein Ermessen besteht im Falle der Entscheidung für Hilfsmaßnahmen nach § 8a Abs. 1 S. 3 SGB VIII, jedoch nicht hinsichtlich der Frage, *ob* Hilfe angeboten wird.[575] Ein Ermessens-

---

570 *Bringewat* in LPK-SGB VIII, § 8a Rn. 16; *Münder u. a.* in FK SGB VIII, § 8a Rn. 13.

571 *Bringewat* in LPK-SGB VIII, § 8a Rn. 16.

572 Als solche bezeichnet man eine Entscheidung, die von einer Prognose abhängt.

573 Für das erstmalige Handeln des Jugendamtes sind nach § 8a Abs. 1 S. 1 SGB VIII lediglich gewichtige Anhaltspunkte für die Gefährdung des Wohl eines Kindes oder Jugendlichen notwendig, nicht bereits eine Schädigung. Vergleiche dazu *Jung* in SGB VIII Jung, § 8a Rn. 1c ff.

574 *Kopp/Schenke*, § 114 Rn. 23.

575 *Bringewat* in LPK SGB VIII, § 8a Rn. 40.

spielraum ist auch abzulehnen, sobald die Kindeswohlgefährdung eine Maßnahme nach § 8a Abs. 3 SGB VIII unabdingbar macht.

Die auf einer Prognose basierende Entscheidung, ein Kind gemäß § 8a Abs. 1 S.1, Abs. 3 S. 2, § 42 SGB VIII in Obhut zu nehmen, ist ein Verwaltungsakt im Sinne von § 31 SGB X. Die Entscheidung für das Angebot von Hilfe nach § 8a Abs. 1 S. 3 SGB VIII leitet das dementsprechende Hilfeplanungs- und Verwaltungsverfahren ein.[576] Der sich daraus ergebende Bescheid ist ebenfalls Verwaltungsakt nach § 31 SGB X, wohingegen die Anrufung des Familiengerichts nach § 8a Abs. 3 S. 1 SGB VIII wohl einen Realakt darstellt.

bb) Verwaltungsgerichtliche Kontrolle von Prognoseentscheidungen

Grundsätzlich gewährt Art. 19 Abs. 4 GG die Möglichkeit der vollen gerichtlichen Nachprüfung jeglicher Tätigkeit der Verwaltung. In manchen Fällen stößt die Judikative jedoch an die Grenzen ihrer Kontrollfähigkeit. Dies ist namentlich dann der Fall, wenn der unbestimmte Rechtsbegriff ein hohes Maß an Komplexität oder Dynamik mit sich bringt und sich für das Gericht als Folge daraus als äußerst schwierig und vage darstellt.[577] Räumt der Gesetzgeber der Verwaltung für bestimmte Fälle einen Beurteilungsspielraum ein, so beschränkt sich die gerichtliche Nachprüfbarkeit der Verwaltungstätigkeit nur noch auf die Einhaltung der rechtlichen Grenzen dieses Beurteilungsspielraums.[578] Ob einer Behörde ein Beurteilungsspielraum gewährt wird, gilt es durch Auslegung des Gesetzes zu ermitteln.[579] Der Frage, ob der Kinder- und Jugendhilfe hinsichtlich des unbestimmten Rechtbegriffes „Kindeswohl" in § 8a Abs. 1 SGB VIII ein Beurteilungsspielraum zusteht, ist somit von entscheidender Bedeutung für eine verwaltungsgerichtliche Nachprüfbarkeit.

Die Ansichten in der Literatur gingen in Bezug auf einen Beurteilungsspielraum bei § 50 Abs. 3 SGB VIII a. F. zum Teil stark auseinander.[580] Diese in § 8a Abs. 3 SGB VIII n. F. aufgegangene Regelung erlegte dem Jugendamt die Anru-

---

576 Vergleiche *Bringewat* in LPK SGB VIII, § 27 Rn. 14.

577 *Decker* in BOK VwGO, § 114 Rn. 35.

578 BVerwG NJW 2007, 2790 (Zum Beurteilungsspielraum einer Behörde bei einer Weinqualitätsprüfung); *Decker* in BOK VwGO, § 114 Rn. 35; *Kopp/Schenke*, § 114 Rn. 5.

579 BVerwGE 72, 195 (199); 81, 12 (17); 100, 221 (225); BVerwG NJW 2007, 2792.

580 Aufgrund der veränderten Gesetzeslage nach dem KICK wird auf den Streit nicht mehr gesondert eingegangen, vergleiche aber die Darstellung bei *Dießner*, Die Unterlassungsstrafbarkeit der Kinder- und Jugendhilfe, S. 116 f., mit weiteren Nachweisen.

fung des Gerichts auf, sofern das Jugendamt zur Abwendung einer Gefährdung des Wohls des Kindes oder des Jugendlichen das Tätigwerden des Gerichts für erforderlich hielt. Im Unterschied zu § 50 Abs. 3 SGB VIII a. F. wird in § 8a Abs. 1 SGB VIII n. F. mit der gesetzlichen Anweisung zur Abschätzung des Gefährdungsrisikos klar verdeutlicht, dass einer Entscheidung durch die Kinder- und Jugendhilfe eine Prognose vorauszugehen hat. Zwar ist hinsichtlich des einer Prognose erfordernden unbestimmten Rechtsbegriffes nicht zwangsläufig ein Beurteilungsspielraum anzunehmen,[581] es entspricht aber ständiger Rechtsprechung, den Verwaltungsgerichten bei Prognoseentscheidungen mit hoher Komplexität eine nur eingeschränkte Kontrolle zuzugestehen.[582] Die Nachprüfung der Gerichte beschränkt sich dann darauf, ob die handelnde Behörde „bei ihrer Prognose von zutreffenden Abgrenzungen, Daten, Werten, Zahlen und so weiter ausgegangen ist, alle erreichbaren Daten berücksichtigt hat, sich einer wissenschaftlich vertretbaren Methode bedient und ihre Entscheidung ‚in einer der Materie angemessenen und methodisch einwandfreien Weise'[583] erarbeitet hat".[584] Sofern eine Prognoseentscheidung gerichtlich angegriffen wird, gilt es hinsichtlich der Frage der Rechtmäßigkeit des Verwaltungsaktes auf den Zeitpunkt der letzten Behördenentscheidung abzustellen.[585]

Eine Prognoseentscheidung der Kinder- und Jugendhilfe gemäß § 8a Abs. 1 SGB VIII kann demzufolge auch nur einer eingeschränkten verwaltungsgerichtlichen Nachprüfbarkeit unterliegen. Dafür spricht vor allem, dass der vom Gericht nicht überprüfbare persönliche Eindruck vom Zustand des betreuten Kindes und seines Umfelds für eine Gefährdungsprognose von entscheidender Bedeutung ist.[586]

cc) Bedeutung für das Strafrecht

Wie aufgezeigt steht den Verwaltungsgerichten bei der Überprüfung von Prognoseentscheidungen nur eine eingeschränkte Kontrollbefugnis zu. Im Zusammenhang mit der Konkretisierung der Sorgfaltspflicht innerhalb des Fahr-

---

581 *Kopp/Schenke*, § 114 Rn. 24, 37.

582 *Decker* in BOK VwGO, § 114 Rn. 36.

583 *Kopp/Schenke*, § 114 Rn. 37a, mit weiteren Nachweisen in Fn. 191.

584 *Kopp/Schenke*, § 114 Rn. 24, 37a; vergleiche auch BVerwGE 72, 282 (286); *Decker* in BOK VwGO, § 114 Rn. 36.

585 *Decker* in BOK VwGO, § 114 Rn. 36.

586 So auch *Dießner*, Die Unterlassungsstrafbarkeit der Kinder- und Jugendhilfe, S. 117.

lässigkeitsvorwurfes stellt sich die Frage, ob eine derartige Beschränkung auch für das Strafgericht gelten muss. Es wäre durch die verwaltungsrechtliche Rechtmäßigkeit der Einzelfallentscheidung eines Jugendamtsmitarbeiters nach § 8a Abs. 1 S. 3 beziehungsweise Abs. 3 SGB VIII gebunden und dürfte dementsprechend dessen Verhalten nicht abweichend beurteilen.

Grundsätzlich gilt über den § 262 Abs. 1 StPO hinaus, dass im Strafverfahren keine Bindung an rechtskräftige Entscheidungen anderer Gerichte besteht.[587] Nicht eindeutig geklärt ist jedoch, wie der Strafrichter mit Prognoseentscheidungen wie denen eines Jugendamtsmitarbeiters zu verfahren hat.

(1) Das Modell der strengen Verwaltungsakzessorietät

Nach dem Modell der strengen Verwaltungsakzessorietät soll der Strafrichter in vollem Umfang an wirksame Verwaltungsakte[588] gebunden sein.[589] Die strafgerichtliche Nachprüfbarkeit von Prognoseentscheidungen wäre danach ebenfalls ausgeschlossen. Gegen diese stark einengende Ansicht sprechen jedoch gewichtige Argumente: Sie steht im Widerspruch zum anerkannten Prozessrecht, wonach der Strafrichter gemäß § 262 Abs. 1 StPO öffentlich-rechtliche Vorfragen mitentscheiden und überprüfen darf.[590] Zudem stellt sich die Frage, warum einem Verwaltungsakt eine stärkere Bindungswirkung zukommt als einem Urteil, welches nur den Grenzen der Rechtskraft unterliegt.[591] Auf die Spitze getrieben ist als Konsequenz dieser strengen Meinung schließlich festzuhalten, dass wirksamen Verwaltungsakten auch eine höhere Verbindlichkeit als Rechtsnormen zukäme. Denn für fehlerhafte Gesetze besitzt der Strafrichter selbst eine Verwerfungskompetenz, indem er sie gemäß Art. 100 Abs. 1 GG dem Bundesverfassungsgericht vorlegt.[592] Das Gegenargument der Gewaltenteilung lässt *Rühl* nicht gelten, denn in einem System der „checks und balances“ sei die Ungebundenheit der Gerichte gerade natürlich.[593] Die oft bemühte „Einheit der Rechtsordnung“ spricht daneben ebenso wenig dafür, das Modell der strengen Verwaltungsakzessorietät anzuwenden. Dem Grundsatz „Was ver-

---

587 *Meyer-Goßner*, § 262 Rn. 2.

588 Die Wirksamkeit eines Verwaltungsaktes bestimmt sich nach den §§ 43 ff. VwVfG.

589 Etwa *Dolde*, NJW 1988, 2333; *Ossenbühl*, DVBl 1990, 973.

590 Zu § 262 StPO siehe bereits oben; *Rühl*, JuS 1999, 524.

591 *Rühl*, JuS 1999, 524.

592 *Rühl*, JuS 1999, 524.

593 *Rühl*, JuS 1999, 523.

waltungsrechtlich erlaubt ist, kann strafrechtlich nicht verboten sein"[594] ist zwar grundsätzlich zuzustimmen, mit dem Verweis auf die „Einheit der Rechtsordnung" ist jedoch nicht geklärt, wem das Letztentscheidungsrecht zukommt. Die strenge Verwaltungsakzessorietät setzt einen Vorrang der Exekutive voraus, wofür eine Begründung fehlt.[595]

Der Streit zeigt deutlich die Schwächen des Modells der strengen Verwaltungsakzessorietät, weshalb von seiner Anwendung Abstand genommen werden sollte. Im Umkehrschluss muss der Strafrichter über öffentlich-rechtliche Vorfragen im Strafprozess mitentscheiden können.

(2) Strafrichterliche Überprüfbarkeit jugendamtlicher Prognosen

Nachdem somit festgestellt wurde, dass aus dogmatischer Sicht eine Überprüfung verwaltungsrechtlicher Prognoseentscheidungen vertretbar ist, gilt es zu klären, in welchem Umfang dies im Bereich der Kinder- und Jugendhilfe geschehen darf. Zu diesem Zweck sollen Parallelen zu anderen Sondernormen mit prognostischen Aufgaben gezogen und divergierende Meinungen ausgewertet werden.

(aa) Sondernormkomplex Umweltrecht

Im Bereich des Umweltverwaltungsrechts herrscht Streit darüber unter welchen Voraussetzungen verwaltungsrechtliche Beurteilungs- und Ermessensentscheidungen zu einer Strafbarkeit führen können. Überwiegend soll rechtswidriges Verhaltens von Amtsträgern vorliegen, sofern ihr Handeln im Sinne der §§ 40 VwVfG, 114 VwGO mit einem Ermessensfehler behaftet ist.[596] Strittig ist, ob eine Ermessensreduzierung beziehungsweise Beurteilungsreduzierung[597] auf Null erforderlich ist.[598] Zum Teil wird auch gefordert, der Rechtsverstoß müsse objektiv von einem besonderen Gewicht sein.[599] *Cramer/Heine* sind der Ansicht, bei der Wertung verwaltungsrechtlicher Beurteilungs- und Ermessens-

---

594 *Ossenbühl*, DVBl 1990, 973.

595 *Rühl*, JuS 1999, 524.

596 *Cramer/Heine* in S/S, Vorbem. §§ 324 ff. Rn. 30.

597 So die Terminologie von BVerfG NVwZ 2002, 1368, 1369.

598 So GenStA Hamm NStZ 1984, 219 mit ablehnender Anmerkung *Zeitler*; GenStA Zweibrücken MDR 1984, 1042; ebenso wohl *Rudolphi*, NStZ 1984, 199; ablehnend: *Horn*, NJW 1981, 7; *Fischer/Leirer*, ZfW 1996, 360; *Lackner/Kühl*, Vor. §§ 324 ff. Rn. 10; *Winkelbauer*, NStZ 1986, 152.

599 LG Bremen NStZ 1982, 164 f.; StA Mannheim NJW 1976, 588; *Keller* in Rebmann-FS, S. 247.

entscheidungen sei Zurückhaltung geboten. Sie begründen dies zum einen mit § 330d Nr. 5 StGB, zum anderen mit der Komplexität der Abwägungsvorgänge, der Pflicht eine Entscheidung treffen zu müssen und der begrüßenswerten Förderung von Initiativen, die Neuland betreten.[600]

Fraglich ist, ob die Erwägungen, inwiefern Prognosen im Umweltverwaltungsrecht auf das Strafrecht wirken können, auf das Kinder- und Jugendhilferecht übertragen werden können. *Dießner* lehnt dies weitgehend mit der Begründung ab, die einschränkende Haltung hinsichtlich einer Strafbarkeit umweltverwaltungsrechtlicher Prognoseentscheidungen in diesem Zusammenhang spiele eine andere Rolle als im Kinder- und Jugendhilferecht. So werde die Existenz der Garantenstellung eines Amtswalters von Einschränkungen der Entscheidungsmöglichkeiten abhängig gemacht. Dies sei bei Mitarbeitern des Jugendamtes gänzlich anders, ihre Garantenstellung ergebe sich bereits aus tatsächlicher Schutzübernahme.[601]

Dem ist zwar grundsätzlich zuzustimmen - so hat etwa eine Ermessensreduzierung auf Null bereits Konsequenzen für die Garantenstellung[602] –, jedoch ist auch ohne diese Doppelbedeutung der Einschränkung von Entscheidungsmöglichkeiten (Garantenstellung, Pflichterfüllung) ihre Übertragbarkeit aus der umweltrechtlichen Debatte in das Kinder- und Jugendhilferecht fraglich. Denn die Tendenz, eine Strafbarkeit der Amtswalter bei umweltverwaltungsrechtlichen Prognoseentscheidungen einzugrenzen, verfolgt ein anderes rechtspolitisches Ziel, als dies im Kinder- und Jugendrecht der Fall ist. Beurteilungsspielräume im Umweltrecht sollen, wie *Cramer/Heine* dies zutreffend darlegen, dazu genutzt werden in einem „gesetzlich verträglichen Maße"[603] neue Ideen zu fördern. Bei einem solchen Ansinnen an das verwaltungsrechtliche Handeln bleibt jedoch immer ein Restrisiko für die Umwelt. Dieses scheint jedoch bewusst in Kauf genommen zu werden, was bei einer verhältnismäßigen und vorsichtigen Herangehensweise durchaus gebilligt werden kann. Auf der anderen Seite muss dann natürlich die etwaige Strafbarkeit eines Verwaltungsmitarbeiters auf grobe Verstöße innerhalb von Entscheidungen reduziert werden. Im Kinder- und Jugendrecht stellt sich die Situation derweil ganz anders da. Risikobe-

600 *Cramer/Heine* in S/S, Vor. §§ 324 ff. Rn. 30.

601 *Dießner*, Die Unterlassungsstrafbarkeit der Kinder- und Jugendhilfe, S. 320.

602 Vergleiche etwa *Fischer*, Vor. § 324 Rn. 17, 18, mit weiteren Nachweisen.

603 *Cramer/Heine* in S/S, Vor. §§ 324 ff. Rn. 30.

haftete Experimente sind hier nicht nur unerwünscht, sondern grob verfassungswidrig.[604] Ein weiterer Unterschied besteht in der Ausnahmevorschrift des § 330d Nr. 5 StGB, welche für das Kinder- und Jugendrecht nicht gilt. Die weiteren Argumente von *Cramer/Heine*, wonach die Abwägungsvorgänge komplex seien und eine Entscheidungspflicht bestehe[605] sind zwar richtig, treffen aber auf so gut wie alle verwaltungsrechtlichen Prognoseentscheidungen zu, weshalb eine Eingrenzung der Strafbarkeit gerade bei umweltverwaltungsrechtlichen Entscheidungen oder bei Prognoseentscheidungen des Jugendamtes willkürlich erschiene. Aus dem Sondernormkomplex des Umweltrechts sind daher keine übertragbaren Erkenntnisse zu gewinnen, inwieweit sozialarbeiterische Prognoseentscheidungen nach § 8a Abs. 1, 3 und § 27 SGB VIII strafrechtlich überprüfbar sind.

(bb) Sondernormkomplex Unterbringungsgesetze

Die Psychisch-Kranken-Gesetze beziehungsweise Unterbringungsgesetze der Länder[606] dienen zum einen dazu, die Rechtssicherheit für die betroffenen Patienten zu gewährleisten. Gleichzeitig ist jedoch auch geregelt, unter welchen Voraussetzungen eine freiheitsentziehende Unterbringung - also gegen den Willen des Patienten - erforderlich ist. Hier werden Fälle der erheblichen Gefährdung Dritter oder einer wesentlichen Selbstschädigung aufgrund psychischer Krankheiten erfasst.

Zu den Aufgaben von Ärzten in psychiatrischen Einrichtungen gehört es, Prognosen zu erstellen. Diese sind während der freiheitsentziehenden Unterbringung die Grundlage für die Gewährung von Lockerungen bei der Unterbringung. Im Jahr 2003 befasste sich der Bundesgerichtshof mit einem Fall, in dem die behandelnden Ärzte aufgrund falscher Prognosen einem psychisch kranken Patienten Unterbringungslockerungen zugestanden haben, welche dieser für die Begehung von Straftaten missbrauchte.[607] Aufgrund der größeren Sachnähe des Unterbringungsrechts zum Kinder- und Jugendrecht als dies beim Umweltrecht der Fall ist, sind die aus dem Urteil und seiner Bewertung in der Lite-

---

604 Art. 1 Abs. 1 Satz 1 und 2, Art. 2 Abs. 2 Satz 1 GG.

605 Siehe bereits oben: *Cramer/Heine* in S/S, Vor. §§ 324 ff. Rn. 30.

606 Die Bezeichnungen in den Bundesländern sind nicht einheitlich; überwiegend erfolgt eine Bezeichnung als Psychisch-Kranken-Gesetz (PsychKG), teilweise noch als Unterbringungsgesetz (veraltet). In Hessen ist das sogenannte Freiheitsentziehungsgesetz in Kraft.

607 Sogenannter „Freigängerfall", BGHSt 49, 1 ff.

ratur zu ziehenden Schlüsse möglicherweise auf die Problematik im SGB VIII übertragbar.

Im Freigängerfall wussten die angeklagten Ärzte einer psychiatrischen Klinik um die psychische Erkrankung[608] des Angeklagten S. und kannten seine früheren Straftaten.[609] Sie teilten diese Beurteilung auch. Obwohl die Stationsärztin zu besonderer Vorsicht mit S. mahnte und eine Fluchtgefahr erkannte, ordneten die angeklagten Ärzte Ausgänge des S. an. S. kam von einem der Ausgänge nicht mehr zurück und verübte in der Zeit bis zu seiner erneuten Habhaftwerdung acht Monate später unter anderem zwei Morde zum Nachteil hoch betagter Frauen sowie acht mit gefährlichen Körperverletzungen, teils auch mit sexuellen Nötigungen einhergehende Raubüberfälle.

Die Frage der Pflichtwidrigkeit wurde von der erstinstanzlichen Strafkammer nicht erörtert, da sie unzutreffend bereits die Kausalität der Gewährung von Ausgang für den Tod und die Verletzungen der Frauen ablehnte. Gleichwohl kann hier nur auf die Erwägungen des Bundesgerichtshofs zur im Ergebnis falschen Prognose eingegangen werden.

Bei den Normen des einschlägigen BbgPsychKG[610] handelt es sich ebenso wie bei § 8a Abs. 1 SGB VIII um Verwaltungsrecht. Das Dilemma von Klinikärzten in psychiatrischen Einrichtungen ist zudem ähnlich gestaltet wie das von Sozialarbeitern: Die Patienten - selbst wenn von ihnen eine Gefahr ausgeht - haben grundsätzlich einen Anspruch auf Lockerung ihrer Unterbringung, welcher mit fortschreitender Dauer der Freiheitsentziehung erstarkt.[611] Gleichzeitig wird die Gewährung einer Lockerung jedoch davon abhängig gemacht, dass keine konkrete Gefahr für die öffentliche Sicherheit oder Ordnung besteht.[612] In ähnlicher Weise haben Mitarbeiter des Jugendamtes das nach Art. 6 Abs. 2 S. 1 GG den Eltern gegebene Erziehungsvorrecht zu respektieren, gleichzeitig jedoch als Konkretisierung des staatlichen Wächteramtes nach Art. 6 Abs. 2 S. 2 GG auf

608 Schwere Persönlichkeitsstörung narzisstischer Prägung mit histrionisch-dissozialen Zügen; eine Fremdgefährdung anderer an Leib und Leben, insbesondere möglicher Partnerinnen, ging von S. aus.

609 Schwerwiegende Sexualdelikte, Körperverletzungen, Diebstähle.

610 Gesetz des Landes Brandenburg über Hilfen und Schutzmaßnahmen sowie über den Vollzug gerichtlich angeordneter Unterbringung für psychisch Kranke.

611 BVerfG NJW 1998, 2203; BVerfGE 70, 297 (307 ff.).

612 Vergleiche etwa Art. 22 Abs. 1, Art. 23 Abs. 1 BayUnterbrG oder wie hier für BGHSt 49, 1 ff. relevant: § 15 Abs. 3 S. 1 und 3 BbgPsychKG.

die Sicherheit der von ihnen betreuten Kinder zu achten. Sofern eine Veränderung der aktuellen Situation von Patient oder betreutem Kind ansteht, sind im einen[613] wie auch im anderen[614] Fall Prognosen als Grundlage weiterer Entscheidungen erforderlich. Die genannte Entscheidung des Bundesgerichtshofs hat zumindest für das Unterbringungsrecht Maßstäbe gesetzt. Im vorliegenden Fall kam § 15 Abs. 3 S. 1 und 3 BbgPsychKG zur Anwendung. Der Bundesgerichtshof machte das weitere Vorgehen zur Bestimmung einer Pflichtwidrigkeit der Klinikärzte davon abhängig, ob eine Therapierbarkeit des S. überhaupt möglich gewesen sei.[615] Im Falle der Untherapierbarkeit habe die Anordnung von Ausgang dem Gesetz widersprochen und es läge eindeutig Pflichtwidrigkeit vor. Von größerer Bedeutung für die in dieser Arbeit erörterten Problematik ist die Alternative, die der Bundesgerichtshof für den Fall aufzeigt, dass im Zeitpunkt der Gewährung der Unterbringungslockerung eine Therapierbarkeit möglich erschienen sei: Nur dann geht der 5. Senat von einem prognostischen Beurteilungsspielraum aus.[616] Er führt dazu aus: „Eine im Ergebnis falsche Prognose wäre nur dann pflichtwidrig gewesen, falls auf relevant unvollständiger Tatsachengrundlage oder unter unrichtiger Bewertung der festgestellten Tatsachen die Missbrauchsgefahr verneint worden wäre (vergleiche Pollähne NStZ 1999, 53, 54[617])“[618]. Der Bundesgerichtshof befasst sich hier mit Fehlern innerhalb der Prognostizierung, also der Basis für weitere Entscheidungen. Ihm zufolge darf nicht jeder Fehler bei Erstellung einer Prognose als bedeutsam genug eingestuft werden, um eine Strafbarkeit nach sich ziehen zu können.

Allerdings ist zu fragen, ob die einschränkenden Tendenzen im Unterbringungsrecht auf das Kinder- und Jugendrecht übertragen werden können. Im Unterbringungsrecht wird mit den Lockerungen ein vom Gesetzgeber gewolltes Risiko praktiziert, wofür es im Kinder- und Jugendrecht keine Entsprechung gibt. Eine direkte Übertragung der Einschränkungen in der Sorgfaltspflicht aus dem Unterbringungsrecht auf das Kinder- und Jugendrecht scheidet daher aus.

---

613 Im Unterbringungsrecht über die Gefährlichkeit des Patienten, etwa in Art. 22 Abs. 1, Art. 23 Abs. 1 BayUnterbrG oder § 15 Abs. 3 S. 1 und 3 BbgPsychKG.

614 Im Kinder- und Jugendrecht nach § 8a Abs. 1 SGB VIII.

615 Dies zu klären obliege dem neuen Tatrichter, BGHSt 49, 1 (5).

616 BGHSt 49, 1 (6).

617 StA Paderborn NStZ 1999, 53 f. mit Anmerkung *Pollähne*.

618 BGHSt 49, 1 (6).

(cc) Begriff der „falschen Prognose"

Dessen ungeachtet wirft die Entscheidung des Bundesgerichtshofs[619] die auch für die Kinder- und Jugendhilfe bedeutsame Frage auf, wann eine Prognose beziehungsweise eine Prognoseentscheidung überhaupt als falsch bezeichnet werden kann oder bezeichnet werden darf. Die Begriffe Prognose und Prognoseentscheidung sind wie bereits dargestellt nicht identisch, vielmehr ist die eine die Voraussetzung für die andere. Die Abhängigkeit der Entscheidung von der vorangegangenen Prognose führt jedoch naturgemäß zu einer Widerspiegelung der im Rahmen der Prognoseerstellung gemachten Fehler auf der Entscheidungsebene. Eine Pflichtverletzung kann zweifelsfrei immer dann angenommen werden, wenn eine Prognose entgegen § 8a Abs. 1 SGB VIII nicht erstellt wird (Beurteilungsausfall). Ebenso, wenn die angefertigte Prognose nur eine einzige Maßnahme zulässt (Ermessenreduzierung auf Null), diese aber nicht ergriffen wird.

Problematisch ist dagegen, wie Fehler in der Prognose (an die sich folgenschwere Entscheidungen anschließen können) der Kinder- und Jugendhilfe strafrechtlich zu bewerten sind. Prognose bedeutet den Schluss von bestimmten feststellbaren Tatsachen auf den wahrscheinlichen Eintritt eines künftigen Sachverhalts anhand anerkannter Erfahrungssätze.[620] Tritt ein Sachverhalt nicht wie prognostiziert ein, kann daraus nicht zwangsläufig gefolgert werden, dass die Prognose im ex ante Zeitpunkt „falsch" war.

Beispiel 10: Die von Sozialarbeiterin S. *pflichtgemäß* erstellte Prognose zur Gefährdung des Kindes K. ergibt, dass ein nur sehr geringes Gefährdungsrisiko besteht, weshalb nur Hilfen nach § 8a Abs. 1, §§ 27 ff. SGB VIII initiiert werden. Kind K. wird im Folgenden von seinen Eltern schwer misshandelt.

Es wäre unzutreffend die Prognose und die dazu gehörige Entscheidung der Sozialarbeiterin im Beispiel 10 als fehlerhaft zu bewerten, weil entgegen der Prognose dennoch eine Schädigung des Kindes eingetreten ist. Es ist gerade das Wesen einer solchen Gefährdungsprognose, über das zukünftige Verhalten von Menschen eine Wahrscheinlichkeitsaussage zu treffen. Der allgemein gültigen Erfahrung, wonach menschliche Verhaltensweisen nie zu einhundert Prozent vorhersehbar sind, ist daher auch bei der strafrechtlichen Beurteilung Rechnung zu tragen: Die der Prognose aufgrund ihrer Zukunftsorientiertheit imma-

---

619 BGHSt 49, 1.

620 *Kopp/Schenke*, § 114 Rn. 37.

nenten Unsicherheiten sind für die strafrechtliche Sorgfaltspflicht nicht von Relevanz.[621]

Folgerichtig stellt auch der Bundesgerichtshof für die Bewertung einer Prognose als „pflichtwidrig" darauf ab, ob weitere relevante Tatsachen für die Erstellung der Prognose hätten berücksichtigt werden müssen und ob die festgestellten Tatsachen korrekt bewertet wurden.[622] Während der Bundesgerichtshof[623] in seiner ersten Fallgruppe aber nur eine relevant unvollständige Tatsachengrundlage für die Annahme einer Sorgfaltspflicht ausreichen lässt[624], stellt *Pollähne* darauf ab, ob „weitergehende Tatsachen hätten festgestellt werden müssen, die zu einer abweichenden Prognose geführt hätten oder hätten führen müssen".[625] Auf das damit aufgeworfene Problem, inwieweit es die Strafbarkeit zu beschränken gilt, wird im Folgenden noch weiter eingegangen. Beispiel 11 zeigt eine Prognoseentscheidung, die auf einer wegen unvollständiger Tatsachenaufklärung pflichtwidrig erstellten Prognose basiert:

Beispiel 11: Das Kind K. wurde wiederholt innerhalb der Familie schwer misshandelt. Sozialarbeiter S. erstellt eine Gefährdungsprognose und kommt unter Miteinbeziehung des zu erwartenden Verhaltens der Eltern zu dem Ergebnis, dass dem Kind K. keine weiteren Gefahren mehr drohen. S. leitet Hilfen nach § 8a Abs. 1, §§ 27 ff. SGB VIII ein und sieht von Maßnahmen nach § 8a Abs. 3 SGB VIII ab. Es kommt zu weiteren schweren Misshandlungen von K. durch den ebenfalls im Haushalt lebenden gewalttätigen Stiefbruder B. Sozialarbeiter S. hatte den Stiefbruder B. nicht in seine Prognoseerwägungen mit einbezogen.

Die zweite Fallgruppe der pflichtwidrigen Prognose umfasst die unrichtige Bewertung der festgestellten Tatsachen. *Saliger* spricht sich dafür aus, wie in der ersten Fallgruppe nur *erheblich* unrichtige Fehlbewertungen der festgestellten Tatsachen für die Bejahung einer Sorgfaltspflicht ausreichen zu lassen. Reichte jede falsche Bewertung bereits aus, so werde man dem prognostischen Beurteilungsspielraum nicht gerecht.[626] Hinsichtlich dieses Streits ist ebenfalls auf die weiteren Ausführungen zu verweisen. Beispiel 12 zeigt eine erheblich unrichtige Fehlbewertung durch den betreuenden Sozialarbeiter:

---

621 Ebenso *Bringewat*, ZKJ 2006, 242.

622 BGHSt 49, 1 (6); zustimmend *Bringewat*, ZKJ 2006, 242.

623 BGHSt 49, 1 (6).

624 Zustimmend *Saliger*, JZ 2004, 978, dem zufolge jedoch aufgrund größerer Klarheit „relevant" durch „erheblich" zu ersetzen sei.

625 StA Paderborn NStZ 1999, 53 f. mit Anmerkung *Pollähne*.

626 *Saliger*, JZ 2004, 978, bezogen auf BGHSt 49, 1 und ärztliche Entscheidungen.

Beispiel 12: Kind K. weist fortwährend Knochenbrüche und andere Verletzungen auf, die sehr wahrscheinlich auf Gewalteinwirkung zurückzuführen sind. Sozialarbeiter S. beschränkt die Maßnahmen gleichwohl auf Hilfen nach § 8a Abs. 1, §§ 27 ff. SGB VIII. Er ändert seine Gefährdungsprognose und das damit verbundene weitere Vorgehen auch nicht, als er das Kind K. über Monate nicht mehr zu Gesicht bekommt. Schließlich wird K. erschlagen in der Wohnung der Eltern aufgefunden. (Nachgebildet dem Fall „Kevin")

Die einschränkenden Ansichten des Bundesgerichtshofs, *Pollähnes* und *Saligers*, beziehen sich trotz ihrer Verdeutlichung anhand von Beispielen aus der Kinder- und Jugendhilfe auf das Betreuungsrecht. Die Übertragbarkeit dieser Aussagen auf die Kinder- und Jugendhilfe gilt es noch herauszustellen.

(dd) Jugendamtliche Prognoseentscheidungen

In Literatur und Rechtsprechung gehen die Auffassungen hinsichtlich der Pflichtwidrigkeit einer jugendamtlichen Prognose und der nachfolgenden Prognoseentscheidung auseinander. Das OLG Stuttgart war im Fall „Jenny" der Ansicht, dass eine einengende Auslegung der Sorgfaltspflichten geboten sei, um nur die schweren Fälle strafrechtlich zu erfassen.[627]

Eine andere Ansicht verfolgt den Ansatz, eine Erfolgsabwendungspflicht und somit eine Strafbarkeit könne sich erst dann ergeben, wenn eine Situation entstanden sei, in der nur noch ein einziges Handeln des Sozialarbeiters als richtig zu erachten sei.[628] *Albrecht* überträgt die Grundsätze ärztlicher Haftung bei risikobehafteten Entscheidungen auf die Sozialarbeit. Er kommt zu dem Schluss, nicht die inhaltliche Prüfung der Maßnahmen nach strafrechtlichen Gesichtspunkten sei vorzunehmen, sondern eine Nachprüfung des Verwaltungsermessens.[629]

Bringewat zufolge sei ein Fahrlässigkeitsvorwurf nicht begründbar, solange sich die ergriffene Maßnahme[630] innerhalb des Beurteilungsspielraums hält.[631]

Dießner schließlich will die Sorgfaltspflichtverletzung auf einige bestimmte (schwere) Fehler beschränken, um so ein Ausufern der Strafbarkeit zu vermeiden. Konkret spricht sie von „Beurteilungsausfall", Untätigbleiben „aus will-

---

627 OLG Stuttgart NJW 1998, 3134; ähnlich *Wessels/Beulke*, Rn. 670.

628 *Albrecht*, Sozialarbeit und Strafrecht, S. 211; *Busch*, UJ 2002, 85; *Mörsberger*, Zur Aufgabenstellung des Jugendamtes, S. 108.

629 *Albrecht*, Sozialarbeit und Strafrecht, S. 211.

630 Gemeint ist die auf einer Prognose basierende Entscheidung.

631 *Bringewat*, ZKJ 2006, 242.

kürlichen Gründen", „wesentlicher Fehlgewichtung der widerstreitenden Interessen" sowie „Reduzierung der Beurteilungsspanne auf Null".[632] Ihrer Ansicht nach darf nicht an jedem verwaltungsrechtlichen Beurteilungsfehler eine Sorgfaltspflichtverletzung festgemacht werden, da dies einen Verstoß gegen das ultimo-ratio-Prinzip bedeute und dem verwaltungsrechtlichen Beurteilungsspielraumes widerspreche.[633]

(ee) Stellungnahme

Die dargestellten Ansichten sind – in unterschiedlichem Maße – darum bemüht, die Strafbarkeit einzuschränken. Übereinstimmend verneinen sie die strafrechtliche Relevanz sorgfaltsgemäß erstellter Prognosen, die sich in der Betrachtung ex post nicht bewahrheitet haben. Die überwiegende Mehrheit[634] fordert darüber hinaus ähnlich wie im Umwelt- und im Unterbringungsrecht eine weitere Eingrenzung der Strafbarkeit.

Der Ansicht, wonach sich eine strafrechtliche Nachprüfung auf die Kontrolle von Verwaltungsermessen beschränkt, ist nicht zu folgen. Bei den nach § 8a Abs. 1 SGB VIII erforderlichen Prognosen handelt es sich nicht um Ermessenentscheidungen, sondern um die Ausführung auslegungsbedürftiger unbestimmter Rechtsbegriffe.[635] Unbestimmte Rechtsbegriffe sind dabei eine Frage des Tatbestandes, wohingegen Ermessen auf der Rechtsfolgenseite anzusiedeln ist. Von Ermessen spricht man daher, wenn die Behörde die Wahl zwischen verschiedenen Verhaltensmöglichkeiten hat. Ein solches Ermessen ist in gewissem Umfang[636] etwa zu bejahen für die (auf der Prognose basierende) Entscheidung, welche Maßnahme im Sinne der §§ 27 ff. SGB VIII den meisten Erfolg verspricht. Der Bundesgerichtshof macht das Urteil der Pflichtwidrigkeit einer Prognose auch nicht an der danach ausgewählten Rechtsfolge fest, sondern bedient sich unter weiterer Einschränkung des verwaltungsrechtlich eingeräumten Beurteilungsspielraums.[637] Sofern ein Prognoseergebnis nur *eine*

---

632 *Dießner*, Die Unterlassungsstrafbarkeit der Kinder- und Jugendhilfe, S. 325.

633 *Dießner*, Die Unterlassungsstrafbarkeit der Kinder- und Jugendhilfe, S. 324 f.

634 Lediglich *Bringewat* verweist ohne Einschränkung auf den „voll überprüfbaren Beurteilungsspielraum", ZKJ 2006, 242.

635 Ebenso *Bringewat*, ZKJ 2006, 242, Fn. 84; vergleiche auch *Jestaedt* in Erichsen/Ehlers, § 10 Rn. 23.

636 An dieser Stelle ist die „Ermessensreduzierung auf Null" zu beachten.

637 BGHSt 49, 1 (6).

richtige Entscheidung des Jugendamtes zulässt, liegt selbstverständlich eine Ermessensreduzierung auf Null vor. Wird die entsprechende Maßnahme nicht eingeleitet, handelt es sich um ein pflichtwidriges Verhalten. Eine strafrechtlich bedeutsame Pflichtwidrigkeit nur in derart gelagerten Fällen anzunehmen, ist nicht zu rechtfertigen. Das Ergebnis wäre eine Privilegierung der Sozialarbeiter im Kinder- und Jugendrecht gegenüber den Beschäftigten in anderen Sondernormkomplexen (siehe das Umweltrecht und das Unterbringungsrecht).

Den Vertretern der einschränkenden Ansichten ist in der Annahme eines auch für die strafrechtliche Beurteilung bedeutsamen verwaltungsrechtlichen Beurteilungsspielraum zuzustimmen. Wie bereits dargestellt, ist bei einer an eine pflichtgemäß zustande gekommene, aber im Ergebnis nicht zutreffenden Prognose anknüpfenden Entscheidung keine Pflichtwidrigkeit im strafrechtlichen Sinn gegeben. Weitergehende Tendenzen zur Einschränkung der Strafbarkeit, wie die Begrenzung auf wesentliche Fehler, verfolgen im Grunde einen ähnlichen Ansatz wie BGHSt 49, 1 für das Unterbringungsrecht. *Dießner* teilt diese Ansicht zur Einschränkung der Strafbarkeit und konkretisiert die schweren Beurteilungsfehler.[638]

Die vom Bundesgerichtshof verwendeten Fallgruppen hinsichtlich pflichtwidrig erstellter Prognosen sind auch in der Kinder- und Jugendhilfe aufgrund ihrer Allgemeingültigkeit anwendbar. So geht es im Falle psychisch kranker Patienten zwar darum, eine Gefährlichkeitsprognose zu erstellen, während es sich bei Prognosen im Kinder- und Jugendrecht um Gefährdungsprognosen handelt.[639] Gleichwohl können bei beiden Arten von Prognosen Tatsachen nicht miteinbezogen oder falsch bewertet werden. Die Antwort auf die Frage, wann ein Fehler als erheblich, relevant oder schwerwiegend anzusehen ist, bleibt jedoch offen. Auch *Dießner* begnügt sich mit dem unbestimmten Ausdruck „wesentliche Fehlgewichtung der widerstreitenden Interessen“[640].

Zur Einstufung eines Fehlers gibt es zwei mögliche Herangehensweisen. Zum einen kann versucht werden, seine Wertigkeit abstrakt zu bestimmen, zum anderen kann eine Einordnung konkret anhand des auf ihm basierenden kausalen Erfolges stattfinden.

---

638 Siehe dazu bereits oben: *Dießner*, Die Unterlassungsstrafbarkeit der Kinder- und Jugendhilfe, S. 325.

639 *Bringewat*, ZKJ 2006, 242.

640 *Dießner*, Die Unterlassungsstrafbarkeit der Kinder- und Jugendhilfe, S. 325.

Sofern ein Fehler abhängig von seiner Auswirkung auf den konkreten Erfolg bemessen wird, ist eine Begrenzung auf nur geringe Fehler mit dem Ziel der Strafbarkeitseinschränkung nicht notwendig. Denn ein geringer Fehler führt danach nicht zum Erfolg, während ein zum Erfolg führender Fehler nicht als nur gering einzustufen ist. Diese Lösung hat zur Folge, dass ein schwerer Fehler ohne Bezug zum Erfolg nicht strafwürdig ist. Es handelte sich um eine lediglich irrelevant unvollständige Tatsachengrundlage. Bemisst man den gemachten Fehler losgelöst vom Einzelfall, indem man ihn in Relation zu möglichen anderen Fehlern setzt, zeigt sich ein anderes Bild. Da eine kausale Verknüpfung zwischen Fehler und Erfolg nicht erforderlich ist, um eine Sorgfaltspflichtverletzung anzunehmen, kann grundsätzlich jeder Fehler unabhängig von seinem Gewicht strafrechtliche Folgen nach sich ziehen.[641]

Beispiel 13: Bei der Erstellung seiner Gefährdungsprognose für das Kind K. hat Sozialarbeiter S. nicht berücksichtigt, dass die Mutter M. von K. alkoholkrank ist. Unter Berücksichtigung dieses Umstandes wären jedoch sowohl die Gefährdungsprognose als auch die anschließende Maßnahme nach § 31 SGB VIII (Sozialpädagogische Familienhilfe) unverändert geblieben. Unabhängig von ihrer Alkoholkrankheit misshandelt M. ihr Kind K. in der Folgezeit schwer.

Eine Beschränkung der Sorgfaltspflichtwidrigkeit auf (abstrakt) schwere Fehler verhinderte darüber hinaus nicht eine mögliche Strafbarkeit bei fehlendem Zusammenhang zwischen Fehler und Erfolg:

Beispiel 14: Die von Sozialarbeiterin S. erstellte Prognose zur Gefährdung des Kindes K. ergibt, dass ein nur sehr geringes Gefährdungsrisiko besteht, weshalb nur Hilfen nach § 8a Abs. 1, §§ 27 ff. SGB VIII initiiert werden. Gerade die Eltern schließt S. als gefahrerhöhenden Faktor aus. Den äußerst gewalttätigen mit im Haus wohnenden Stiefbruder B. vergisst S. in ihre Prognose miteinzubeziehen. Kind K. wird im Folgenden von seinen *Eltern* misshandelt.

Bei der Beantwortung der Frage, ob konkrete oder abstrakte Maßstäbe zur Bestimmung der Relevanz eines Fehlers angesetzt werden müssen, ist der Tatsache Rechnung zu tragen, dass die Prognose nach § 8a Abs. 1 SGB VIII nicht die Gefährlichkeit einzelner Gefahrenquellen analysiert, sondern die Gefährdung eines Kindes in seiner Gesamtheit.[642] Es ist im Beispiel 14 daher nicht entscheidend, von wem die Gefahr für das Kind ausgeht, bedeutsam für die strafrecht-

---

641 Die Strafbarkeit begründet sich – das soll an dieser Stelle nicht verkannt werden – natürlich nicht allein auf einer Sorgfaltspflichtverletzung; gerade an der Vorhersehbarkeit dürfte es häufig mangeln.

642 So auch *Bringewat*, ZKJ 2006, 242.

liche Frage nach der Sorgfaltspflichtverletzung ist nur die anhaltende Gefährdungssituation. Zu diesem Ergebnis gelangt man nur durch die abstrakte Bewertung eines Fehlers. Anders ist die Situation im Beispiel 13 gelagert. Die vom zuständigen Sozialarbeiter S. erstellte Prognose ist zwar fehlerbehaftet, jedoch weniger schwerwiegend. Die Komplexität und die Fülle der in eine Zukunftsprognose einzubeziehenden Faktoren lässt es angemessen erscheinen, in Fällen wie im Beispiel 13 eine strafrechtliche Einschränkung hinzunehmen.

Was bleibt - an dieser Stelle schließt sich der Kreis - ist die Frage des „wie". Die Einteilungen (ir)relevant, (un)erheblich, (un)wesentlich oder (un)bedeutsam sind allesamt unbestimmt und wälzen die eigentliche Entscheidung in einem hinsichtlich der verfassungsrechtlich verankerten Gewaltenteilung bedenklichem Maße auf die Strafgerichte ab. Vorzugswürdig erscheint es, den straffreien Prognosebeurteilungsspielraum zur Einschränkung der Strafbarkeit heranzuziehen:

So wird man bei abstrakt als nicht bedeutsam anzusehenden Fehlern regelmäßig zu dem Ergebnis kommen, dass auch im Falle der Nichtbegehung des Fehlers die Gefährdungsprognose des jeweiligen Sozialarbeiters unverändert geblieben wäre.[643] Anders ausgedrückt: Diese geringeren Fehler wirken sich nur unmaßgeblich auf Prognose und Prognoseentscheidung aus, weshalb sie noch als vom straffreien verwaltungsrechtlichen Prognosespielraum erfasst angesehen werden müssen (Beispiel 13). In einem solchen Fall, in dem sich ein Fehler innerhalb des Toleranzbereichs des Beurteilungsspielraums bewegt, ist eine relevante Pflichtverletzung zu verneinen.

Das Ergebnis stellt sich für Prognosen und Prognoseentscheidungen innerhalb der Kinder- und Jugendhilfe somit als Kombination des abstrakten und des konkreten Ansatzes zur Beurteilung der Relevanz von Fehlern dar. Der Fehler ist zunächst abstrakt zu bestimmen und danach darauf zu überprüfen, ob er sich im konkreten Fall innerhalb des straffreien Beurteilungsspielraumes bewegt.

dd) Zwischenergebnis

Das Verwaltungsrecht verlangt von den Mitarbeitern der Kinder- und Jugendhilfe im Rahmen des § 8a Abs.1 SGB VIII die Erstellung einer Gefährdungsprognose, räumt aber gleichzeitig einen Beurteilungsspielraum hinsichtlich der

---

643 Im Ansatz ähnlich: StA Paderborn NStZ 1999, 53 f. mit Anmerkung *Pollähne*.

sich daran anschließenden Maßnahmen ein. Bei der Überprüfung jugendamtlicher Prognoseentscheidungen durch das Strafgericht gilt es den verwaltungsrechtlich erlaubten Beurteilungsspielraum zu beachten, weshalb ex ante pflichtgemäß zustande gekommene Prognoseentscheidungen nicht ex post als pflichtwidrig beurteilt werden dürfen, nur weil sich die Prognose nicht bewahrheitet. Sofern der festgestellte Sachverhalt nur eine einzige vertretbare Maßnahme zur Behebung der Gefährdung zulässt, liegt bei deren Nichtdurchführung ein pflichtwidriges Verhalten vor. Gleiches gilt für einen gänzlichen Beurteilungsausfall, also die Nichterstellung einer Prognose. Als pflichtwidrig ist ferner zu beurteilen, wenn eine Prognose anhand schwerwiegend unvollständiger Tatsachen oder unter schwerwiegender unrichtiger Tatsachenbewertung erstellt wird. Ein in diesem Zusammenhang auftretender Fehler ist schwerwiegend, wenn die auf der korrekt erstellten Prognose basierende Entscheidung nicht mehr vom zugestandenen Beurteilungsspielraum gedeckt wäre, sich der Fehler also im Erfolg niedergeschlagen hat.

c) Verkehrsnormen

Für die Konkretisierung einer unerlaubten Gefahrschaffung können über die Verletzung einer gesetzlichen Norm hinaus auch so genannte Verkehrsnormen eine Rolle spielen. Als Verkehrsnormen bezeichnet man eine Sammlung von detaillierten Verhaltensregeln. Der große Unterschied zu den Sondernormen besteht darin, dass Verkehrsnormen nicht vom Gesetzgeber stammen, sondern von einem Teil der Gesellschaft mit einem besonderen Bezug zur betroffenen Thematik.[644] Es handelt sich meist um private Interessenverbände[645], die durch den Erlass eines „Regelwerks" einheitliche Verhaltens- und Sicherheitsstandards innerhalb ihres Betätigungsfeldes erreichen möchten. Als Beispiele nennt *Burgstaller*[646] die Skiregeln[647], *Roxin*[648] führt unter anderem das Regelwerk des deutschen Vereins von Gas- und Wasserfachmännern (DVGW)[649] an.

---

644 *Burgstaller*, Das Fahrlässigkeitsdelikt, S. 50 f.

645 *Roxin*, AT/1, § 24 Rn. 18.

646 *Burgstaller*, Das Fahrlässigkeitsdelikt, S. 51.

647 Vergleiche etwa die Regeln des Deutschen Skiverbandes (DSV): http://www.ski-online.de/2140-Fis-regeln.htm, abgerufen am 12.06.2008.

648 *Roxin*, AT/1, § 24 Rn. 18.

649 Regelwerk des Deutschen Vereins von Gas- und Wasserfachmännern: http://www.dvgw.de/angebote-leistungen/regelwerk, abgerufen am 12.06.2008.

Die Bedeutung der Verkehrsnormen für die Feststellung der Sorgfaltspflicht ist im Vergleich zu den Sondernormen als geringer zu bewerten. Das hat seinen Grund darin, dass private Interessenverbände und sonstige Zusammenschlüsse trotz aller fachlichen Kompetenz in ihrer Autorität nicht dem Gesetzgeber gleichgestellt sind.[650] Des Weiteren kann nicht jeder Verstoß gegen eine Verkehrsnorm mit einer Sorgfaltspflichtverletzung im strafrechtlichen Sinne gleichgesetzt werden. Gerade bei kampfbetonten Mannschaftssportarten wie dem Fußball kann zwar den Regeln nach durchaus ein Foul vorliegen.[651] Die Grenze zur Sorgfaltspflichtverletzung ist jedoch erst dann überschritten, wo „regelwidrig die Gefahr ernster Verletzungen geschaffen wird."[652] Die Verletzung einer Verkehrsnorm kann daher bei der Konkretisierung der Sorgfaltspflicht nicht viel mehr als ein Anhaltspunkt sein.[653]

Für den Bereich der Kinder- und Jugendhilfe stellen die Empfehlungen des Deutschen Städtetags[654] sowie die Empfehlungen des Deutschen Vereins zur Umsetzung des § 8a SGB VIII[655] solche Verkehrsnormen dar.[656] Beispielhaft soll hier für den Fall „Kevin" eine Prüfung des sozialarbeiterischen Verhaltens auf den Verstoß gegen die Empfehlungen des Deutschen Städtetags vorgenommen werden. Dabei lässt sich zunächst feststellen, dass Kevins Ziehvater die angebotenen Hilfen nicht angenommen hatte (er sagte deren Annahme meist zu, handelte aber nicht dementsprechend), während gleichzeitig weiterhin eine akute Gefährdung des Kindes durch Misshandlung vorlag (permanente Verletzungen des Kindes). Ebenso wie nun nach § 8a Abs. 3 SGB VIII fordern in Punkt 3.322 auch die Empfehlungen des Deutschen Städtetages in einem derartigen Fall die sofortige Herausnahme des Kindes und die Anrufung des Familiengerichts. Der Verstoß gegen diese Verkehrsnorm stellt somit einen Anhaltspunkt für eine Sorgfaltspflichtverletzung dar.

---

650 *Roxin*, AT/1, § 24 Rn. 19; ebenso *Burgstaller*, Das Fahrlässigkeitsdelikt im Strafrecht, S. 52.

651 *Burgstaller*, Das Fahrlässigkeitsdelikt, S. 53 f.

652 *Roxin*, AT/1, § 24 Rn. 20.

653 *Roxin*, AT/1, § 24 Rn. 20.

654 Deutscher Städtetag, ZfJ 2004, 187 ff.

655 Deutscher Verein für öffentliche und private Fürsorge e. V., Empfehlungen.

656 Letztere wendet sich jedoch vornehmlich an private Pflegeeinrichtungen, wie sich aus Punkt 2.3 f. ergibt.

d) Differenzierte Maßfigur und „Fachlichkeit"

Für die Bestimmung des objektiven Sorgfaltsmaßstabes reichen in vielen Fällen die aus den Sonder- und Verkehrsnormen zu ziehenden Indizien nicht aus. Es bedarf vielmehr eines weiteren Konkretisierungsmittels, nämlich dem der differenzierten Maßfigur.[657] Dabei wird ein konkret auf seine Sorgfalt hin zu untersuchendes Verhalten mit der dafür geschaffenen differenzierten Maßfigur verglichen. Für die differenzierte Maßfigur ist relevant, wie „ein gewissenhafter und besonnener Mensch, der dem Verkehrskreis des Täters angehört, sich in der konkreten Situation verhalten hätte."[658] Das Problem bei der differenzierten Maßfigur liegt darin, dass der Begriff an sich stark konkretisierungsbedürftig ist. Das Feld der Einfluss ausübenden Faktoren ist groß. Sie sind zu unterscheiden von den Verkehrsnormen, welche von privaten Interessenverbänden, meist im Rahmen eines größeren, schriftlich festgehaltenen Regelwerkes, geschaffen werden.[659] Für die Bestimmung des differenzierten Maßstabes hingegen spielen denn auch allgemeingültige Regeln und Verhaltensvorschriften eine Rolle, die nicht schriftlich in einem Regelwerk festgehalten wurden. *Roxin* nennt hier die Regeln der ärztlichen Kunst oder der Baukunst, Warnungen der Wasserwacht oder Unfallverhütungstafeln in Betrieben.[660] Wer beispielsweise als Arbeiter in einem Lackierbetrieb trotz der allerorten angeschlagenen „Rauchen verboten"-Schilder zur Zigarette greift und dadurch eine Explosion verursacht, begeht eine Sorgfaltspflichtverletzung. Denn ein gewissenhafter und besonnener Mensch, der dem Verkehrskreis des Täters angehört (ein Kollege etwa), hätte die Verbotsschilder gerade beachtet und sich in der konkreten Situation richtig verhalten, indem er nicht geraucht hätte.

Im Bereich der Kinder- und Jugendhilfe herrscht Streit darüber, wie sich „sozialarbeiterische Kunst" definiert, wie also die Maßfigur des gewissenhaften und besonnenen Sozialarbeiters in einer bestimmten Situation zu konstruieren ist. Das zugehörige „Reizwort" zu dieser Diskussion ist die „Fachlichkeit"[661]. Denn

---

[657] Der Begriff stammt von *Burgstaller*, Das Fahrlässigkeitsdelikt, S. 54.

[658] *Roxin*, AT/1, § 24 Rn. 34.

[659] Zweites Kapitel B. VI. 3. c).

[660] *Roxin*, AT/1, § 24 Rn. 35.

[661] Eine Definition liefert *Kreft*, UJ 2004, 363: „Gebot, das Handeln in den vielen unterschiedlichen Arbeitsfeldern nach den jeweiligen aktuellen fachlichen Standards auszurichten und (idealtypisch) immer nach den neuesten „Regeln der sozialarbeiterischen/sozialpädagogischen Kunst" zu handeln".

die Frage, wie sich fachliche Standards auf den strafrechtlichen Fahrlässigkeitsbegriff auswirken, ist in der Literatur stark umstritten: Sollen die sozialarbeiterischen fachlichen Standards ausschlaggebend sein für die strafrechtliche Frage nach der Sorgfaltswidrigkeit oder vollzieht sich die strafrechtliche Wertung eines Verhaltens nach anderen Maßstäben? Aufgrund der einschneidenden Änderungen, die das KICK für das SGB VIII mit sich gebracht hat, gilt es den Meinungsstand hinsichtlich der Fachlichkeitsdebatte in der Kinder- und Jugendhilfe jeweils gesondert wiederzugeben. Der erste Teil beschreibt nachfolgend die Diskussion bis zur Gesetzesänderung[662], der zweite Teil geht im Anschluss daran[663] auf den heutigen Stand ein.

aa) Diskussionsstand vor der Gesetzesänderung durch das KICK im Jahr 2005

(1) Primat des Strafrechts

Diese Ansicht, nach der es dem Strafrecht obliegt, über den Sorgfaltsmaßstab zu urteilen, bewegt sich hinsichtlich der grundsätzlichen dogmatischen Erwägungen zur Fahrlässigkeit im Fahrwasser der herrschenden Meinung: Danach gelte es zur Begründung eines Fahrlässigkeitsvorwurfs eine Sorgfaltspflichtverletzung auszumachen. Maßstab für den Sorgfaltstyp sei, wie sich aus einer ex ante Betrachtung ein besonnener und gewissenhafter Mensch aus dem Verkehrskreis des Täters in der konkreten Situation verhalten würde. Des Weiteren müssten besondere Fähigkeiten und Kenntnisse dazu eingesetzt werden, um Rechtsgutverletzungen zu vermeiden.[664] *Bringewat* spricht von einem „Durchschnittsmaßstab zur Beurteilung von Sorgfaltsmängeln"[665] und kommt zu dem Ergebnis, dass in der Kinder- und Jugendhilfe so genannte „standardisierte Sonderfähigkeiten" für eine Sorgfaltspflichtverletzung im Einzelfall von Bedeutung sein sollen.[666] Bei diesen „standardisierten Sonderfähigkeiten" handle es sich um die durchschnittlich zu fordernden beruflichen Fähigkeiten von

---

[662] Zweites Kapitel B. VI. 3. d) aa).

[663] Zweites Kapitel B. VI. 3. d) bb).

[664] *Beulke/Swoboda* in FS-Gössel, S. 91 f.; *Bringewat* in SGB VIII LPK, § 8a Rn. 85; *ders.*, Sozialpädagogische Familienhilfe, S. 102 f.; *ders.*, Strafrechtliche Risiken, S. 28 f.; *ders.*, Tod eines Kindes, S. 92 ff.; *ders.*, ZfJ 2000, 405; *ders.*, ZKJ 2006, 240.

[665] *Bringewat*, Strafrechtliche Risiken, S. 28.

[666] *Bringewat*, Sozialpädagogische Familienhilfe, S. 104; *ders.*, Strafrechtliche Risiken, S. 28 f.; *ders.*, Tod eines Kindes, S. 95; *ders.*, ZfJ 2000, 405; *ders.*, ZKJ 2006, 240.

Fachkräften in der Kinder- und Jugendhilfe.[667] Die „standardisierten Sonderfähigkeiten" seien dabei keineswegs identisch mit „fachlichen Standards", „Fachlichkeit" oder „Qualitätsstandards" einer bestimmten Berufsgruppe, denn das vorrangige Ziel der „standardisierten Sonderfähigkeiten" sei die Abwehr von Rechtsgutgefahren. Zudem bestünde eine Abhängigkeit der zur Bestimmung sorgfaltswidrigen Verhaltens angeführten „standardisierten Sonderfähigkeiten" von der konkreten gefahrträchtigen Situation im Einzelfall.[668] *Bringewat* gesteht jedoch zu, dass fachliche Standards durchaus auf die „standardisierten Sonderfähigkeiten" einwirken und diese „schärfen" können. So beispielsweise die „leges artes" ärztlicher Berufsfelder, welche jedoch bereits das, „was strafrechtliche Zielsetzung der fahrlässigkeitsausschließenden Einhaltung von Sorgfaltspflichten ist, nämlich die Verhinderung von Rechtsgutverletzungen und -gefährdungen"[669], selbst enthielten.[670] Eine derartige strafrechtliche Zielsetzung sei im Bereich der Kinder- und Jugendhilfe jedoch gerade nicht der Fall, weshalb ein Verhalten entsprechend der „Fachlichkeit" durch Mitarbeiter der Kinder- und Jugendhilfe keineswegs bereits jede Sorgfaltspflichtwidrigkeit im Sinne des strafrechtlichen Fahrlässigkeitsunrechts ausschließe.[671]

Beulke/Swoboda stellen hingegen in den meisten Fällen eine Übereinstimmung (sozialarbeiterisch) fachlicher und strafrechtlicher Maßstäbe fest, so dass dieselben Sorgfaltsanforderungen an ein Verhalten gälten. In denjenigen Fällen, in denen die fachlichen Standards hinter dem strafrechtlich Geforderten zurückblieben, könne jedoch sehr wohl ein Fahrlässigkeitsvorwurf erhoben werden.[672]

(2) Vorrang der fachlichen Standards

In diesem Abschnitt können verschiedene Ansichten zusammengefasst werden. Wenngleich die Begründungen unterschiedlich sind, besteht Einigkeit dahingehend, dass nicht das Strafrecht über den anzusetzenden Sorgfaltsmaßstab zu urteilen habe, sondern das öffentliche Recht.

---

667 *Bringewat*, Strafrechtliche Risiken, S. 29.

668 *Bringewat*, Sozialpädagogische Familienhilfe, S. 104; *ders.*, Strafrechtliche Risiken, S. 28 f.; *ders.*, Tod eines Kindes, S. 95; *ders.*, ZfJ 2000, 405; *ders.*, ZKJ 2006, 240.

669 *Bringewat*, Strafrechtliche Risiken, S. 29.

670 *Bringewat*, Strafrechtliche Risiken, S. 29.

671 *Bringewat*, ZKJ 2006, 241.

672 *Beulke/Swoboda* in FS-Gössel, S. 92 ff.

Dabei stützt sich eine Ansicht auf die bereits angesprochene „Verwaltungsakzessorietät".[673] Danach sei der Strafrichter verpflichtet, die Wertungen des Verwaltungsrechts - in diesem Fall die Frage, ob sich eine Fachkraft des Jugendamtes in einer konkreten Situation fachgerecht verhalten hat - seiner Entscheidung über die Verletzung der Sorgfaltspflicht zugrunde zu legen.[674] Darüber hinaus wird angeführt, dass rechtmäßiges Verwaltungshandeln niemals strafbar sein könne.[675] Vielmehr handle es sich bei der verwaltungsrechtlichen Prüfung, ob eine jugendamtlich erbrachte (oder nicht erbrachte) Hilfe rechtmäßig war, um eine „Vorfrage" der Strafbarkeit.[676] Relevant sei dabei immer die Sicht ex ante.[677] Andere sind der Ansicht, eine Bestrafung von Mitarbeitern des Jugendamtes müsse an dem aus dem Rechtsstaatsprinzip abgeleiteten Grundsatz von der „Einheit der Rechtsordnung" scheitern.[678] Danach könne derjenige, der gemäß dem SGB VIII handle, nicht strafbar sein. Beide Ansichten führen zum selben Ergebnis, wonach die Bestimmung dessen, was an Sorgfalt gefordert werden kann, allein Aufgabe der Sozialpädagogik sei. Das Strafrecht - Wissenschaft wie Rechtsprechung - sei hierzu weder befugt noch kompetent[679] oder gar notwendig: In diesem Sinne verfolgt *Fieseler* entgegen *Bringewat* denn auch die Ansicht, dass die vorhandenen fachlichen Qualitätsstandards für sozialpädagogisches Handeln vollkommen ausreichend und dessen „standardisierten Sonderfähigkeiten" überflüssig seien. Allein ausschlaggebend sei eine Orientierung am SGB VIII.[680]

(3) Verfassungskonforme Interpretation

Dießner vertritt eine Lösung des Problems der strafrechtlichen Nichtahndung bei verwaltungsrechtlicher Rechtmäßigkeit mittels einer verfassungskonformen

---

673 Zweites Kapitel B. VI. 3. b) cc) (1).

674 *Meysen*, ZfJ 2001, 409; *Mörsberger* in SGB VIII Wiesner (2. A.), § 50 Rn. 105; *Papenheim* in SGB VIII LPK, § 4 Rn. 43; *Schrapper* in Mörsberger/Restemeier, Helfen mit Risiko, S. 52 f.

675 LG Osnabrück im Fall „Laura-Jane" in Mörsberger/Restemeier, Helfen mit Risiko, S. 126; *Fieseler*, ZfJ 2004, 178; *Meysen*, Handbuch Kindeswohlgefährdung; *ders.*, ZfJ 2001, 409; *Münder u. a.* in FK SGB VIII, § 8a Rn. 62; ähnlich *Trenczek*, ZfJ 2002, 384.

676 *Meysen*, ZfJ 2001, 409.

677 *Meysen*, ZfJ 2001, 413; *Münder u. a.* in FK SGB VIII, § 8a Rn. 62.

678 *Fieseler*, Steigende fachliche Anforderungen, UJ 2001, 435.

679 Etwa *Papenheim*, Sozialpädagogische Familienhilfe, S. 4 f.

680 *Fieseler*, ZfJ 2004, 174; *Papenheim*, Sozialpädagogische Familienhilfe, S. 4; ablehnend: *Meysen*, ZfJ 2001, 409.

Interpretation.[681] Sie verweist dazu zunächst auf die fundamentale Bedeutung der Grundrechte und stellt zutreffend fest, die Art. 1 Abs. 1 beziehungsweise Art. 2 Abs. 1 GG stellten den verfassungsrechtlichen Grund dar, weshalb über strafrechtliche Normen der Schutz von Leib und Leben gewährleistet wird. Auch das staatliche Wächteramt in Art. 6 Abs. 2 S. 2 GG basiere im Wesentlichen auf diesen Grundrechten.[682] Aus diesem Grund seien Strafrecht und Kinder- und Jugendhilferecht keineswegs Gegenspieler, sondern verfolgten denselben Zweck: Den Schutz des kindlichen Wohls.[683] Diesem obersten Gebot müsse einerseits zwar jegliche Fachlichkeitsdebatte über den Erhalt der Familie untergeordnet sein, das Strafrecht dürfe andererseits jedoch auch nicht „stets ein restriktives Eingreifen der Kinder- und Jugendhilfe"[684] fordern. *Dießner* verlangt im Ergebnis eine verfassungsrechtliche Harmonie, die Bindungswirkung gerade für die Strafverfolgungsbehörden mit sich brächte.[685]

(4) Stellungnahme

Der Streit macht die tiefe Kluft zwischen den beiden Lagern deutlich: Auf der einen Seite diejenigen, welche die Sozialpädagogik und ihre fachlichen Standards nicht für alle Situationen, in denen ein Kind Schutz benötigen kann, als ausreichend erachten und als Konsequenz daraus das Strafrecht in derartigen Fällen über das Kinder- und Jugendhilferecht erheben wollen. Auf der anderen Seite die Vertreter der Ansicht, die den Streit um die Fachlichkeit zu Gunsten des öffentlichen Rechts lösen wollen – *Dießner* spricht von einer „Definition der Fachlichkeit [...] bereits im Hinblick auf die Übereinstimmung mit der sonstigen Rechtsordnung"[686].

Gerade gegen *Bringewat* wurde der Vorwurf laut, der von ihm angedachte Vorrang des Strafrechts vor dem Kinder- und Jugendhilferecht sei nicht zu begründen.[687] Es handle sich sowohl beim StGB als auch beim SGB VIII um einfa-

---

681 *Dießner*, Die Unterlassungsstrafbarkeit der Kinder- und Jugendhilfe, S. 335 f.

682 *Dießner*, Die Unterlassungsstrafbarkeit der Kinder- und Jugendhilfe, S. 335 f.

683 *Dießner*, Die Unterlassungsstrafbarkeit der Kinder- und Jugendhilfe, S. 336, mit weiteren Nachweisen.

684 *Dießner*, Die Unterlassungsstrafbarkeit der Kinder- und Jugendhilfe, S. 336.

685 *Dießner*, Die Unterlassungsstrafbarkeit der Kinder- und Jugendhilfe, S. 336.

686 *Dießner*, Die Unterlassungsstrafbarkeit der Kinder- und Jugendhilfe, S. 333.

687 *Meysen*, ZfJ 2001, 409.

che Bundesgesetzte ohne ein irgendwie geartetes Ordnungsverhältnis.[688] Derweil gesteht auch *Bringewat* grundsätzlich die Straflosigkeit rechtmäßigen Verwaltungshandelns in der Kinder- und Jugendhilfe zu.[689] Es handelt sich dabei meines Erachtens jedoch weniger um ein „Einlenken", als vielmehr um ein „Richtigstellen". *Bringewats* Aussagen wurden dahingehend (miss-)verstanden, als wolle er mittels des Strafrechts der Kinder- und Jugendhilfe oktroyieren, wie fachlich korrektes Handeln auszusehen habe.[690] Dabei ist Grundaussage nur die, dass die strafrechtliche und die jeweilige fachliche Sicht hinsichtlich des Rechtsgüterschutzes voneinander abweichen können. Dies gilt vor allem dann, wenn eine Profession nicht über einheitliche Standards verfügt oder diese hinsichtlich der Abwehr von Rechtsgutbeeinträchtigungen (noch) nicht genügend allgemein ausgeprägt sind. Als Beispiel sei hier auf das Sachverständigengutachten im Fall „Laura-Jane" verwiesen, worin der zuständigen Sozialarbeiterin ein Verhalten gemäß den fachlichen Handlungsgrundsätzen ihres Berufes bescheinigt wird.[691] „Kinderschutz durch Familienhilfe"[692] ist jedoch gerade nicht immer die richtige Verhaltensmaxime, nämlich dann nicht, wenn Leib und Leben eines Kindes konkret gefährdet sind. Es sei dahingestellt, ob das mittlerweile weit über zehn Jahre alte Gutachten den damaligen Stand der Fachlichkeit darstellt oder nicht. Aus strafrechtlicher Sicht tat es dies nie.[693] Jedenfalls wird damit deutlich, dass der auch im SGB VIII a. F. bereits enthaltene Auftrag an die Kinder- und Jugendhilfe, Rechtsgutbeeinträchtigungen zu verhindern, mittels einer einseitigen Sicht von Fachlichkeit zumindest aus strafrechtlicher Sicht ausgehebelt werden konnte. In einem solchen Fall, wenn die Gefahrenabwehr nicht selbst zur Fachlichkeit der beruflichen Arbeit gehöre, so *Bringewat*, gingen die strafrechtlichen „standardisierten Sonderfähigkeiten" über die fachlichen Standards hinaus.[694] Damit haben die Vertreter dieser Ansicht den strafrechtlichen Sorgfaltsmaßstab nicht über das SGB VIII a. F. gestellt, sondern über die aus ihm unzureichend gezogenen Schlüsse für die

---

688 *Dießner*, Die Unterlassungsstrafbarkeit der Kinder- und Jugendhilfe, S. 334.

689 *Bringewat*, Strafrechtliche Risiken, S. 29.

690 Etwa *Meysen*, ZfJ 2001, 408 f.

691 *Schrapper* in Mörsberger/Restemeier, Helfen mit Risiko, S. 22 ff.

692 *Schrapper* in Mörsberger/Restemeier, Helfen mit Risiko, S. 52.

693 Ebenso: *Beulke/Swoboda* in FS-Gössel, S. 92.

694 *Beulke/Swoboda* in FS-Gössel, S. 92; *Bringewat* in SGB VIII LPK, § 8a Rn. 85; *ders.*, Sozialpädagogische Familienhilfe, S. 104; *ders.*, Strafrechtliche Risiken, S. 29.; *ders.*, Tod eines Kindes, S. 95; *ders.*, ZfJ 2000, 405; *ders.*, ZKJ 2006, 240.

Fachlichkeit der sozialen Arbeit. Dies kommt auch in *Bringewats* Antwort auf die Aussagen *Meysens* zum Ausdruck, wonach der durch einen Mitarbeiter des Jugendamtes strafrechtlich zu verantwortende Tod eines von ihm betreuten Kindes nicht durch rechtmäßiges Verwaltungshandeln verursacht werden könne.[695] Der Vorwurf - so das Resümee aus *Bringewats* und *Beulke/Swobodas* Ansicht - dürfe nicht dem Strafrecht gemacht werden, wenn dessen Sorgfaltsanforderungen über denen des fachlichen Standards, aber innerhalb der öffentlich-rechtlichen Norm - hier des SGB VIII - liegen. Vielmehr stellte es ein Säumnis des Kinder- und Jugendhilferechts dar, die fachlichen Standards nicht an das strafrechtlich geforderte Niveau angepasst zu haben.[696]

Die Ansicht, wonach die strafrechtliche Verantwortung eines Mitarbeiters der Kinder- und Jugendhilfe im Rahmen seiner Tätigkeit an der „Einheit der Rechtsordnung" scheitern müsse[697], sieht sich indessen berechtigter Kritik ausgesetzt. So ist nicht nur die grundsätzliche Existenz einer „Einheit der Rechtsordnung" umstritten[698], auch ist äußerst fraglich, inwieweit aus ihr gewonnene Ergebnisse überhaupt aussagekräftig sein könnten. Gerade bei der Frage nach der „Widerspruchsfreiheit und Lückenlosigkeit der Rechtsordnung" sei noch längst nicht geklärt, welche Prämissen es zusätzlich zu setzen gelte.[699]

An der Verwaltungsakzessorietät, die von einigen als Begründung dafür angeführt wird, weshalb die Wertungen des Verwaltungsrechts auch für den Strafrichter bindend sein müssen,[700] wurde bereits im Zusammenhang mit den Sondernormen grundsätzliche Kritik geübt.[701] Ungeachtet dessen, dass mit der Ansicht von *Bringewat* und *Beulke/Swoboda* die Kritik bereits an dem erfolgt, was als „Fachlichkeit" bezeichnet wird und damit ein Konflikt zwischen öffentlichem Recht und Strafrecht gar nicht erst auftreten würde, ist die Verwal-

---

695 *Bringewat*, Strafrechtliche Risiken, S. 30.

696 *Wiesner*, ZfJ 2004, S. 169: Er spricht etwa davon, dass die Fachlichkeit noch in den Kinderschuhen stecke; ähnlich *Plewig*, RdJB 2005, 489: „Hierauf muss die Jugendhilfe mit der gebotenen Professionalität antworten.".

697 *Fieseler*, UJ 2001, 435.

698 *Felix*, Einheit der Rechtsordnung, S. 21 ff.; *Meysen*, ZfJ 2001, 408 f.

699 *Baldus*, Die Einheit der Rechtsordnung, S. 201.

700 *Meysen*, ZfJ 2001, 409; *Mörsberger* in SGB VIII Wiesner (2. A.), § 50 Rn. 105; *Papenheim* in SGB VIII LPK, § 4 Rn. 43; *Schrapper* in Mörsberger/Restemeier, Helfen mit Risiko, S. 52 f.

701 Zweites Kapitel B. VI. 3. b) cc) (1).

tungsakzessorietät abzulehnen. Ihre Befürworter machen es sich mit einem pauschalen Verweis auf den Grundsatz der Verwaltungsakzessorietät zu einfach. So ist *Dießners* Kritik an *Meysen*[702] zuzustimmen: Sie wirft ihm vor, einerseits die „Einheit der Rechtsordnung" abzulehnen, andererseits jedoch Parallelen des Kinder- und Jugendhilferechts zum Umweltrecht zu suchen[703], welches sich zum Teil auf eben jene Rechtsfigur stütze. Des Weiteren seien die Auswirkungen im Umweltrecht noch nicht absehbar und *Meysen* benutze den Begriff der Verwaltungsakzessorietät sehr undifferenziert.[704] Darüber hinaus sprechen andere Gründe, wie bereits dargestellt, gegen die Parallelen zum Umweltrecht.[705]

Dießners Ansatz, über eine verfassungskonforme Interpretation zu einem verträglichen Ergebnis zu gelangen, stellt auf den ersten Blick eine akzeptable vermittelnde Lösung fernab der bisherigen Fachlichkeits-Fronten dar. Auf den zweiten Blick wird jedoch rasch klar, dass die Aufforderung „verfassungsrechtliche Harmonie anzustreben"[706] mangels konkreter Ansätze die Diskussion über die Bedeutung fachlicher Standards nicht weiterführt. So darf selbstverständlich nicht im Sinne eines einseitigen Fachlichkeitsbegriffes und zu Lasten des Kindeswohls ein Kind in einer gefährlichen Umgebung belassen werden; ebenso wenig darf das Strafrecht durchgehend ein restriktives Verhalten des Jugendamtes fordern.[707] Die Frage jedoch, welche Rolle fachlichen Standards im Falle einer vom Strafrecht divergierenden Sorgfaltsanforderung zukommen soll, ist damit nicht hinreichend beantwortet.

Die beste Lösung bietet die Ansicht von *Bringewat* und *Beulke/Swoboda*. So ist darin zuzustimmen, dass bereits das hier zugrunde gelegte SGB VIII a. F. das Ziel verfolgte, das Kindeswohl mit den Mitteln des Kinder- und Jugendhilferechts vor Beeinträchtigungen zu schützen.[708] Mangels einheitlicher, vom ge-

---

[702] Für die anderen Befürworter gilt indes dasselbe, *Meysen* äußerte sich jedoch am ausführlichsten dazu.

[703] Siehe *Meysen*, ZfJ 2001, 409.

[704] *Dießner*, Die Unterlassungsstrafbarkeit der Kinder- und Jugendhilfe, S. 335.

[705] Siehe oben: Zweites Kapitel B. VI. 3. b) cc) (2) (aa); ebenso: *Bringewat*, ZKJ 2006, 241, Fn. 76.

[706] *Dießner*, Die Unterlassungsstrafbarkeit der Kinder- und Jugendhilfe, S. 335.

[707] *Dießner*, Die Unterlassungsstrafbarkeit der Kinder- und Jugendhilfe, S. 336.

[708] *Bringewat*, ZKJ 2006, 241.

setzlichen Schutzgedanken getragener, fachlicher Regeln - *Bringewat* spricht von einem „Kodex „fachlicher Standards““[709] - ist es am Strafrecht, den öffentlich-rechtlich verankerten Sorgfaltsmaßstab durchzusetzen. Hierin liegt kein „Primat des Strafrechts", da es sich mit der Orientierung am SGB VIII a. F. nicht über verwaltungsrechtliche Normen hinwegsetzt. Verwaltungsrechtliche Wertungen, die auf einem niedrigeren Sorgfaltsmaßstab basieren, sind nach dieser Ansicht nicht gesetzeskonform nach dem SGB VIII a. F. und daher ebenso wenig ausreichend, um im Rahmen der Strafbarkeitsprüfung eines fahrlässigen Unterlassungsdelikts ein sorgfaltsgemäßes Verhalten annehmen zu können.

bb) Diskussionsstand nach der Gesetzesänderung durch das KICK im Jahr 2005

Die Schutzfunktion des SGB VIII wurde vor Einführung des KICK teilweise bezweifelt. Mit dem an zentraler Stelle neu eingefügten § 8a SGB VIII ist ein solcher Einwand indes nicht mehr haltbar. Gleichzeitig bekommt der bereits vor der Gesetzesänderung unerlässlich wiedergegebene Satz[710], rechtmäßiges Verwaltungshandeln könne niemals strafbar sein und die Frage nach dem Fachlichkeitserfordernis/Sorgfaltsmaßstab dürfe nur im Rahmen des SGB VIII a. F. beantwortet werden, neues Gewicht.[711] Dies umso mehr, wenn man den hinsichtlich des SGB VIII a. F. dargestellten Ansatz von *Bringewat* sowie *Beulke/ Swoboda* weiter verfolgt. Wie bereits im SGB VIII a. F.[712] bestimmt sich auch heute die Fachlichkeit der Kinder- und Jugendhilfe „nach dem, was das Kinder- und Jugendhilferecht (SGB VIII) an „professionellem Handeln" fordert."[713] Nach *Bringewat* lassen sich die „standardisierten Sonderfähigkeiten" mangels verbindlicher einheitlicher anderweitiger Standards mittlerweile aus dem Gesetz, genauer dem § 8a SGB VIII, entnehmen. Das „fachliche Handeln" im Anfangsstadium des staatlichen Wächteramtes bestimme sich dabei nach § 8a

---

709 *Bringewat*, ZKJ 2006, 241.

710 *Bringewat* spricht von „Metaphern gleichenden Aussagen" in: Strafrechtliche Risiken, S. 29.

711 Zum Beispiel nach dem KICK: *Meysen*, Handbuch Kindeswohlgefährdung.

712 Dass bereits der Schutzauftrag bereits in SGB VIII a. F. enthalten war wird deutlich, wenn man sich die Intention des Gesetzgebers für die Änderungen durch das KICK vor Augen führt: Die Sprache ist hier von „Konkretisierung" oder „Verbesserung" des Schutzes für Kinder und Jugendliche (etwa: BT-Drucksache 15/3676, S. 3 und S. 30).

713 *Bringewat*, ZKJ 2006, 241.

Abs. 1 S. 1 und S. 2 SGB VIII, präventives Handeln nach § 8a Abs. 1 S. 3 und Abs. 2 SGB VIII und für den Interventionsbereich seien § 8a Abs. 3 und Abs. 4 geschaffen worden. Dies alles führe zu einer Straflosigkeit desjenigen, der sich an das SGB VIII halte.[714] Zugleich ist damit die Entwicklung fachlicher Standards noch nicht abgeschlossen. Vielmehr bildet das SGB VIII n. F. eine verlässlichere Basis für derartige Bemühungen. Würde die sozialpädagogische Wissenschaft ein Regelwerk schaffen, welches bezüglich des Schutzgedankens den gesetzlichen Vorgaben entspräche oder sogar über diese hinausginge, könnte dieses bei einer allgemeinen Akzeptanz für die Frage nach einem einheitlichen fachlichen Qualitätsstandard ausschlaggebend sein. Das Mindestmaß an Sorgfalt regelt jedoch das SGB VIII; nach dem KICK mit dem § 8a SGB VIII n. F. nun sogar in aller Deutlichkeit. Strafrechtlich betrachtet bedeutet dies das Ausscheiden einer Unterlassungsstrafbarkeit, sofern durch die Befolgung der Vorgaben des § 8a SGB VIII n. F. ein sorgfaltsgemäßes Verhalten vorliegt. Mit dieser Lösung wird darüber hinaus tatsächlich deutlich, dass Kinder- und Jugendhilferecht und Strafrecht hinsichtlich des Schutzes gefährdeter Kinder nicht Gegenspieler darstellen, sondern gemeinsam ein Ziel verfolgen: Die Vermeidung rechtgutsverletzender Kindeswohlbeeinträchtigungen.

e) Erkundigungs- und Unterlassungspflichten

Ein weiteres Indiz für mögliches sorgfaltswidriges Verhalten kann ferner aus der Versäumnis einer vorgelagerten Pflicht bestehen. Darunter fallen verschiedenste Vorbereitungs- und Informationspflichten, die es rechtzeitig zu erledigen gilt.[715] Ein relevanter Indizcharakter ist dabei immer dann anzunehmen, wenn ohne die erlangten „Kenntnisse, Erfahrungen und Fähigkeiten die Vornahme der Handlung wegen des damit verbundenen Risikos unverantwortlich wäre"[716]. Wer beispielsweise mit dem Auto in ein fremdes Land fährt, der muss sich vorher hinsichtlich bedeutsamer Unterschiede zum bekannten deutschen Straßenverkehrsrecht informieren. Kommt es zu einem Unfall aufgrund eines Vorfahrtsverhaltens, welches in Deutschland der StVO entsprochen hätte, im

---

714 *Bringewat*, ZKJ 2006, 241.

715 *Jescheck/Weigend*, AT, § 55 I 3 c; ebenso *Roxin*, AT/1, § 24 Rn. 36: „Erkundigungs- und Unterlassungspflichten".

716 *Jescheck/Weigend*, AT, § 55 I 3 c.

bereisten Land jedoch rechtswidrig ist, stellt die mangelnde Erkundigung ein Indiz für eine Sorgfaltspflichtverletzung dar.[717]

Im Zusammenhang mit sozialarbeiterischen Tätigkeiten innerhalb der Kinder- und Jugendhilfe sind gerade zur Abschätzung des Gefährdungsrisikos nach § 8a Abs. 1 SGB VIII vielerlei Informationen einzuholen. Wird dies (ganz oder teilweise) unterlassen, so kann ein Verstoß gegen eine Erkundigungspflicht vorliegen. Fraglich ist jedoch, ob dieses Mittel zur Konkretisierung der fahrlässigen Sorgfaltspflichtverletzung nur für ein an die Sorgfaltspflichtverletzung anschließendes Tun geeignet ist, oder auch für ein Unterlassen. So ergibt sich das Indiz, aus dem sich der Sorgfaltspflichtsvorwurf ableitet, immer[718] aus der Kombination eines vorgelagerten Unterlassens (versäumte Information) in Verbindung mit einem anschließenden Tun (Reise im PKW in das Ausland). Bei der Betreuung einer Familie durch einen Mitarbeiter des Jugendamtes hätte die ungenügende Informationsgewinnung[719] jedoch möglicherweise zur Folge, dass mangels Kenntnis der kindlichen Situation in der Familie die richtigen Schritte - etwa die Herausnahme des Kindes nach § 8a Abs. 3 SGB VIII - unterlassen werden. Fraglich ist, wie sich dieser offensichtliche Unterschied auswirkt. *Roxins* Kurzformel „Wer etwas nicht weiß, muss sich informieren; [...]“[720] gilt für all jene Lebenssachverhalte, in denen der Tätigwerdende „sich zu einem Verhalten anschickt, dessen Risiko für strafrechtlich geschützte Rechtsgüter er nicht beurteilen kann“.[721] Das vorgelagerte Unterlassen für sich allein genommen, die Erkundigungspflicht also, birgt keine strafrechtliche Relevanz. - Wer nicht vor hat auf ausländischen Straßen zu fahren, muss sich nicht über die dortigen Verkehrsregeln informieren. - Anders liegt es hingegen bei Informationspflichten im Kinder- und Jugendhilferecht. Die Informationsgewinnung an sich ist bereits gesetzlich vorgeschrieben in § 8a Abs. 1 SGB VIII. Zudem stehen auch die der Informationsgewinnung eventuell nachfolgenden Maßnahmen nicht zur Disposition des anfangs Unterlassenden, sondern müssen ihre un-

---

717 Gemäß § 9 Abs. 1 StGB könnte in diesem Fall noch die Bundesrepublik Deutschland als Ort der Tat angesehen werden, da die gebotene Handlung (Information) bereits dort hätte vorgenommen werden müssen; angelehnt an Beispiel bei *Jescheck/Weigend*, AT, § 55 I 3 c.

718 Siehe die Beispielsfälle bei *Jescheck/Weigend*, AT, § 55 I 3 c sowie *Roxin*, AT/1, § 24 Rn. 37.

719 Beispiel: Auf Hausbesuche wird verzichtet, so dass die desolate Lebenssituation des Kindes verkannt wird.

720 *Roxin*, AT/1, § 24 Rn. 36.

721 *Roxin*, AT/1, § 24 Rn. 36.

mittelbare und nicht beeinflussbare direkte Folge sein. Die Gefahren für die Rechtsgüter eines Kindes sind bereits vorhanden und bedürfen lediglich ihrer Offenlegung. Somit wird deutlich, dass der nicht oder nicht ausreichend vorgenommenen Informationsgewinnung bei der Betreuung einer Familie mit Kindern oder Jugendlichen zwar durchaus ein Indizcharakter für eine Sorgfaltspflichtverletzung zukommt, jedoch nicht im Rahmen der „Sorgfalt als Erkundigungspflicht“, sondern bereits wie dort dargestellt bei der Frage nach norm- und fachgerechtem Verhalten.

f) Übernahmefahrlässigkeit

Die zum Teil erhebliche Arbeitsüberlastung von Mitarbeitern der Kinder- und Jugendhilfe wurde bereits in der Einleitung angesprochen[722] und muss auch bei der strafrechtlichen Einschätzung gewertet werden. So könnte in der Übernahme weiterer Betreuungsverhältnisse in dem Wissen, nicht über die dafür erforderliche Zeit zu verfügen, eine so genannte Übernahmefahrlässigkeit[723] in Betracht gezogen werden. Griffig stellt *Roxin* dazu fest: „Wer etwas nicht kann, muss es lassen.“[724] Bereits in der Übernahme einer Tätigkeit kann demnach eine Sorgfaltspflichtverletzung liegen, wenn dem Übernehmenden zur korrekten Ausführung die notwendigen körperlichen Voraussetzungen fehlen.[725] Wer beispielsweise Medikamente einnehmen muss, die sich als Nebenwirkung auf die Reaktionsfähigkeit negativ auswirken, handelt augenscheinlich sorgfaltswidrig sofern er darum weiß, sich aber trotzdem an das Steuer eines Kraftfahrzeuges setzt und dieses im öffentlichen Straßenverkehr lenkt. Fraglich ist, ob mit dem Fall der Überlastung eines Sozialarbeiters eine vergleichbare Konstellation gegeben ist. Grundsätzlich sollen nur körperliche Defizite zu einer Übernahmefahrlässigkeit führen.[726] Bei der Überlastung eines Sozialarbeiters handelt es sich jedoch um eine vergleichbare physische Einschränkung, so dass eine Übernahmefahrlässigkeit als möglich erscheint.

---

722 Einleitung C.

723 Begriff bei *Wessels/Beulke*, Rn. 668; *Roxin* spricht von „Übernahmeverschulden“, AT/1, § 24 Rn. 38.

724 *Roxin*, AT/1, § 24 Rn. 36.

725 Die Fahrlässigkeitsschuld gilt es darüber hinaus natürlich gesondert festzustellen, so: *Burgstaller*, Das Fahrlässigkeitsdelikt, S. 193.

726 *Roxin*, AT/1, § 24 Rn. 36.

Ein Jugendamtsmitarbeiter in Deutschland hat nach Angaben der Kinderhilfe rund 150 Fälle zu betreuen. In finanzschwachen Kommunen steige die Zahl auf bis zu 200.[727] Die Frage, wann von einer Überlastung gesprochen werden kann, ist dabei grundsätzlich immer individueller Natur. Bei einer derart hohen Anzahl an übertragenen Fällen kann jedoch zweifelsohne auch objektiv von einer Überbelastung gesprochen werden, sofern man sich an einer für diesen Berufsstand normalen Wochenarbeitszeit orientiert.[728]

„Wer etwas nicht kann, muss es lassen"[729] - dies muss auch für einen derart überlasteten Mitarbeiter des Jugendamtes gelten. Denn sofern er alle ihm zugewiesenen Fälle wortlos akzeptiert, muss sein Vorgesetzter bis zu einem gewissen Punkt davon ausgehen, dass ihre Bearbeitung mit der erforderlichen Sorgfalt erfolgt. Das bedeutet alle Informationen zu gewinnen und die Gefahr gemäß § 8a Abs. 1 SGB VIII einzuschätzen, um alsdann bei den am stärksten gefährdeten Kindern und Jugendlichen zuerst anzusetzen.

Bei einer Überlastung ist es aber gerade nicht möglich, alle erforderlichen Informationen zu gewinnen, um in diesem Sinne immer richtig abzuwägen. Aus diesem Grund kann auch kein Indiz für eine Sorgfaltspflichtverletzung des einzelnen Sachbearbeiters aus einer mangelhaften Informationsgewinnung entnommen werden, wenn der überlastete Mitarbeiter des Jugendamtes die Überlastung bei seinem Vorgesetzten meldet und darauf keine Reaktion erfolgt. Es ist dann nur das zu fordern, was möglich ist: Ein Arbeiten anhand der unvollständigen Informationen nach den Regeln der fachlichen Kunst.

Verschweigt ein Sozialarbeiter hingegen seinen Überlastungszustand, so liegt eine Übernahmefahrlässigkeit und damit ein Indiz für eine Sorgfaltspflichtverletzung vor.[730] Aus diesem Grund ist jedem überlasteten Sozialarbeiter anzuraten, die Überlastung dem zuständigen Vorgesetzten in regelmäßigen Abständen mitzuteilen und sich dies schriftlich so bestätigen zu lassen, damit eine strafprozessuale Verwertung möglich ist.

---

727 Frankfurter Allgemeine Zeitung FAZ.NET, Leiter der „Kinderhilfe Direkt" im Gespräch.

728 Diese dürfte durchschnittlich bei nicht mehr als 40 Stunden pro Woche liegen, wie sich aus diversen Stellenangeboten entnehmen lässt. Vorausgesetzt ein Sozialarbeiter müsste neben der Betreuung seiner Fälle keine weiteren Aufgaben übernehmen, käme man bei 150 bis 200 Fällen somit auf eine monatliche Betreuungszeit zwischen 45 und 60 Minuten pro Fall.

729 *Roxin*, AT/1, § 24 Rn. 36.

730 Ebenso *Dießner*, Die Unterlassungsstrafbarkeit der Kinder- und Jugendhilfe, S. 337.

Ein solches Vorgehen stellt jedoch natürlich keinen „Freibrief" im Sinne eines umfassenden Schutzes vor strafrechtlicher Ahndung dar. Sofern die gewonnenen Informationen - mögen sie auch insgesamt lückenhaft sein - erkennbar ein Vorgehen nach § 8a Abs. 3 SGB VIII erforderlich machen, und dies unterbleibt, führt auch eine Überlastungsbenachrichtigung des zuständigen Vorgesetzten nicht zur Abwendung des Vorwurfs der Sorgfaltspflichtverletzung.

g) Vertrauensgrundsatz

Der letzte Aspekt, den es bezüglich der Konkretisierung der anzuwendenden Sorgfaltspflicht zu beachten gilt, betrifft die Frage nach den Auswirkungen des so genannten Vertrauensgrundsatzes bei vorsätzlichen Taten Dritter.[731] Beim Vertrauensgrundsatz handelt es sich um eine dem Straßenverkehrsrecht entstammende Figur[732], die nach ganz herrschender Meinung als „Anwendungsfall des erlaubten Risikos"[733] gesehen wird.[734] Danach darf „derjenige, der sich im Verkehr ordnungsgemäß verhält, darauf vertrauen, dass andere dies auch tun, solange nicht konkrete Anhaltspunkte für die gegenteilige Annahme vorliegen."[735] Der Vertrauensgrundsatz ist nach überwiegender Auffassung nicht auf das Straßenverkehrsrecht beschränkt[736], so dass die eingangs angesprochene Problematik der vorsätzlichen Straftat eines Dritten bei der Betreuung einer Familie durch das Jugendamt Bedeutung erlangt.

Auf das Kinder- und Jugendhilferecht übertragen lautet die Frage demnach, ob ein Mitarbeiter des Jugendamtes nicht darauf vertrauen darf, dass ein Dritter - meist die Eltern oder wie im Fall „Jenny" deren Bekannte - keine vorsätzlichen Straftaten begehen wird. Es handelt sich bei diesem auch als „Regressverbot"[737] bezeichneten Sachverhalt um eine Begrenzung der Sorgfaltspflichten mit dem

---

[731] Die Behandlung dieses Problems erfolgte lange Zeit auf der Ebene der Kausalität und kann heute im Rahmen der objektiven Zurechnung (etwa: *Hillenkamp*, 32 Probleme, Fall 32) oder innerhalb der Bestimmung der Sorgfaltspflicht verortet werden.

[732] Entwickelt von *Gülde*, JW 1938, 2785 (Die sprachlich teilweise stark nationalsozialistisch-ideologische Eingewandung der Rechtsfigur gilt es zu ignorieren).

[733] *Duttge* in MK, § 15 Rn. 139.

[734] *Duttge* in MK, § 15 Rn. 113, 139; *Roxin*, AT/1, § 24 Rn. 22; *Schroeder* in MK, § 16 Rn. 170 m.w.N.

[735] *Roxin*, AT/1, § 24 Rn. 21; ebenso *Duttge* in MK, § 15 Rn. 139; siehe auch *Burgstaller*, Das Fahrlässigkeitsdelikt, S. 58 ff.; *Wessels/Beulke*, Rn. 671.

[736] *Duttge* in MK, § 15 Rn. 141; *Roxin*, AT/1, § 24 Rn. 25; *Wessels/Beulke*, Rn. 671a.

[737] Vergleiche etwa *Duttge* in MK, § 15 Rn. 145; *Gropp*, AT, § 12 Rn. 42; *Roxin* in FS-Tröndle, S. 177 ff.

Zweck, deren allzu weite Ausuferung zu verhindern. Beispiele, auf die dies unstrittig zutrifft, sind etwa der Verkauf von Äxten, Streichhölzern oder Benzin. In jenen Fällen stellt der Verkauf beziehungsweise die Weitergabe ein erlaubtes Risiko dar. Demzufolge muss man sich ohne weitere Anhaltspunkte keine Gedanken darüber machen, einem anderen dadurch ungewollt die Möglichkeit zu einer vorsätzlichen Deliktsbegehung verschafft zu haben.[738] Das Vertrauen des Verkäufers/Gebers in die einer normalen Verwendung entsprechenden Nutzung der Sache wird geschützt, eine Sorgfaltspflicht nicht verletzt.

Das Vertrauen wird von der Rechtsordnung derweil nicht unbegrenzt geschützt, weshalb eine Beschränkung auf „das zur Handlungsfreiheit beziehungsweise Effektivität notwendige Maß“ möglich sein muss.[739] Die Begrenzung des Vertrauensgrundsatzes erfolgt durch „kontraindizierende Tatsachen in der konkreten Situation“[740], das heißt durch Wahrnehmung, dass eine andere Person ihren Pflichten nicht nachkommen kann oder ihnen nicht nachkommen möchte.[741] Wann die Grenze erreicht ist, ab der ein gesetztes Vertrauen als nicht mehr ausreichend für die Begrenzung einer Sorgfaltspflichtverletzung erachtet wird, ist nicht abschließend geklärt. Die Ansichten in der Literatur diesbezüglich gehen auseinander.[742] Während von einigen eine generelle Straflosigkeit des Förderers in derartigen Fällen - also ein Regressverbot - angenommen wird[743], nehmen andere durchaus Einschränkungen vor. Welche Voraussetzungen dabei vorzuliegen haben, wird unterschiedlich bewertet.[744] Auf die nach Anwendung der unterschiedlichen Theorien zum Teil divergierenden Ergebnisse[745] muss hier jedoch nicht näher eingegangen werden, da in Fällen fahrlässigen Verhaltens im Kinder- und Jugendhilferecht immer auch eine Garantenstellung vorliegt. Erfolgt die Förderung des vorsätzlichen Verhaltens eines Dritten nämlich durch einen Garanten, so wird überwiegend ein Regress-

---

738 *Duttge* in MK, § 15 Rn. 146.

739 *Müller H. E.*, Falsche Zeugenaussage und Beteiligungslehre, S. 167.

740 *Müller H. E.*, Falsche Zeugenaussage und Beteiligungslehre, S. 167.

741 *Müller H. E.*, Falsche Zeugenaussage und Beteiligungslehre, S. 167 f.

742 Siehe hierzu die Darstellungen bei *Dießner*, Die Unterlassungsstrafbarkeit der Kinder- und Jugendhilfe, S. 339 f.; *Roxin* in FS-Tröndle, S. 177 ff.

743 So mit z. T. unterschiedlichen Begründungen: *Mayer*, AT, S. 131 ff.; *Naucke*, ZStW 1964, 409 ff.; *Otto* in FS-Maurach, S. 91 ff.; *ders.*, GK AT, § 6 Rn. 53; *Wehrle*, Fahrlässige Beteiligung am Vorsatzdelikt, S. 114 ff.; *Welp*, Vorangegangenes Tun als Grundlage, S. 124 ff.

744 Vergleiche dazu etwa die Darstellung der Ansichten bei *Rudolphi* in SK, Vor. § 1 Rn. 72.

745 Siehe *Dießner*, Die Unterlassungsstrafbarkeit der Kinder- und Jugendhilfe, S. 340.

verbot abgelehnt.[746] Als Konsequenz daraus führt das Vertrauen eines Mitarbeiters des Jugendamtes darin, dass Eltern und Umfeld einer betreuten Familie keine vorsätzlichen Straftaten zu Lasten des kindlichen Wohls begehen werden, nicht zu einem so genannten Regressverbot. Die Sorgfaltspflicht erfährt durch den Vertrauensgrundsatz als Ausdruck des „erlaubten Risikos" somit keine Konkretisierung im Sinne einer für Sozialarbeiter begünstigenden Begrenzung.[747] Ein gegenteiliges Ergebnis wäre auch kaum vertretbar. Ansonsten würde einerseits eine Garantenstellung aus tatsächlicher Schutzübernahme mit einher gehenden Pflichten bejaht werden, andererseits - je nach vertretener Ansicht - jedoch eine Strafbarkeit aufgrund des Regressverbotes innerhalb der Fahrlässigkeit entfallen können.[748] Die uneingeschränkte Anwendung des Regressverbotes führte in der Kinder- und Jugendhilfe zu dem absurden Ergebnis, dass ein Sozialarbeiter, der mit dem Schutz eines Kindes betraut wurde, sich strafbefreiend auf den Vertrauensgrundsatz berufen könnte. Daraus resultierte eine völlige Entwertung dieses Bereichs der Kinder- und Jugendhilfe.

Dießner untersucht darüber hinaus, inwiefern eine andere Ausprägung des Vertrauensgrundsatzes innerhalb der Kinder- und Jugendhilfe Anwendung finden könnte. Es handelt sich dabei um das so genannte „arbeitsteilige Zusammenwirken".[749] Unter bestimmten Umständen kann danach ein Einzelner einer „Arbeitsgemeinschaft" einwenden, er habe sich auf das sorgfaltsgemäße Verhalten des oder der anderen verlassen. *Dießner* kommt dabei für das arbeitsteilige Zusammenwirken bei Delegation, bei Handeln in einem Team (vergleiche § 8a Abs. 1 SGB VIII, § 36 SGB VIII), durch Weisungen eines Vorgesetzten sowie bei Anrufung des Familiengerichts zu dem richtigen Ergebnis[750], dass auch hieraus „keine Entlastung des wegen fahrlässigen Unterlassens angeklagten Sozialarbeiters folgt".[751]

Der Vertrauensgrundsatz im Rahmen der Strafbarkeitsprüfung eines Mitarbeiters der Kinder- und Jugendhilfe wegen einer fahrlässigen Deliktsverwirkli-

---

746 *Lenckner* in S/S, Vorbem. §§ 13 ff. Rn. 101d; *Roxin* in FS-Tröndle, S. 198 f.; *Rudolphi* in SK, Vor. § 1 Rn. 72; *Wehrle*, Fahrlässige Beteiligung am Vorsatzdelikt, S. 100 ff.

747 Ebenso *Dießner*, Die Unterlassungsstrafbarkeit der Kinder- und Jugendhilfe, S. 341.

748 Ähnlich OLG Stuttgart NJW 1998, 3134.

749 *Roxin*, AT/1, § 24 Rn. 25.

750 *Dießner*, Die Unterlassungsstrafbarkeit der Kinder- und Jugendhilfe, S. 342 ff.

751 *Dießner*, Die Unterlassungsstrafbarkeit der Kinder- und Jugendhilfe, S. 344.

chung durch Unterlassen ist nicht dazu geeignet, die Sorgfaltspflicht einzuengen und darüber die Strafbarkeit entfallen zu lassen.

4. Objektive Vorhersehbarkeit des Erfolgseintritts

Nach ganz überwiegend vertretener Ansicht gehört zur objektiven Seite der Fahrlässigkeitstat - dem Unrechtstatbestand - ferner die Erkennbarkeit der Gefahrverwirklichung.[752]

a) Allgemeines

Dazu soll „der Erfolg in seiner konkreten Gestalt und der Kausalverlauf in seinen wesentlichen Merkmalen objektiv voraussehbar gewesen sein müssen"[753]. Maßgeblicher Zeitpunkt der Erkennbarkeit ist der Zeitpunkt des tatbestandsverwirklichenden Verhaltens[754], für die Unterlassungsstrafbarkeit also der Punkt, von dem an die vorzunehmende Handlung undurchführbar oder aussichtslos wird.[755]

Nach der Rechtsprechung ist Vorhersehbarkeit dann gegeben, wenn der Erfolg (nicht der gesamte Ablauf der Ereignisse) vorausgesehen werden konnte. Zugleich muss es sich um einen Geschehensablauf handeln, der nicht völlig außerhalb der allgemeinen Lebenserfahrung liegt.[756] Bei Begehungsdelikten wird naturgemäß danach gefragt, ob der Erfolg aufgrund der unternommenen Handlung objektiv vorhersehbar war. Für Unterlassungsdelikte muss demnach in entsprechender Abwandlung gelten, dass Erkennbarkeit dann vorliegt, wenn nach der Nichtvornahme der gebotenen Handlung der Erfolg objektiv vorhersehbar war.[757] Die Vorhersehbarkeit erstreckt sich beim fahrlässigen Unterlassungsdelikt darüber hinaus auch auf die Erkennbarkeit der Handlungsmög-

---

752 *Cramer/Sternberg-Lieben* in S/S, § 15 Rn. 125, 180 ff.; *Duttge* in MK, § 15 Rn. 107 ff.; *Fischer*, § 15 Rn. 14, 17; *Jescheck/Weigend*, AT, § 54 I 4, § 55 II 3; *Kindhäuser*, StGB-LPK, § 15 Rn. 44; *ders.*, AT, § 33 Rn. 13, 39 ff.; *Kühl*, AT, § 17 Rn. 14 ff., 40 ff.; *Wessels/Beulke*, Rn. 667 f.; ablehnend: *Roxin*, AT/1, § 24 Rn. 13; ohne das Erfordernis einer Sorgfaltspflichtverletzung allein auf die Erkennbarkeit der Tatbestandsverwirklichung abstellend: Schroeder, JZ 1989, 776 ff.; *Schroeder* in LK, § 16 Rn. 127 ff.

753 *Jescheck/Weigend*, AT, § 55 II 3; ebenso *Cramer/Sternberg-Lieben* in S/S, § 15 Rn. 125, 180 ff.

754 *Schroeder* in LK, § 16 Rn. 139.

755 Siehe Zweites Kapitel B. I. 3. a).

756 RGSt 56, 343 (346); 73, 370 (372); BGHSt 3, 62 ff.; 12, 75 (77 ff.); 23, 156 (165 ff.); 31, 96 (101).

757 *Fünfsinn*, Der Aufbau des fahrlässigen Verletzungsdelikts durch Unterlassen, S. 119.

lichkeit sowie jene Faktoren, die zur Annahme einer Garantenstellung führen.[758]

b) Vorhersehbarkeit im Einzelfall (Fälle 1–5)

Die Frage nach der Vorhersehbarkeit des Schadenseintritts für die Mitarbeiter von Jugendämtern kann nicht pauschal beantwortet werden, immer gilt es den Einzelfall zu analysieren. Im Fall „Laura-Jane" stellt der Tod des Kindes in Form von Verhungern den Erfolg dar. Das AG Osnabrück bejahte die Vorhersehbarkeit in seinem Schuldspruch mit folgender Begründung: „Für die Angeklagte war der Tod des Kindes bei Anspannung ihrer geistigen Kräfte auch vorhersehbar. Abgesehen davon, dass die Großmutter des Kindes schon am 21.03.1994 der Angeklagten mitgeteilt hatte, ihre Tochter gebe den Kindern kein entsprechendes Essen und koche nicht selbst, ist jedem Menschen bei kurzem Nachdenken auch klar, dass eine Mutter, die ihre Kinder bis zu einer hochgradigen Windeldermatitis verkommen lässt, [...] ihren Kindern möglicherweise auch nicht ausreichende Ernährung bietet."[759]

Der Fall „Jenny" stellt sich insofern etwas anders dar, da die tödlichen Misshandlungen nicht durch die Mutter selbst, sondern durch deren Bekannte erfolgten, welche das Kind gegen die Wand warfen. Das LG Stuttgart lehnte in diesem Fall eine Erkennbarkeit für den Sozialarbeiter ab, da nur Misshandlungen durch die Mutter selbst vorhersehbar gewesen seien.[760] Das OLG Stuttgart hingegen sah den Eintritt des tödlichen Erfolges durchaus als erkennbar an: „Vorhersehbar war, dass Frau R. ihr Kind auch dritten, zur Betreuung und Erziehung völlig ungeeigneten Personen überlassen werde und dass dieses dabei auch körperlich geschädigt oder durch Misshandlungen zu Tode kommen würde."[761]

Das OLG Düsseldorf lehnte eine Strafbarkeit der angeklagten Sozialarbeiterin des Jugendamtes Wuppertal im Fall „Tanja" ab.[762] Dabei ist allerdings zu beachten, dass lediglich eine Strafbarkeit gemäß § 170d StGB a. F. (Verletzung der Fürsorgepflicht) geprüft wurde, kein fahrlässiges Unterlassungsdelikt. Eine

---

758 *Kühl*, AT, § 19 Rn. 4.

759 AG Osnabrück, Az 5 Ls 11 Js 17617 /94 (II 27/95), in: Mörsberger/Restemeier, Helfen mit Risiko, S. 70.

760 LG Stuttgart EJ 2000, 48 ff.

761 OLG Stuttgart NJW 1998, 3133.

762 OLG Düsseldorf ZfJ 2000, 309 ff.

Strafbarkeit der Sozialarbeiterin - etwa wegen fahrlässiger Körperverletzung durch Unterlassen - wäre dann nicht mangels Vorsatzes auszuschließen gewesen. Die Zweifel hinsichtlich der Kausalität des Unterlassens für den Erfolg wie sie das OLG in seiner Urteilsbegründung geäußert hat, blieben indes bestehen.[763] Bei einer isolierten Betrachtung des Sachverhalts müsste man die Vorhersehbarkeit des Erfolges - zumindest des sexuellen Missbrauchs - wohl bejahen. Denn beschreibt ein Mädchen einen wiederholten sexuellen Missbrauch durch denselben Mann, so erscheint es als äußerst wirklichkeitsfremd anzunehmen, dieser Zustand werde künftig „von allein" unterbleiben. Vielmehr liegt der weitere sexuelle Missbrauch nach allgemeiner Lebenserfahrung nahe, so dass der Erfolg in seiner konkreten Gestalt und der Kausalverlauf in seinen wesentlichen Merkmalen objektiv voraussehbar waren.

Bei „Kevin" steht die Erkennbarkeit des Erfolgseintritts - Tod durch Gewaltanwendung - außer Frage. Eine derartige Häufung von Anzeichen für Kindesmisshandlungen durch die Eltern beziehungsweise den Ziehvater sowie die besorgniserregenden Lebensverhältnisse lassen die Gefahr des Todes für den zweijährigen Jungen als offensichtlich erscheinen.

Im Fall der fünfjährigen „Lea-Sophie" ist die Frage nach einer Erkennbarkeit der Gefahr des Todeseintritts für den zuständigen Jugendamtsmitarbeiter schwieriger zu beantworten. Unklar und den Quellen nicht entnehmbar ist, über welches Wissen das Jugendamt Schwerin im Detail verfügte. Derzeit werden Medienberichten zufolge keine Vorwürfe erhoben: „Eine Mitschuld des Jugendamtes, das trotz Hinweisen auf die Gefährdung des Kindeswohls nicht eingeschritten war, wurde von der Staatsanwaltschaft verneint."[764]

c) Stellungnahme

„Mene mene tekel u-parsin"[765] - Die Vorzeichen im Fall „Kevin" erinnern in ihrer Deutlichkeit an die göttliche Warnung für den babylonischen Kronprinzen Belšazar. Die wenigsten Fälle dürften sich für einen Mitarbeiter des Jugendamtes jedoch derart eindeutig darstellen. Es stellt sich daher die Frage, ab wann der Eintritt eines Taterfolges nach der Nichthandlung als erkennbar angesehen werden kann.

---

763 OLG Düsseldorf ZfJ 2000, 311.

764 Spiegel Online, Hohe Haftstrafen für Lea-Sophies Eltern.

765 Die Bibel, Altes Testament, Buch Daniel Kapitel 5, Vers 25.

Bringewat hat in Fällen wie die der Kinder „Laura-Jane“, „Jenny“ oder „Kevin“[766] keine Zweifel an der Vorhersehbarkeit: „Hat es die Familienhelferin mit einer Problemfamilie zu tun, in der die defizitäre Erziehungs- und Entwicklungssituation der mitbetreuten Kinder auf kindeswohlgefährdendem Fehlverhalten der überforderten Eltern, Mütter oder Väter etc. beruht, ist nach alledem[767] kaum jemals an der Vorhersehbarkeit tatbestandsmäßiger Erfolge (Tod, Körperverletzung, sexueller Missbrauch etc. der Kinder) infolge des eigenen gebotswidrigen Unterlassens zu zweifeln.“[768] Anzeichen und damit ausschlaggebend für eine Erkennbarkeit ex ante seien Verwahrlosung, Aggressivität der Eltern sowie elternverursachte Vorverletzungen der Kinder.[769]

Dießner merkt hierzu an, das Jugendamt werde zum Teil wegen gänzlich anderer familiärer Schwierigkeiten eingeschaltet als jene, die letztendlich zu Schädigungen des Kindes führten. In einem solchen Fall sei es durchaus möglich, dass der Erfolg des Unterlassens nicht vorhersehbar gewesen sei. Für eine Abwägung ausschlaggebend seien „sozialwissenschaftliche Erkenntnisse“.[770] Zudem sei der zeitliche Aspekt zu berücksichtigen: „So kann nicht jedwede spätere Krise, die die Eltern erleben, als für den betreuenden Sozialarbeiter vorhersehbar angesehen werden.“[771]

Die Aussagen *Bringewats* und *Dießners* stehen nicht im Gegensatz zueinander, sondern stellen sich grundsätzlich als logische Schlussfolgerungen aus der Lehre über die Vorhersehbarkeit nach herrschender Ansicht in Literatur und Rechtsprechung dar.[772] Gleichwohl beleuchten sie Extremfälle. *Bringewat* geht zur Annahme der Vorhersehbarkeit von sehr eindeutigen Anzeichen wie Verletzungen des Kindes aus, während *Dießner* in die andere Richtung argumentiert und feststellt, nicht alle Unwägbarkeiten könnten eine Erkennbarkeit auslösen und es gelte darüber hinaus auch eine zeitliche Grenze zu ziehen.

---

766 In diesen Fällen erfolgte eine längerfristige und intensive Betreuung durch das Jugendamt (Wohnungsbesuche, Angebote von Hilfen et cetera); zudem häuften sich die Auffälligkeiten der Eltern.

767 Es gehen allgemeine Ausführungen zur Erkennbarkeit voran: *Bringewat*, Sozialpädagogische Familienhilfe, S. 105 f.

768 *Bringewat*, Sozialpädagogische Familienhilfe, S. 106.

769 *Bringewat*, Sozialpädagogische Familienhilfe, S. 106.

770 *Dießner*, Die Unterlassungsstrafbarkeit der Kinder- und Jugendhilfe, S. 347.

771 *Dießner*, Die Unterlassungsstrafbarkeit der Kinder- und Jugendhilfe, S. 348.

772 Zweites Kapitel B. VI. 4 a).

Weitaus unklarer stellt sich die rechtliche Situation jedoch dar, wenn die „Vorzeichen" trotz zeitlicher Nähe weniger prägnant oder scheinbar zusammenhangslos sind. Pauschale formelartige Kausalketten, wie etwa, bereits eine verwahrloste Wohnung berge die Vorhersehbarkeit einer späteren Körperverletzung oder Tötung des Kindes in sich, sind in dieser Form nicht dazu geeignet, einen Fahrlässigkeitsvorwurf zu tragen.[773] Die Frage, ob „der Erfolg in seiner konkreten Gestalt und der Kausalverlauf in seinen wesentlichen Merkmalen objektiv vorhersehbar gewesen ist"[774], erfordert vielmehr immer eine Gesamtbetrachtung der Anzeichen des konkreten Einzelfalles. Die Vorhersehbarkeit wird dabei fassbarer, wenn man eine Differenzierung der auf den Sozialarbeiter wirkenden Anzeichen in eine quantitative und in eine qualitative Komponente vornimmt. Unter der quantitativen Komponente soll die Summe aller Anzeichen verstanden werden.[775] Die qualitative Komponente bildet hingegen die Intensität eines jeden Anzeichens ab.[776]

Je nachdem wo sich der Schnittpunkt dieser beiden Komponenten im Koordinatensystem befindet, kann eine objektive Vorhersehbarkeit angenommen oder verneint werden. Stellt man die quantitative Komponente in einem Koordinatensystem als horizontale Achse und die qualitative Komponente als vertikale Achse dar, so lässt sich auch die objektive Vorhersehbarkeit gut als Fläche illustrieren.

Des Weiteren gilt es die Art der Anzeichen zu unterscheiden in generelle und spezielle Gefährdungsanzeichen einer künftigen Kindeswohlbeeinträchtigung. Generelle Anzeichen sind solche, die nur einen indirekten Bezug zu einer möglichen Schädigung des Kindes aufweisen und meist nicht das Kind selbst betreffen. Hierunter fallen zum Beispiel Drogenkonsum, Alkoholkonsum, verminderte geistige Leistungsfähigkeit oder bestimmte Erkrankungen der Eltern sowie auch eine unsaubere oder verwahrloste Wohnung. Spezielle Anzeichen hingegen gehen über diese allgemein alarmierenden Fakten hinaus. Als Bei-

---

773 So wohl *Dießners* Auffassung von *Bringewats* Aussagen, in: Die Unterlassungsstrafbarkeit der Kinder- und Jugendhilfe, S. 347; *Bringewats* markiger Eingangssatz, wonach „kaum jemals an der Vorhersehbarkeit tatbestandsmäßiger Erfolge" Zweifel bestünden (s. o.), darf meines Erachtens jedoch in Anbetracht seiner weiteren Ausführungen nicht überbewertet werden.

774 *Jescheck/Weigend*, AT, § 55 II 3; ebenso *Cramer/Sternberg-Lieben* in S/S, § 15 Rn. 125, 180 ff.

775 In einem Diagramm als Horizontal- oder X-Achse vorzustellen.

776 In einem Diagramm als Vertikal- oder Y-Achse vorzustellen.

spiele seien genannt Verletzungen des Kindes durch seine Eltern oder Verletzungen unerklärlicher Herkunft, Erkrankungen die als Folge von Unterversorgung auftreten, Mangelerscheinungen etwa durch Unterernährungen, Verhaltensauffälligkeiten als wahrscheinliche Folge kindeswohlgefährdenden Verhaltens, Trunkenheit des Kindes. Hier wurde die Grenze der Kindeswohlgefährdung bereits überschritten, weshalb die Vorhersehbarkeit weiterer Gefährdungen anders zu beurteilen ist.

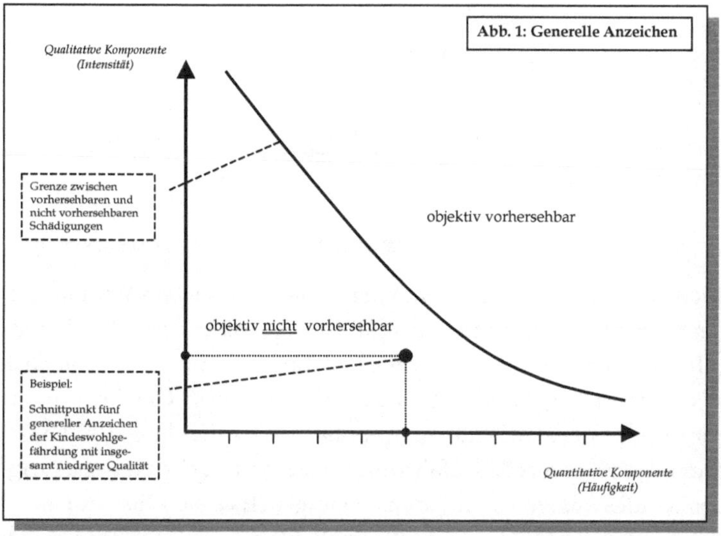

Abb. 1: Generelle Anzeichen

Der annähernd lineare Graph in Abb. 1 bringt zum Ausdruck, dass wenige generelle Anzeichen schon von hoher Intensität sein müssen, um von der Vorhersehbarkeit einer Kindeswohlgefährdung sprechen zu können. Anders stellt es sich bei speziellen Anzeichen dar. Der Graph in Abb. 2 verdeutlicht in Relation zu Abb. 1, dass hier bereits wenige Anzeichen von Kindeswohlgefährdung zu einer Vorhersehbarkeit von weiteren Beeinträchtigungen führen.

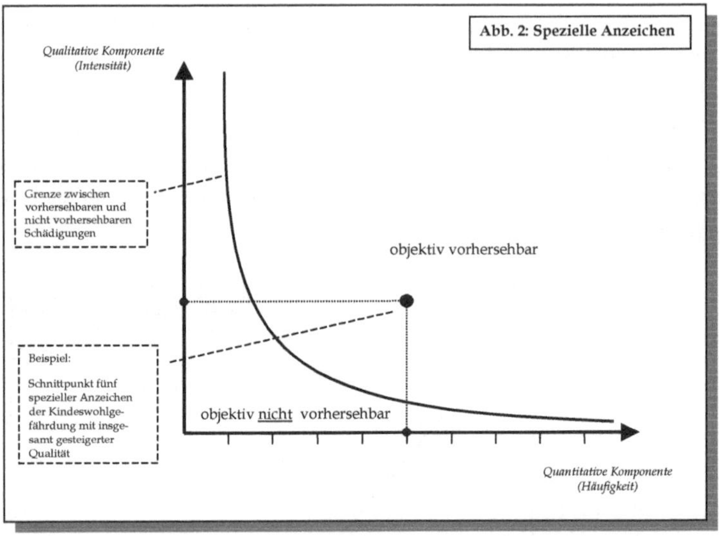

Die beiden Kurvenverläufe zeigen einen unterschiedlichen Verlauf der Grenze zwischen objektiv vorhersehbaren und objektiv nicht vorhersehbaren Schädigungen für generelle und für spezielle Gefährdungsanzeichen. Die Differenzierung ist damit zu begründen, dass sich bei speziellen Gefährdungsanzeichen die Gefahr mindestens auf eine Art bereits zum Nachteil des Kindes verdichtet hat, während sich generelle Gefährdungsanzeichen nicht zwangsläufig auf das Wohl des Kindes auswirken müssen. Wenngleich es sich hier nur um Tendenzen aufzeigende Schaubilder handelt, erscheint mir die Differenzierung in eine quantitative (horizontale) und eine qualitative (vertikale) Komponente gut dazu geeignet, sich der Vorhersehbarkeit im Einzelfall anzunähern. Die Maßstabsbeschriftung der Achsen sowie das genaue Festlegen der Funktionen bleiben dabei weiterhin Wissenschaft und Rechtsprechung durch deren Wertungen vorbehalten.

VII. Objektive Zurechnung des Erfolgseintritts

Über den rein ursächlichen Zusammenhang zwischen Gefahrschaffung und Erfolgseintritt hinaus muss der Erfolg darüber hinaus auch objektiv zurechenbar sein. Dies gilt sowohl für die Begehungsdelikte als auch für die unechten

Unterlassungsdelikte.[777] Im Vordergrund steht bei den hier untersuchten fahrlässigen unechten Unterlassungsdelikten dabei der so genannte Pflichtwidrigkeitszusammenhang. Er ist nur dann zu bejahen, wenn der Eintritt des Erfolges gerade auf der Pflichtwidrigkeit basiert.[778] Die objektive Zurechnung ist demgemäß zu verneinen, wenn der tatbestandliche Erfolg auch bei pflichtgemäßem Handeln eingetreten wäre.

1. Vermeidbarkeitslehre und Risikoverminderungstheorie beim Begehungsdelikt

Ein bedeutender Streit in diesem Zusammenhang befasst sich mit der Frage, wie eine Zurechnung zu begründen ist, falls bei pflichtgemäßem Verhalten des Täters der Erfolg *möglicherweise* ebenfalls eingetreten wäre.[779] Dieses Problem wird vornehmlich im Rahmen der Begehungsdelikte diskutiert: Teile der Literatur[780] und die Rechtsprechung[781] vertreten mit der Vermeidbarkeitsthese dort die Ansicht, wonach „ein verkehrswidriges Verhalten nur dann als ursächlich für einen schädlichen Erfolg angenommen werden darf, wenn sicher ist, dass es bei verkehrsgerechtem Verhalten nicht zu dem Erfolg gekommen wäre“[782]. Auf der Ebene der objektiven Zurechnung ist mit der Vermeidbarkeitstheorie für eine Erfolgszurechnung dementsprechend zu verlangen, dass mit einer an Sicherheit grenzender Wahrscheinlichkeit der Erfolg ausgeblieben wäre. Andernfalls sei der Täter nach dem Grundsatz „in dubio pro reo“ freizusprechen. Eine immer mehr Anhänger findende Mindermeinung[783] vertritt hingegen die Auffassung, bereits eine Risikoerhöhung solle hinsichtlich der dem Rechtsgut dro-

---

777 *Wessels/Beulke*, Rn. 711.

778 *Kühl*, AT, § 17 Rn. 47 ff.

779 Die Ebenen der Kausalität und der objektiven Zurechnung verschwimmen innerhalb der Diskussion teilweise stark; diesbezüglich kritisch hinsichtlich einer Unterscheidbarkeit der Zurechnungsebenen: *Gropp*, AT, § 11 Rn. 76 f.; ihm folgend: *Dießner*, Die Unterlassungsstrafbarkeit der Kinder- und Jugendhilfe, S. 348.

780 Etwa *Cramer/Sternberg-Lieben* in S/S, § 15 Rn. 177 ff.; *Freund* in MK, Vor. §§ 13 ff., Rn. 284 ff.; *Gropp*, AT, § 12 Rn. 54; *Jakobs*, AT, 7/98 ff.; *Schroeder* in LK, § 16 Rn. 190.

781 BGHSt 11, 1 (1); 21, 59 (60 f.); 24, 31 (34 f.); 33, 61 (63 ff.); BGH VRS 54, 436; BGH StrV 2004, 484.

782 BGHSt 11, 1 (1).

783 *Ebert/Kühl*, Jura 1979, 561 ff.; *Gössel* in Maurach/Gössel/Zipf, AT/2, § 43 Rn. 99 ff.; *Hoyer* in FS-Rudolphi, S. 95 f.; *Jescheck/Weigend*, AT, § 59 II 2; *Köhler*, AT, S. 197 f.; *Lackner/Kühl*, § 15 Rn. 44; *Rudolphi* in SK, Vor. § 1 Rn. 65 ff.; *Schaffstein* in FS-Honig, S. 171; *Stratenwerth* in FS-Gallas, S. 238 f.; *Stratenwerth/Kuhlen*, AT, § 8 Rn. 36 f.

henden Gefahr ausreichend sein (sogenannte „Risikoerhöhungstheorie“[784]), um einen Zusammenhang zwischen Handlung und Erfolg bejahen zu können: „Überschreitet der Täter dagegen das erlaubte Risiko und tritt nunmehr der Erfolg als Auswirkung der [in dem Verhalten][785] liegenden Gefahr ein, so ist er als Realisierung einer verbotenen Gefahr anzusehen. […] Jede Erhöhung dieses Risikos lässt die Folgen über den Täter kommen.“[786]

2. Vermeidbarkeitslehre und Risikoverminderungstheorie beim Unterlassungsdelikt

Im Bereich der Unterlassungsdelikte ist der skizzierte Streit ebenfalls von Bedeutung, verläuft aber teilweise in anderen Bahnen.

a) Rechtsprechung

Die Rechtsprechung verfährt hinsichtlich der Zurechnung des Erfolges bei den unechten Unterlassungsdelikten nicht immer einheitlich. Überwiegend geht sie wie auch bei den Begehungsdelikten davon aus, man könne dem Unterlassenden den Erfolg nur dann zurechnen, wenn das unterlassene Handeln den Erfolgseintritt mit an Sicherheit grenzender Wahrscheinlichkeit verhindert hätte (Vermeidbarkeitsthese).[787] Damit scheidet selbst bei hohen Rettungschancen ein vollendetes Delikt aus und es bleibt nur die Versuchsstrafbarkeit. Ist der Versuch nicht strafbar oder handelt es sich um eine fahrlässige Unterlassung, kommt man nach dieser Ansicht zur Straflosigkeit. Teilweise bewegt sich die Rechtsprechung des Bundesgerichtshofs aber auch sehr nahe an der Risikoerhöhungslehre[788]. So etwa in Fällen, in denen ein Arzt die lebensrettende Behandlung unterlässt, welche das Leben des Patienten mit an Sicherheit grenzender Wahrscheinlichkeit um einige Stunden oder ganz wenige Tage verlängert hätte.[789] Es komme nicht darauf an, ob das Leben darüber hinaus hätte gerettet werden können. Mit der Risikoverminderungstheorie wäre in diesen Fällen eine Zurechnung der nicht erfolgten Handlung vorzunehmen, weil das

---

784 Begründet von *Roxin*, ZStW 1962, 411 ff.; *ders.* ZStW 1966, 214 ff.

785 Im Original: „im Überholen“, bezogen auf BGHSt 11, 1.

786 *Roxin*, AT/1, § 11 Rn. 89.

787 So in BGH StV 1985, 229; BGH NJW 1987, 2940; BGH NJW 2000, 2757.

788 Die bessere Bezeichnung lautet bei den Unterlassungsdelikten „Risikoverminderungstheorie“, so bei *Beulke/Bachmann*, JuS 1992, 743, Fn. 90.

789 BGH NStZ 1981, 218 f.; BGH NStZ 1985, 26 f.

Risiko des Todes des Patienten durch Handeln der Ärzte verringert worden wäre. Der Bundesgerichtshof geht indessen anders vor: Er stellt nur auf die kurzzeitige Lebensverlängerung ab und verweist darauf, dass das unterlassene Handeln des Arztes mit an Sicherheit grenzender Wahrscheinlichkeit das Leben zumindest kurzfristig verlängert hätte. Hierzu heißt es: „Es genügt, dass ihr Tod früher eintrat, als er ohne das pflichtwidrige Unterlassen eingetreten wäre."[790] In anderen Entscheidungen begnügt sich die Rechtsprechung sogar mit der einfachen Wahrscheinlichkeit der Erfolgsabwendung durch die Handlung[791], beziehungsweise es sei ausreichend, eine „der allgemeinen Lebenserfahrung entsprechende Wahrscheinlichkeit" festzustellen.[792]

b) Lehre

In der Literatur ist das Problem stark umstritten. Eine Mindermeinung ist der Ansicht, die Risikoerhöhungslehre als Risikoverminderungslehre solle auch auf Unterlassungsdelikte Anwendung finden. Ihre Vertreter sehen ganz unterschiedliche Begründungsansätze für die Anwendbarkeit der Risikoverminderungslehre bei den Unterlassungsdelikten. Viele berufen sich auf ein kriminalpolitisches Bedürfnis, um eine allgemeine Straflosigkeit für risikobehaftetes Unterlassen zu vermeiden.[793] *Schaffstein*[794] will auf die Kausalität gar gänzlich verzichten und es in Kauf nehmen, dass dadurch aus den Fahrlässigkeitsdelikten Gefährdungsdelikte werden. Nach *Otto*[795] ist die Realisierung derjenigen Gefahr im Erfolg ausreichend, welche der Garant abzuwenden verpflichtet war. *Rudolphi*[796] stellt auf die Änderung des Kausalverlaufs ab, welcher durch die geforderte Handlung abgemildert oder in eine ganz andere - weniger gefährliche - Richtung gelenkt worden wäre. Durch Verzicht auf die Änderung des Kausalverlaufs sei Kausalität zwischen gebotener Gefahrminderung und konkretem Erfolgseintritt daher gegeben. Die „Differenzierende Lösung" *Roxins*

---

790 BGH NStZ 1981, 218 f.; ebenso BGHSt 21, 59 (61).

791 BGHSt 25, 158 (163).

792 So im nicht veröffentlichten RG Urteil vom 14. März 1941 (4 D 671/40), worauf RGSt 75, 324 (328) verweist. Letzteres Urteil bezieht zu dieser Ansicht jedoch keine Stellung, sondern macht die Ursächlichkeit hauptsächlich von der freien richterlichen Beweiswürdigung abhängig.

793 So etwa *Stratenwerth/Kuhlen* AT, § 13 Rn. 54 ff.

794 *Schaffstein* in FS-Honig, S. 173.

795 *Otto*, GK AT, § 9 Rn. 96 ff.

796 *Rudolphi* in SK, Vor. § 13 Rn. 16a.

verlangt für die Erfolgsursächlichkeit eines Unterlassens, dass bei einer Beurteilung ex post ein Risikominderung tatsächlich, das heißt mit an Sicherheit grenzender Wahrscheinlichkeit, eingetreten wäre. Sofern eine Risikominderung bei einer ex ante Betrachtung nur als möglich erschien, reiche dies für die Erfolgszurechnung nicht aus.[797]

Die Zahl derer, welche die Risikoerhöhungstheorie auf die Unterlassungsdelikte anwenden wollen, ist geringer als bei den Begehungsdelikten. Die herrschende Lehre folgt der strengen Auffassung des Bundesgerichtshofs, wonach die Ursächlichkeit mit an Sicherheit grenzender Wahrscheinlichkeit feststehen müsse. Die Gegner einer Anwendung der Risikoerhöhungslehre stützen ihre Kritik vor allem auf den Gesetzeswortlaut. Wenn in den §§ 222 und 229 StGB von „verursachen" die Rede ist, sei es unvereinbar mit dem Gesetz, die ausdrücklich verlangte Kausalität durch die Risikoverminderungslehre zu ersetzen.[798] Bei Begehungsdelikten trete die Risikoerhöhungslehre neben eine bereits festgestellte Ursächlichkeit, wirke also strafbarkeitseinschränkend. Bei den Unterlassungsdelikten wirke die Risikoverminderungstheorie hingegen genau entgegengesetzt, also strafbarkeitsausdehnend. Die Quasikausalität werde durch die Risikoverminderungstheorie ersetzt, sie baue gerade nicht auf den Kausalzusammenhang als Basis der Zurechnung auf.[799] Darin wird ein Bruch mit dem Analogieverbot des Art. 103 Abs. 2 GG gesehen.[800] Aus Erfolgsdelikten würden so contra legem Gefährdungsdelikte.[801]

3. Stellungnahme

Die vorgebrachten Ansichten und Begründungen abseits der herrschenden Lehre sind nur schwer haltbar. Ein Verzicht auf die Kausalität, wie ihn *Schaffstein*[802] vorschlägt, ist mit dem geltenden Recht unvereinbar. „Wer durch [...] verursacht [...]"[803] ist eindeutig formuliert und lässt keine Reduktion der Tatbe-

---

797 *Roxin*, AT/2, § 31 Rn. 54.

798 *Lackner/Kühl*, Vorbem. § 13 Rn. 14a.

799 *Jescheck/Weigend*, AT, § 59 III 4.

800 BGH StV 1985, 229 ff. mit Anmerkung *Schünemann*.

801 BGH NStZ 1981, 219 mit Anmerkung *Wolfslast*; *Dencker*, JuS 1980, 212; *Schlüchter*, JA 1984, 676.

802 *Schaffstein* in FS-Honig, S. 173.

803 So etwa die §§ 222, 229 StGB.

standsvoraussetzungen zu. Der Auffassung *Ottos*[804], nach der es ausreichend sein solle, dass sich im Erfolg diejenige Gefahr realisiert hat, welche der Garant abzuwenden verpflichtet war, ist ebenfalls nicht zu folgen. Eine Prüfung, ob es dem Garanten überhaupt möglich gewesen wäre die Gefahr zu vermindern, muss stets erfolgen.[805]

Das Argument *Rudolphis*[806], durch ein möglicherweise ebenfalls nicht ausreichendes Handeln sei zumindest die Art und Weise des Erfolgseintritts verändert worden, stellt auf den Erfolg in seiner ganz konkreten Form ab. Gegen diese sowie *Roxins* Lösung spricht die Argumentation *Schünemanns,* wonach der Zweck der Rettungspflicht nicht auf die Veränderung der Begleitumstände ziele, sondern auf die Verhinderung des Erfolgseintritts.[807] Die Zurechnungsprobleme, welche durch die Risikoverminderungstheorie entstehen, dürfen nicht dadurch gelöst werden, dass der Begriff des „Erfolgs in seiner konkreten Gestalt" herangezogen wird. So stellt *Puppe* fest: „Theoretisch kann man jede Person, die irgendwie auf die Außenwelt eingewirkt hat, mit jedem Erfolg in Kausalbeziehung setzen."[808] Dagegen wendet *Roxin* ein, es genüge für die Zurechnung nicht irgendeine Veränderung, es müsse sich vielmehr um eine effektiv risikomindernde Beeinflussung des Kausalverlaufs handeln.[809] Zudem sei der gegebenenfalls schließlich eintretende Erfolg nicht derselbe wie der, dessen unterlassene Abwendung dem Garanten zugerechnet wird.[810]

Roxins Ansicht ist zwischen den beiden Extrempositionen[811] einzuordnen. Mit seiner Lösung steht jedoch nur fest, dass eine Risikominderung mit annähernder Sicherheit hätte herbeigeführt werden können. Über die „Qualität" der Risikominderung ist damit keine Aussage getroffen. Unbeantwortet bleibt die Frage, wann eine risikomindernde Beeinflussung des Kausalverlaufs als „effektiv"[812] angesehen werden muss.

---

804 *Otto*, GK AT, § 9 Rn. 96 ff.

805 *Roxin*, AT/2, § 31 Rn. 60.

806 *Rudolphi* in SK, Vorbem. § 13 Rn. 16a.

807 BGH StV 1985, 229 ff. mit Anmerkung *Schünemann*.

808 *Puppe*, ZStW 1980, 870 ff.

809 *Roxin*, AT/2, § 31 Rn. 57.

810 *Roxin*, AT/2, § 31 Rn. 57.

811 Vermeidbarkeitsthese; Risikoerhöhungslehre.

812 *Roxin*, AT/2, § 31 Rn. 57.

Es ist die Entscheidung des Gesetzgebers, einen vollwertigen Kausalzusammenhang zwischen Unterlassen und Erfolg zu fordern, weshalb etwaige Strafbarkeitslücken auch vom Gesetzgeber geschlossen werden müssen. Solange der Gesetzgeber hiervon keinen Gebrauch macht, ist eine strafrechtliche Verantwortlichkeit unterhalb der Schwelle des Kausalitätserfordernisses nicht tragbar. Die Risikoerhöhungslehre verstößt bei Unterlassungsdelikten gegen Art. 103 Abs. 2 GG dar. Es ist daher der Ansicht in Lehre und Rechtsprechung zu folgen, die eine Zurechnung des Erfolges nur dann annimmt, wenn das gebotene Handeln mit an Sicherheit grenzender Wahrscheinlichkeit zu einer Erfolgsabwendung geführt hätte.[813]

4. Bedeutung bei der Betreuung durch die Kinder- und Jugendhilfe

Fraglich ist, ob Konstellationen für den Bereich der Kinder- und Jugendhilfe denkbar sind, in denen dieser theoretische Streit praktische Bedeutung erlangen könnte. *Dießner* führt derer vier an. Danach könne ein Sozialarbeiter zu seiner Verteidigung entgegnen, es sei unsicher, ob das Familiengericht gehandelt hätte, sofern es angerufen worden wäre, sowie es sei unsicher, ob der Vorgesetzte angemessen reagiert hätte auf eine Benachrichtigung. Des weiteren könne ein Sozialarbeiter geltend machen, der von ihm mangelhaft instruierte Dritte (etwa bei der Delegation von bestimmten Aufgaben an einen freien Träger) hätte sich unter Umständen ohnehin nicht an die Anweisungen gehalten. Schließlich könne vorgebracht werden, die Kindesmisshandlung hätte auch bei erfolgter Einleitung von Maßnahmen stattgefunden.[814]

a) Erwartete Verzögerung familiengerichtlichen Handelns

Der Einwand, die Anrufung des Familiengerichts nach §§ 1666 f. BGB hätte den Erfolg der Kindesschädigung nicht verhindern können, wäre die Kontaktierung denn erfolgt, kann seit Inkrafttreten des KICK am 01.10.2005 zurückgewiesen werden. Bis dahin war es den Mitarbeitern des Jugendamtes lediglich möglich, gemäß § 50 Abs. 3 SGB VIII a. F. in Verbindung mit §§ 1666 f. BGB auf eine Entziehung des elterlichen Sorgerechts hinzuwirken. Diese Abhängigkeit vom Familiengericht führte dazu, dass eine Herausnahme des Kindes aus der Familie allein durch den betreuenden Sozialarbeiter nur im Rahmen der sehr engen all-

---

813 Auf eine Vertiefung des Streits wird mangels Bedeutung für diese Arbeit verzichtet.

814 *Dießner*, Die Unterlassungsstrafbarkeit der Kinder- und Jugendhilfe, S. 349 f.

gemeinen strafrechtlichen Notstandsvorschriften möglich war. Der Einwand, das Gericht hätte möglicherweise nicht mit einer Herausnahme des Kindes oder ohnehin zu spät auf den konkreten Fall reagiert, war aus diesem Grund durchaus beachtlich.[815] Nach der Änderung des SGB VIII erlauben § 8a Abs. 3 S. 2 und § 42 Abs. 1 S. 1 Nr. 2 lit. b SGB VIII dem Sozialarbeiter nunmehr jedoch ausdrücklich, bei dringender Gefahr für das Wohl des Kindes auch ohne gerichtliche Beteiligung eine Inobhutnahme zu initiieren. Aufgrund dieser Ausweitung der Kompetenz, ein Kind in Obhut nehmen zu dürfen, kann eine Verteidigung des zuständigen Sozialarbeiters mit dem Einwand, auch bei Einschalten des Gerichts wäre es wahrscheinlich zu einer Schädigung gekommen, keinen Erfolg mehr versprechen. An der objektiven Zurechnung besteht in solchen Fällen kein Zweifel.[816]

b) Erfolg auch bei adäquater Zusammenarbeit mit dem Delegierten

Wird einem Mitarbeiter der Kinder- und Jugendhilfe der Vorwurf gemacht, er hätte einen Leistungen erbringenden Dritten gar nicht erst auswählen dürfen oder dessen Instruierung beziehungsweise Kontrolle sei unzureichend gewesen, könnte er nach früherer Rechtslage entgegnen, der Erfolg wäre auch bei ordnungsgemäßer Auswahl, Unterrichtung und Kontrolle eingetreten. Der neue § 8a Abs. 2 SGB VIII regelt nunmehr die Interaktion zwischen Sozialarbeiter und Delegiertem. Die Garantenstellung des Mitarbeiters der Kinder- und Jugendhilfe bleibt wie dargestellt bei der Delegation erhalten.[817] Auch nach der Delegation kommt der öffentlichen Kinder- und Jugendhilfe die Pflicht zu, das Kindeswohl zu gewährleisten.[818] Wenngleich keine fortwährende Kontrolle des freien Mitarbeiters erforderlich ist, muss der Sozialarbeiter bei tatsächlichen Anhaltspunkten für eine Kindeswohlgefährdung eingreifen. Auf das Verhalten des freien Mitarbeiters kommt es nicht an.

c) Wahrscheinliche Untätigkeit des Vorgesetzten

Wird dem Mitarbeiter der Kinder- und Jugendhilfe vorgeworfen, er hätte sich um Hilfe bei seinem Vorgesetzten bemühen müssen, könnte er mit dem Ziel die objektive Zurechnung auszuschließen entgegnen, auch der Vorgesetzte hätte

---

815 Hierzu *Dießner*, Die Unterlassungsstrafbarkeit der Kinder- und Jugendhilfe, S. 350 ff.

816 Ebenso *Dießner*, Die Unterlassungsstrafbarkeit der Kinder- und Jugendhilfe, S. 354.

817 Zweites Kapitel B. V. 5. g).

818 Zweites Kapitel B. V. 5. h) bb).

wahrscheinlich nicht so gehandelt, dass der Erfolg verhindert worden wäre. Anhaltspunkte für die Wertung dieses Einwandes können der Rechtsprechung des Bundesgerichthofs sowie den damit einhergehenden Anmerkungen in der Literatur entnommen werden.

In der „Ledersprayentscheidung" des Bundesgerichtshofs[819] ließ das Gericht den Einwand des Geschäftsführers einer GmbH nicht gelten, er hätte sich mit der Initiierung einer Rückrufaktion bei seinen gleichgestellten Kollegen ohnehin nicht durchsetzen können. Aus diesem Grund sei ein derartiges Bestreben von vorne herein unterlassen worden und eine Strafbarkeit scheide mangels Ursächlichkeit des Verhaltens aus. Der Bundesgerichtshof stellte fest, dass er von seiner „strafrechtlichen Mitverantwortung nur dann befreit wäre, wenn er alles ihm Mögliche und Zumutbare getan hätte, um den gebotenen Beschluss zu erwirken"[820].

In einer anderen Entscheidung prüft der Bundesgerichtshof die Strafbarkeit einer stellvertretenden Leiterin des Instituts für Blutgerinnungswesen und Transfusionsmedizin einer deutschen Universität.[821] Aufgrund einer regelwidrigen Behandlung des Blutes und der daraus folgenden bakteriellen Kontamination kam es zu fünf Todesfällen nach der Gabe verseuchter Blutkonserven. Der Vorwurf lautet, die Angeklagte habe es unterlassen den unsachgemäßen Umgang mit Blutkonserven mit einer höheren Stelle abzuklären. Dadurch wäre das Verhalten untersagt worden. Hiergegen wandte die Angeklagte ein, auch die höhere Stelle hätte das Verhalten wahrscheinlich hingenommen. Der Bundesgerichtshof kam zu dem Schluss, dies wäre aufgrund verschiedener Anhaltspunkte wahrscheinlich der Fall gewesen, weshalb der Angeklagten wegen des Unterlassens kein Vorwurf gemacht werden könne. Zudem sei die Angeklagte ihrem Vorgesetzten, anders als bei der Ledersprayentscheidung, untergeordnet gewesen.[822]

Im sogenannten „Politbürofall"[823] ging es um die Frage der „strafrechtlichen Verantwortlichkeit wegen Unterlassens von Mitgliedern des Politbüros des Zentralkomitees der SED für vorsätzliche Tötungen von Flüchtlingen durch

---

819 BGHSt 37, 106 ff.

820 BGHSt 37, 106 (131 f.).

821 BGH NJW 2000, 2754 ff.

822 BGH NJW 2000, 2757.

823 BGHSt 48, 77 ff.

Grenzsoldaten der DDR".[824] Erstmals legte der Bundesgerichtshof in dieser Entscheidung die Beurteilung der Quasi-Kausalität beim Unterlassen nach normativen Kriterien fest. Es sei dazu „rechtmäßiges Verhalten der parallelen Garanten zu unterstellen; denn das Recht hat von der Befolgung seiner Regeln auszugehen."[825]

In der Literatur wurde die Blutbankfall-Entscheidung des Bundesgerichtshofs von *Puppe* kritisiert.[826] Ihrer Ansicht nach könne es die Angeklagte nicht entlasten, sich auf fiktive Sorgfaltspflichtverletzungen Dritter zu berufen. Sie begründet dies mit einem argumentum a maiore ad minus Schluss und führt dazu aus: „Kann sich ein Täter zu seiner Entlastung schon nicht darauf berufen, dass er den strafbaren Erfolg mit Sicherheit nicht hätte verhindern können, weil andere ihre Garantenpflichten ebenfalls verletzt haben, so muss dies erst recht für den Fall gelten, dass die Pflichtverletzung der anderen Garanten, die den Erfolgseintritt unvermeidlich machen sollen, in Wirklichkeit nicht geschehen sind, weil die Unterlassung des Täters gerade darin besteht, ihnen keine Gelegenheit zur Pflichterfüllung gegeben zu haben."[827] Die Berufung auf eine fremde Pflichtwidrigkeit sei mit der zeitlich nachfolgenden Politbüroentscheidung darüber hinaus unvereinbar. *Roxin* lehnt die Blutbankfall-Entscheidung ebenfalls ab.[828] Mit dem Kriterium der gesetzmäßigen Bedingung könne in derartigen Konstellationen nicht gearbeitet werden, da über das Verhalten des Dritten, wäre er pflichtgemäß unterrichtet worden, keine Aussage getroffen werden könne. *Roxin* stellt weiter fest, solche Spekulationen über das wahrscheinliche Verhalten seien zudem nicht von Bedeutung. Mit der Unterrichtung des Dritten entstünde nach normativen Maßstäben eine neue Situation, wodurch auch der sich anschließende Kausalverlauf ein anderer werde. Eine Zurechnung des Erfolges sei aus diesem Grund möglich.[829]

Die Feststellung des Bundesgerichtshofs in der Politbüroentscheidung, das Verhalten Dritter nicht an tatsächlichen, sondern an normativen Kriterien festzumachen, sowie die Ansichten von *Puppe* und *Roxin* führen zu dem gut ver-

---

824 BGHSt 48, 77 (77).

825 BGHSt 48, 77 (95).

826 *Puppe*, AT2, § 48 Rn. 13 ff.

827 *Puppe*, AT2, § 48 Rn. 16.

828 *Roxin*, AT/2, § 31 Rn. 64.

829 *Roxin*, AT/2, § 31 Rn. 64.

tretbaren Ergebnis, die Strafbarkeit nicht mittels Berufung auf das hypothetische (Fehl-)Verhalten eines Dritten abwenden zu können.[830] Gleichwohl weicht die Rechtsprechung damit von der Vermeidbarkeitsthese ab und bricht mit der überwiegenden Ablehnung der Risikoverminderungstheorie. Mit der Unterstellung, der Dritte hätte sich, wäre er unterrichtet worden, pflichtgemäß verhalten, nimmt der Bundesgerichtshof davon Abstand, für die Ursächlichkeit von Verhalten und Erfolg eine mit an Sicherheit grenzender Wahrscheinlichkeit zu verlangen. Vielmehr begnügt sich der Bundesgerichthof hinsichtlich der Kausalität damit, dass das Risiko des Erfolgseintritts pflichtwidrig nicht vermindert wurde.[831]

Dem Bundesgerichthof ist darin zuzustimmen, das hypothetische Verhalten Dritter nach normativen Gesichtspunkten zu beurteilen. Der Verzicht auf die mit an Sicherheit grenzender Wahrscheinlichkeit gegebenen Ursächlichkeit zwischen Unterlassen und Erfolg ist dabei hinzunehmen, da das „Dunkelfeld" der Kausalität im hypothetischen Bereich liegt. Naturgesetzlich überprüfbare Aussagen über das Verhalten eines Dritten, wäre er denn unterrichtet worden, sind nicht möglich. Darin liegt der Unterschied zu einem Fall wie dem des Vaters, der es unterlässt seinen Sohn vor dem Ertrinken zu retten. Betrug die Rettungschance für den Sohn nur 20 Prozent, fehlen zur Annahme der Ursächlichkeit zwischen Unterlassen und Todeserfolg mit an Sicherheit grenzender Wahrscheinlichkeit annähernd 80 Prozent. Das hypothetische Verhalten Dritter entzieht sich jedoch einer Nachweisbarkeit und macht damit die Annahme einer mit an Sicherheit grenzenden Wahrscheinlichkeit vorliegenden Kausalität unmöglich. Des Weiteren spricht für die Annahme von Ursächlichkeit zwischen Unterlassen und Erfolg in diesen Fällen auch ein rechtspolitisches Argument. Eine effektive Strafverfolgung könnte durch die Berufung auf das nicht überprüfbare hypothetische Verhalten Dritter ansonsten regelmäßig beeinträchtigt sein.

Für die Kinder- und Jugendhilfe hat dieses Ergebnis die Bedeutungslosigkeit des Einwands, der Vorgesetzte wäre untätig geblieben, zur Folge.

830 So auch *Dießner*, Die Unterlassungsstrafbarkeit der Kinder- und Jugendhilfe, S. 356.

831 Ebenso zur Politbüroentscheidung *Otto*, GK AT, § 9 Rn. 102.

d) Leistung als lediglich zeitliche Verzögerung der Schädigung

Die letzte Verteidigungsvariante im Rahmen des Pflichtwidrigkeitszusammenhangs betrifft Mitarbeiter eines Jugendamtes, denen die Nichteinleitung einer entsprechenden Maßnahme als Pflichtverletzung angelastet wird. Ihr Einwand könnte lauten, die Schädigung des betreuten Kindes wäre nach Abschluss der (unterlassenen) Maßnahme gleichwohl, nur eben später eingetreten.

Der Entscheidung des Bundesgerichtshofs im bereits angesprochenen „Freigängerfall"[832] liegt zu den oben schon erwähnten Fakten darüber hinaus folgender Sachverhalt zugrunde: Dem psychisch kranken und als untherapierbar eingestufte Patienten S. war aufgrund maroder baulicher Sicherungsmaßnahmen bereits zwei mal die Flucht aus der Klinik gelungen; von ihm zugestandenen Parkausgängen kam er wiederholt nicht mehr zurück. Er nutze die gewonnene Freiheit zur Verübung von Eigentumsdelikten. Ungeachtet dessen wurde ihm weiterhin Ausgang gewährt. Schließlich kehrte S. nicht mehr zurück sondern begab sich nach Berlin. Dort misshandelte er mindestens zehn hochbetagte Frauen schwer und tötete zwei von ihnen. Das LG Potsdam sprach die Ärzte, die den unbeaufsichtigten Ausgang genehmigt hatten, frei. Aufgrund der mangelhaften Sicherungsvorrichtungen in der Klinik sei es S. ohnehin jederzeit möglich gewesen die Klinik wieder zu verlassen. Es habe zudem konkrete Anhaltspunkte für eine weitere Flucht gegeben. Aus diesem Grund könne nicht ausgeschlossen werden, dass es auch ohne den erteilten Ausgang zu den Straftaten gekommen wäre. Es fehle am Pflichtwidrigkeitszusammenhang.[833]

Der 5. Strafsenat des Bundesgerichtshofs hob den Freispruch hingegen auf, da die Kammer des LG Potsdam die Frage nach der Pflichtwidrigkeit des gewährten Ausgangs nicht abschließend geprüft habe. Zudem sei die Ursächlichkeit[834] für den Erfolgseintritt nicht deshalb entfallen, weil der Patient S. auch durch die ungenügend gesicherten Klinikfenster hätte entweichen können.[835] Der Bundesgerichtshof stellte dazu fest: „Die Frage, welches Verhalten pflichtgemäß gewesen wäre, ist im Hinblick auf den Pflichtverstoß zu beantworten,

---

832 BGHSt 49, 1 ff.

833 LG Potsdam Urteil vom 18.10.2002 (23 KLs 1/02); *Schatz*, NStZ 2003, 581 f.

834 Der BGH spricht von Ursächlichkeit, es handelt sich jedoch um eine Zurechnung nach rechtlichen Bewertungsmaßstäben zur Einschränkung der Kausalitätshaftung, siehe *Schatz*, Der Pflichtwidrigkeitszusammenhang beim fahrlässigen Erfolgsdelikt und die Relevanz hypothetischer Kausalverläufe, NStZ 2003, 583.

835 BGHSt 49, 1 (3).

der als (unmittelbare) Schadensursache in Betracht kommt. Im Übrigen ist der Prüfung der tatsächliche Geschehensablauf zugrunde zu legen. Hinwegzudenken und durch das korrespondierende sorgfaltsgemäße Verhalten zu ersetzen ist daher nur der dem Täter vorwerfbare Tatumstand; darüber hinaus darf von der konkreten Tatsituation nichts weggelassen, ihr nichts hinzugedacht und an ihr nichts verändert werden."[836] Eine Verbindung des pflichtgemäßen Verhaltens (die Untersagung des Ausgangs) dürfe demnach nur zu solchen gedachten Alternativgeschehen hergestellt werden, die der konkreten Tatsituation zuzurechnen wären.[837]

Bei einer Übertragung der Rechtsprechung des Bundesgerichtshofs im „Freigängerfall" auf den Bereich der Kinder- und Jugendhilfe stellt sich die Frage, wie der hypothetische Geschehensablauf eingeordnet werden muss. Demnach müsste das gedachte Alternativgeschehen - eine Schädigung des Kindes nach Abschluss der Maßnahme gemäß dem SGB VIII - der konkreten Tatsituation hinzuzurechnen sein. Eine spätere hypothetische Misshandlung stellt jedoch eine außerhalb des Tatgeschehens liegende autonome Willensbildung der Eltern dar und kann daher nicht der konkreten Tatsituation hinzugerechnet werden.[838]

An jenem Begriff der konkreten Tatsituation stoßen sich im Wesentlichen einige Ansichten in der Literatur. Fraglich sei, ob die generalisierenden Hinzudenkverbote des Bundesgerichtshofs nicht letztendlich zu Willkür führten, da ein Täterverhalten immer erst zusammen mit Begleitumständen ein Gesamtbild ergebe.[839] Auf die Wertung des Einwands, der Erfolg sei bei Vornahme der unterlassenen Maßnahme später eingetreten, hat diese divergierende Ansicht jedoch keine Auswirkung. Der Pflichtwidrigkeitszusammenhang bleibt in jedem Fall bestehen.[840]

---

836 BGHSt 49, 1 (4).

837 BGHSt 49, 1 (4 f.); zustimmend *Ogorek*, JA 2004, 356 ff.

838 *Dießner*, Die Unterlassungsstrafbarkeit der Kinder- und Jugendhilfe, S. 365.

839 BGH JZ 2004, 980 mit Anmerkung *Saliger*; ähnlich: BGH JR 2004, 433 mit Anmerkung *Pollähne*; *Schatz*, NStZ 2003, 585.

840 So auch *Dießner*, Die Unterlassungsstrafbarkeit der Kinder- und Jugendhilfe, S. 356; hier findet sich auch eine ausführliche Darstellung des Streits.

VIII. Rechtswidrigkeit

Wie bei den Begehungsdelikten gilt es auch bei den (fahrlässigen) Unterlassungsdelikten die Rechtswidrigkeit zu prüfen.

1. Rechtfertigende Pflichtenkollision

Auch beim fahrlässigen Unterlassungsdelikt können Rechtfertigungsgründe der Rechtswidrigkeit entgegenstehen.[841] Eine herausragende Bedeutung im Vergleich zu den übrigen Rechtfertigungsgründen kommt im Bereich der Unterlassungsrechtswidrigkeit der rechtfertigenden Pflichtenkollision zu.[842] Ihr zufolge ist ein tatbestandsmäßiges Verhalten immer dann gerechtfertigt, wenn von zwei gleichrangigen kollidierenden Pflichten eine erfüllt wird. Kollidieren hingegen Pflichten verschiedenen Ranges (Beispiel: Rettungspflicht des Arztes A., der nur entweder einen Patienten oder das medizinische Gerät vor dem Feuer retten kann), so ist eine Strafbarkeit ausgeschlossen, wenn die ranghöchste Pflicht wahrgenommen wird.[843]

Die Konstellation, dass einem Mitarbeiter des Jugendamtes aufgrund einer Überlastung die notwendige Zeit fehlt, um alle auf ihn übertragenen Fälle mit der angemessenen Intensität zu betreuen beziehungsweise die Gefahr richtig einzuschätzen, wurde bereits im Zusammenhang mit der Übernahmefahrlässigkeit behandelt.[844] Diese Situation, deren strafrechtliche Bedeutung der jeweilige Sozialarbeiter wie gezeigt mittels einer Überlastungsanzeige entschärfen kann, ist jedoch eine andere als bei der Pflichtenkollision. Es geht nicht mehr um eine Risikoeinschätzung oder um die Frage, ob ein Sozialarbeiter einen weiteren Fall übernehmen kann, sondern um konkrete Sachlagen, die den Eintritt eines Schadens für ein Kind befürchten lassen. Wie nun hat sich ein Sozialarbeiter zu verhalten, wenn er nicht nur von einem solchen Notfall, sondern gleichzeitig von einem gleichgelagerten zweiten erfährt? Mit dem bereits Ge-

---

[841] *Kaufmann*, Unterlassungsdelikte, S. 136 f.; *Kühl*, AT, § 18 Rn. 133; *Rudolphi* in SK, Vor. § 13 Rn. 29; *Stree* in S/S, Vorbem. §§ 13 ff. Rn. 157; *Welzel*, Das Deutsche Strafrecht, S. 205; *Wessels/Beulke*, Rn. 735.

[842] Prämisse ist in diesen Fällen immer, dass nur eines von zwei zur Auswahl stehenden Verhalten wahrgenommen werden kann.

[843] *Gropp* in FS-Hirsch, S. 207; *Kühl*, AT, § 18 Rn. 134; *Küper*, JuS 1987, 89; *Lenckner* in S/S, Vorbem. §§ 32 ff. Rn. 73; *Rudolphi*, Vor. § 13 Rn. 29; *Wessels/Beulke*, Rn. 736; anders *Jescheck/Weigend*, AT, § 33 V 2, § 47 I 2.

[844] Zweites Kapitel B. VI. 3. f).

sagten müsste man an eine rechtfertigende Pflichtenkollision denken, denn offenkundig ist es unmöglich für einen Mitarbeiter des Jugendamtes, zur gleichen Zeit in zwei Familien seinem Schutzauftrag nach § 8a Abs. 3 SGB VIII in Verbindung mit § 42 SGB VIII nachzukommen und ein gefährdetes Kind in Obhut zu nehmen. Eine solch unglückliche Kumulation von akuter Kindeswohlgefährdung führt dazu, dass der zuständige Sozialarbeiter aufgrund rechtfertigender Pflichtenkollision das Wohl des einen Kindes zum Wohl des anderen Kindes opfern dürfte.[845]

Wenngleich dieses Ergebnis im Grundsatz richtig ist, stellt sich ein solcher Ablauf doch als sehr unrealistisch dar. Damit ist nicht nur die geringe Wahrscheinlichkeit eines derartigen gleichzeitigen Aufeinandertreffens von Notfällen gemeint.[846] Vielmehr darf daran gezweifelt werden, dass ein Sozialarbeiter überhaupt jemals in die Situation kommen wird, völlig auf sich allein gestellt zu sein. Hierzu folgendes Beispiel:

> Beispiel 15: Sozialarbeiter S. betreut Familie A. und Familie B. Die beiden Familien haben jeweils ein 5-jähriges Kind und leben ca. 15 Autominuten voneinander entfernt. S. wird von Nachbarn darüber informiert, dass Vater A. in äußerst alkoholisiertem Zustand sein Kind auf dem Spielplatz vor dem Wohnhaus stark verprügelt und es anschließend in die Wohnung getragen hat. Vorher hat er sich eine weitere Flasche Wodka am Kiosk besorgt. Noch bevor sich S. in sein Auto setzen kann, erreicht ihn von einem Nachbarn der Familie B. die Nachricht eines ähnlichen Szenarios.

Fährt S. nun zur Familie A. und nimmt dort gemäß § 8a Abs. 3 S. 2 SGB VIII in Verbindung mit § 42 Abs. 1 S. 1 Nr. 2 lit. b das Kind in Obhut, so erfüllt er seinen ihm obliegenden Schutzauftrag. Wenn gleichzeitig jedoch das Kind der Familie B. in der Wohnung von seinem Vater erschlagen wird, würde wohl niemand sagen, Sozialarbeiter S. durfte das Leben des anderen Kindes wie geschehen gefährden. Konkret würde man verlangen, dass S. – sofern er davon ausgeht in einer Familie selbst eingreifen zu können[847] – sich zu *einer* Familie begibt und die Polizei im Rahmen der Amtshilfe nach §§ 1 ff. SGB X oder einen Kollegen zu der *anderen* Familie schickt. Die Situation ist nicht vergleichbar mit dem Standardbeispiel des auf sich allein gestellten Vaters, der aus dem bren-

---

845 So *Dießner*, Die Unterlassungsstrafbarkeit der Kinder- und Jugendhilfe, S. 366, 370.

846 Wobei sich die Wahrscheinlichkeit mit steigender Zahl von zu betreuenden Fällen natürlich steigert.

847 Fraglich ist, ob die Türe überhaupt geöffnet wird und ob nicht auch Gefahr für Herrn S. besteht. In beiden Fällen wäre es vorzugswürdig, die Polizei gleichzeitig zu den beiden Familien zu beordern.

nenden Haus nur eines seiner beiden Kinder zu retten vermag. Zwar kann auch Sozialarbeiter S. nur dem einen Kind selbst helfen, er hat jedoch im Normalfall die Möglichkeit wie auch die Verpflichtung, dem anderen Kind bei einer dringenden Gefahr für das kindliche Wohl Hilfe durch Dritte zukommen zu lassen.

Demzufolge ist eine rechtfertigende Pflichtenkollision zwar prinzipiell möglich, gleichwohl sollte diese Figur jedoch im Zeitalter moderner Kommunikationsmittel für die Kinder- und Jugendhilfe nicht vorschnell angenommen werden. Etwas anderes mag im Einzelfall dann gelten, wenn etwa auf dem Land die Einbeziehung Dritter aufgrund zu großer Entfernungen keine rechtzeitige Hilfe verspricht.

2. Rechtswidrige verbindliche Weisungen

Als weiterer Rechtfertigungsgrund[848] kommt die rechtswidrige verbindliche Weisung in Frage. Demnach könnte ein Sozialarbeiter einwenden, dass sein unterlassendes Verhalten auf einer entsprechenden Weisung seines Vorgesetzten beruhte. Dies geht einher mit den gesetzlichen Regelungen, wonach Beamte grundsätzlich die Anordnungen eines Vorgesetzten auszuführen haben, so in § 55 S. 2 BBG, § 37 S. 2 BRRG und landesrechtlichen Vorschriften wie beispielsweise Art. 64 Abs. 2 S. 2 BayBG. Für nur angestellte Mitarbeiter des Jugendamtes gilt der inhaltsgleiche § 8 Abs. 2 S. 1 BAT.[849]

In einem Rechtsstaat dürfen aber auch Beamte und Angestellte des Staates selbstverständlich keine rechtswidrigen Handlungen begehen. Das Zusammentreffen einer dienstlichen Weisung mit einem daraus resultierenden rechtswidrigen Verhalten bietet demnach Konfliktpotential.[850] Dies hat auch der Gesetzgeber erkannt und aus diesem Grund Normen erlassen, die sich auf die Bindungswirkung rechtswidriger Anordnungen einschränkend auswirken. Rechtlichen Bedenken gegen eine Weisung hat der Beamte zunächst bei seinem unmittelbaren Vorgesetzten geltend zu machen. Bleibt die Anordnung daraufhin bestehen, so sind die Zweifel dem nächst höheren Vorgesetzten vorzutragen. Teilt auch jener die Bedenken nicht, so ist die Weisung auszuführen nach

848 Hierüber herrscht Streit: Für die Einordnung als Rechtfertigungsgrund (wohl h. A.) etwa *Jakobs*, AT, 16/14; *Jescheck/Weigend*, AT, § 35 II 3; *Lenckner* in S/S, Vorbem. §§ 32 ff. Rn. 89; für einen Entschuldigungsgrund etwa: *Blei*, AT, S. 155; *Fischer*, Vor. §§ 32 ff. Rn 16; *Spendel* in LK, § 32 Rn. 76 ff.

849 Für Soldaten gilt § 11 SoldatenG.

850 Siehe etwa BGHSt 39, 1 ff. – Schüsse an der Berliner Mauer.

§ 56 Abs. 2 S. 1, 2, 3 HS. 1 BBG, § 38 Abs. 2 S. 1, 2 HS. 1 BRRG und etwa Art. 65 Abs. 2 S. 1, 2, 3 HS. 1 BayBG. Eine Anordnung ist jedoch immer dann unverbindlich und darf von einem Beamten nicht befolgt werden, wenn das „ihm aufgetragene Verhalten strafbar oder ordnungswidrig und die Strafbarkeit oder Ordnungswidrigkeit für ihn erkennbar ist oder das ihm aufgetragene Verhalten die Würde des Menschen verletzt", § 56 Abs. 2 S. 3 HS. 2 BBG, § 38 Abs. 2 S. 2 HS. 2 BRRG, (zum Beispiel) Art. 65 Abs. 2 S. 3 HS. 2 BayBG. Für Angestellte gilt § 8 Abs. 2 S. 2 BAT, wonach Strafgesetzen zuwider laufende Anordnungen nicht zu befolgen sind.

Trotz aller Kritik[851] – *Lenckner* etwa bezeichnet die Regelungen als „einem nicht mehr zeitgemäßen obrigkeitsstaatlichen Denken verpflichtet"[852] und spricht von einer „sach- wie strafrechtlichen Systemwidrigkeit"[853] – handelt es sich hierbei um geltendes Recht. Auch bei einer zweifelhaften Rechtslage oder der Meinungsverschiedenheit von Vorgesetzten und Untergebenen hinsichtlich einer bestimmten Sachlage beansprucht die Anordnung weiter Gültigkeit.

Die Frage, ab wann die Grenze des hierarchischen Gehorsams erreicht und ein eigenmächtiges Verhalten auch entgegen der Weisung zulässig ist, wird jedoch nicht gänzlich einheitlich beantwortet. In der Literatur wird vertreten, jene Grenze sei dann erreicht, wenn die Entscheidung des Vorgesetzten „unvertretbar" erscheine. Dazu müssten gewichtige Gründe tatsächlicher oder rechtlicher Natur gegen die Anordnung des Vorgesetzten sprechen, so dass ein weisungskonformes Verhalten in Anbetracht des Grundsatzes der Rechtsstaatlichkeit der Verwaltung nicht mehr verantwortbar sei.[854] In diesem Sinne wird auch von einer Evidenz der Strafbarkeit gesprochen, die von einer bestimmten Weisung ausgehen müsse.[855] Die Rechtsprechung sieht das Ende der Gehorsamspflicht erst dann erreicht, wenn die Weisung eines Vorgesetzten offensichtlich rechtswidrig[856], das bedeutet „jenseits aller Zweifel fehlerhaft ist"[857].

---

851 *Kühl*, AT, § 9 Rn. 118c; *Lenckner* in S/S, Vorbem. §§ 32 ff. Rn. 89; *Roxin*, AT/1, § 17 Rn. 16.

852 *Lenckner* in S/S, Vorbem. §§ 32 ff. Rn. 89.

853 *Lenckner* in S/S, Vorbem. §§ 32 ff. Rn. 89.

854 *Lenckner* in FS-Stree/Wessels, S. 235 f.; *ders.* in S/S, Vor. §§ 32 ff. Rn. 89; vergleiche auch *Hirsch* in LK, Vor. § 32 Rn. 177.

855 *Lenckner* in FS-Stree/Wessels, S. 235 f.; *Roxin*, AT/1, § 17 Rn. 16.

856 KG NJW 1972, 781; OLG Karlsruhe NJW 1974, 2143.

857 *Kühl*, AT, § 9, Fn. 198e; *Lenckner* in S/S, Vorbem. §§ 32 ff. Rn. 89.

Wenngleich der Übergang von „offensichtlich rechtswidrig" (Rechtsprechung) zu „evident nicht mehr vertretbar" (Literatur) fließend sein dürfte, sollte gerade im Hinblick auf die Kinder- und Jugendhilfe der weniger strengen Literaturansicht der Vorzug gegeben werden. Die Ansicht der Rechtsprechung hätte zur Folge, dass fast ausnahmslos jede Weisung für den Untergebenen verbindlich wäre und demzufolge - auch bei Rechtswidrigkeit in der Außenwirkung - zu seiner Rechtfertigung führen würde. Setzt man die Anforderungen, ab denen eine Weisung unverbindlich wird hingegen herab, so erhöht sich für den untergebenen Beamten oder Angestellten zwar die Gefahr einer Strafbarkeit, gleichzeitig wird jedoch das selbständige Denken und Handeln gefördert.

Beispiel 16: Der betreuende Sozialarbeiter S. hält eine Inobhutnahme des Kindes durch das Jugendamt für angebracht, seine Vorgesetzten stehen dem jedoch entgegen. Die Einschätzung der Vorgesetzten erscheint S. dabei mit ziemlicher Sicherheit als falsch, jedoch nicht geradezu offenkundig.

In einem derartigen Fall hätte der Sozialarbeiter mit der Rechtsprechung die Sicherheit auf seiner Seite, straffrei auszugehen, selbst wenn es zu einer Schädigung des Kindes käme. Nach der Literaturansicht hingegen entfiele die Verbindlichkeit der Weisung und damit die Rechtfertigungswirkung bei jener Sachlage. Die Wahrscheinlichkeit, dass der Sozialarbeiter sich so gegen die Weisung widersetzt und auf ein angemessenes und korrektes Vorgehen hinarbeitet, dürfte, da es nunmehr auch im höchsteigenen Interesse liegt, dadurch erhöht werden. Im Grunde genommen nimmt man dem Untergebenen demnach ein „Stück eigene Sicherheit" weg, um so dessen begrüßenswertes Aufbegehren bei rechtswidrigen Entscheidungen eines Vorgesetzten zu fördern. Für den Bereich der Kinder und Jugendhilfe bedeutet dies ganz konkret: Die Sicherheit, die dem Sozialarbeiter genommen wird, kommt dem betreuten Kind indirekt zu gute.

Diese theoretischen Erwägungen[858] dürfen jedoch nicht darüber hinwegtäuschen, dass nach geltender Rechtslage die Anordnungen eines Vorgesetzten für angestellte und verbeamtete Mitarbeiter der Kinder- und Jugendhilfe - sofern die starken Rechtmäßigkeitszweifel nicht aufkommen - zu einer Rechtfertigung deren weisungskonformen Verhaltens führt.

---

858 Es sei ausdrücklich erwähnt, dass Fälle, in denen Mitarbeiter der Kinder- und Jugendhilfe Leib und Leben eines Kindes aus Bequemlichkeit oder eigenem Sicherheitsdenken heraus gefährdet haben, nicht bekannt sind.

IX. Schuld

1. Schuldfähigkeit und Unrechtsbewusstsein

Die Schuldfähigkeit ist bei fahrlässigen Unterlassungsdelikten ebenso zu beurteilen wie bei Begehungsdelikten.[859] Besonderheiten im Bezug auf die Mitarbeiter in der Kinder- und Jugendhilfe ergeben sich nicht. Darüber hinaus ist für die Annahme einer Fahrlässigkeitsschuld das Bewusstsein der Rechtswidrigkeit des Täterverhaltens erforderlich. In diesem Zusammenhang erlangt die Konstellation Bedeutung, nach der sich ein Sozialarbeiter trotz Kenntnis seiner Garantenstellung über die daraus ergebenden Garantenpflichten irrt und eine rechtlich geforderte Handlung unterlässt. Ebenso bedeutsam kann ein Irrtum über die zur Verfügung stehenden Handlungsmöglichkeiten in der Kinder- und Jugendhilfe sein. Ein Gebotsirrtum ist zu behandeln wie ein Verbotsirrtum bei einem Begehungsdelikt.[860] Der Täter handelt nicht schuldhaft, sofern sein Irrtum gemäß § 17 S. 1 StGB unvermeidbar war. Überzeugend stellt *Dießner* dazu fest, dass in beiden Fällen der Irrtum regelmäßig vermeidbar sei und somit ein Schuldausschluss ausscheide. Im Zweifelsfall müsse sich ein Sozialarbeiter an eine kundige Stelle wenden, um Informationen über das weitere Vorgehen einzuholen.[861]

2. Subjektive Erkennbarkeit und Erfüllbarkeit der objektiven Sorgfaltspflicht

Lässt man wie hier mit der herrschenden Meinung für die Tatbestandsverwirklichung eine objektive Sorgfaltspflichtverletzung genügen, so ist auf der Stufe der Schuld eine Individualisierung der Fahrlässigkeit vorzunehmen. Erst dadurch kann dem Täter sein objektiv nicht den Anforderungen entsprechendes Verhalten angelastet werden.[862] Dazu ist zunächst zu klären, ob der zuständige Mitarbeiter des Jugendamtes nach seinen individuellen Fähigkeiten dazu in der Lage war, die objektiven Sorgfaltspflichtanforderungen zu erkennen und zu erfüllen. Allgemein können sich dabei körperliche Mängel, Verstandesfehler, Wissens- und Erfahrungslücken, Altersabbau sowie besondere Situationsschwierigkeiten, denen der Täter nicht gewachsen war, entlastend auswir-

---

859 *Burgstaller*, Das Fahrlässigkeitsdelikt, S. 183 f.; *Cramer/Sternberg-Lieben* in S/S, § 15 Rn. 191; *Jescheck/Weigend*, AT, § 57 I 1.

860 BGHSt (GrS) 16, 155 ff.

861 *Dießner*, Die Unterlassungsstrafbarkeit der Kinder- und Jugendhilfe, S. 381.

862 *Kühl*, AT, § 17 Rn. 89, mit weiteren Nachweisen.

ken.[863] Gerade für den Bereich der Kinder- und Jugendhilfe erscheint es nicht unwahrscheinlich, dass Berufsneulinge aufgrund Unerfahrenheit nicht immer dazu in der Lage sind, dem objektiv Geforderten nachzukommen.[864] In einem solchen Fall ist jedoch die Frage nach einem Übernahmeverschulden zu stellen.[865] Der Vorwurf lautet dann, dass die Betreuung eines sehr schwierigen Falles[866] schon gar nicht hätte übernommen werden dürfen, sofern dem Sozialarbeiter die notwendige Erfahrungen und Fähigkeiten fehlen, zu richtigen Einschätzungen zu gelangen und gefahradäquate Maßnahmen einzuleiten. Fraglich ist dabei jedoch, wie es zu bewerten ist, wenn dem betreffenden Mitarbeiter des Jugendamtes bereits die Einsicht fehlt, dass seine Kenntnisse und Fähigkeiten unzureichend sein könnten. Mit der herrschenden Ansicht in der Literatur ist für die Annahme eines Übernahmeverschuldens zu fordern, dass es für den Sozialarbeiter erkennbar gewesen sein muss, dass er mit der übernommenen Betreuung überfordert sein werde.[867] Dem stehen objektivierende Tendenzen in der Rechtsprechung entgegen[868], die auf das Erkennbarkeitskriterium verzichten und in jedem Fall die Zuziehung fachkundiger Hilfe verlangen. Gerade Berufseinsteigern mit wenig praktischer Erfahrung ist daher zu empfehlen, nicht aus Scham oder Selbstüberschätzung davon absehen, einen undurchsichtigen oder komplexen Betreuungsfall an einen Kollegen abzutreten.[869]

3. Subjektive Voraussehbarkeit des Erfolgs

Der tatbestandliche Erfolg muss zudem für den Täter nach seinen persönlichen Fähigkeiten und Kenntnissen im Wesentlichen vorhersehbar gewesen sein.[870] Hierbei darf nicht auf die allgemeine Lebenserfahrung rekurriert werden, ausschlaggebend ist vielmehr nur die individuelle Fähigkeit des Täters, den Erfolg

---

863 *Jescheck/Weigend*, AT, § 57 II 2.

864 Vergleiche Fall 1: „Laura-Jane".

865 Siehe bereits oben: Übernahmefahrlässigkeit.

866 Zum relevanten Zeitpunkt: *Roxin*, AT/1, § 24 Rn. 118.

867 *Burgstaller*, Das Fahrlässigkeitsdelikt, S. 193; *Cramer/Sternberg-Lieben* in S/S, § 15 Rn. 198; *Jescheck/Weigend*, AT, § 57 II 3; *Kühl*, AT, § 17 Rn. 91; *Schroeder* in LK, § 16 Rn. 140 ff.

868 Vergleiche etwa BGHSt 10, 133 (134); KG VRS 7, 185; anders BGH NJW 1995, 796.

869 Im Ergebnis ebenso: *Dießner*, Die Unterlassungsstrafbarkeit der Kinder- und Jugendhilfe, S. 371.

870 Vergleiche etwa *Jescheck/Weigend*, AT, § 57 III 1; *Kühl*, AT, § 17 Rn. 92.

vorherzusehen.[871] Bei der bewussten Fahrlässigkeit erweist sich die Feststellung subjektiver Voraussehbarkeit als unproblematisch, da der Täter pflichtwidrig darauf vertraut hat, der Erfolg werde nicht eintreten.[872] Anders liegt es naturgemäß bei der unbewussten Fahrlässigkeit. Hier sieht der Täter den Erfolg nicht voraus, weshalb der Vorwurf nur darin liegen kann, dass sich der Täter „der Gefahr und damit der Möglichkeit eines Schaden hätte bewusst werden können"[873]. Bei nur unbewusster Fahrlässigkeit sind daher allein die individuellen Fähigkeiten des Täters maßgeblich.[874]

4. Unzumutbarkeit normgemäßen Verhaltens

Der Schuldvorwurf kann nach überwiegender Ansicht schließlich entfallen, wenn es dem Täter unzumutbar war, der Sorgfaltspflicht nachzukommen. Ausschlaggebend sind hierbei die konkreten Umstände des Einzelfalles.[875] Streit herrscht darüber, wo das Problem, das seinen Ausgang in der Rechtsprechung des „Leinenfängerfalls"[876] hat, verbrechenssystematisch zu verorten ist.[877]

Mehrheitlich wird vertreten, es handle sich bei der Unzumutbarkeit im Bereich der Fahrlässigkeitsdelikte um einen selbständigen übergesetzlichen Entschuldigungsgrund.[878] Darüber hinaus wird unter anderem[879] angenommen, die Unzumutbarkeit wirke sich begrenzend auf die subjektive Sorgfaltspflicht aus.[880] Zuzustimmen ist *Roxin* in der Feststellung, dass die beiden Ansichten mitein-

---

871 *Cramer/Sternberg-Lieben* in S/S, § 15 Rn. 201; *Duttge* in MK, § 15 Rn. 200; *Kühl,* AT, § 17 Rn. 92.

872 OLG Stuttgart JuS 1977, 52; *Cramer/Sternberg-Lieben* in S/S, § 15 Rn. 203; *Jescheck/Weigend,* AT, § 57 III 2.

873 *Cramer/Sternberg-Lieben* in S/S, § 15 Rn. 203.

874 *Cramer/Sternberg-Lieben* in S/S, § 15 Rn. 203.

875 Vergleiche etwa *Burgstaller,* Das Fahrlässigkeitsdelikt, S. 198 ff.; *Cramer/Sternberg-Lieben* in S/S, § 15 Rn. 204; *Jescheck/Weigend,* AT, § 58 IV; *Roxin,* AT/1, § 24 Rn. 122 ff.; ablehnend: *Gössel* in Maurach/Gössel/Zipf, AT/2, § 44 Rn. 42 ff.; *Schlehofer* in MK, Vor. §§ 32 ff. Rn. 224 ff.; skeptisch: *Duttge* in MK, § 15 Rn. 204.

876 RGSt 30, 25.

877 *Cramer/Sternberg-Lieben* in S/S, § 15 Rn. 204.

878 *Stratenwerth/Kuhlen,* AT, S. 382; *Weber* in B/W/M, AT, § 23 Rn. 63; *Welzel,* Das Deutsche Strafrecht, S. 183 f.

879 Vergleiche bei *Cramer/Sternberg-Lieben* in S/S, § 15 Rn. 204.

880 *Burgstaller,* Das Fahrlässigkeitsdelikt, S. 199; *Jescheck/Weigend,* AT, § 57 IV.

ander nicht unvereinbar sind.[881] Aus diesem Grund und mangels Bedeutung für die Kinder- und Jugendhilfe kann dieser Streit dahinstehen.

Die „Nachsicht menschlicher Schwäche"[882] erlangt vor allem bei starker Gefühlsregung wie Schreck, Bestürzung, Furcht und ähnlichem Bedeutung. So beispielsweise wenn die gerade bügelnde Ehefrau den Anruf bekommt, ihr Mann sei bei einem Unfall schwer verletzt worden. Eilt sie zu ihm und vergisst das Bügeleisen auszuschalten, so wäre sie im Falle eines daraus folgenden Brands exkulpiert.[883]

Darüber hinaus dann, wenn die „Rechtsgütergefährdung so entfernt war, dass dem Täter die Unterlassung des unsorgfältigen Tuns mit Rücksicht auf die erheblichen Nachteile, die die Unterlassung zur Folge gehabt hätte, nicht zuzumuten war."[884] Zudem wird teilweise vertreten, die Unzumutbarkeit normgemäßen Verhaltens sei auch bei *nur geringfügiger Fahrlässigkeit* anzunehmen.[885]

Für Mitarbeiter des Jugendamtes ist eine Konstellation ähnlich dem „Leinenfängerfall"[886] als bedeutsam in Betracht zu ziehen. In der Entscheidung wird der Fall eines als Droschkenführer angestellten Angeklagten verhandelt. Wie ihm und seinem Dienstherren bekannt war, handelte es sich bei einem der beiden Pferde seiner Droschke um einen so genannten „Leinenfänger". Das bedeutet, das Tier hatte zeitweise die Angewohnheit, den Schweif über die Fahrleine zu schlagen und diese dadurch an den Körper zu ziehen. Bei einer Fahrt am 19. Juli 1896 fing das Pferd die Fahrleine mit dem Schweif ein, wodurch der Angeklagte im Folgenden die Kontrolle über die Droschke verlor. Ein Passant geriet unter das Gespann und brach sich ein Bein. Der Angeklagte wurde erstinstanzlich freigesprochen; das Reichsgericht bestätigte den Freispruch in seinem Revisionsurteil. Abzuwägen galt es, dass der Angeklagte zwar einerseits wusste mit einem gefährlichen Pferd zu arbeiten, er aber andererseits bei einer Verweigerung seine Stelle verloren hätte. Eine Pflicht, sich den Weisungen des Dienstherrn zu widersetzen, wurde als unzumutbar abgelehnt.[887]

---

881 *Roxin*, AT/1, § 24 Rn. 128.

882 *Welzel*, Das Deutsche Strafrecht, S. 183.

883 *Nowakowski*, JBl 1953, S. 509; *Roxin*, AT/1, § 24 Rn. 124.

884 *Welzel*, Das Deutsche Strafrecht, S. 183 f.

885 Siehe bei *Roxin*, AT/1, § 24 Rn. 92, 93 und § 24 Rn. 126, mit weiteren Nachweisen.

886 RGSt 30, 25.

887 RGSt 30, 25 (28).

Fraglich ist damit, ob im Rahmen der Kinder- und Jugendhilfe die Anordnung eines Vorgesetzten ausschlaggebend für das Unterlassen einer erforderlichen Maßnahme sein kann. Zum Teil wird angenommen, eine Vergleichbarkeit der Drucksituation sei angesichts der heutigen gesetzlichen Regelungen in BBG, BRRG, BAT, (zum Beispiel) BayBG sowie anderen arbeitsrechtlichen Vorschriften nicht festzustellen.[888] Eine solche Behauptung ist jedoch zu pauschal, da auch moderne Gesetze die unangenehme Situation, sich gegen den Vorgesetzten wenden zu müssen, nicht abwenden können. Im Gegensatz zum Angeklagten im „Leinenfängerfall" müssen sich Beamte und Angestellte der Kinder- und Jugendhilfe als Konsequenz der Insubordination natürlich in der Regel nicht vor dem mit der Kündigung im 19. Jahrhundert verbundenen Schicksal der Armut und Obdachlosigkeit fürchten.[889] Eine Kündigung oder disziplinarische Maßnahmen sind dagegen nicht ausgeschlossen. Auch die Befürchtung, in der Zukunft durch Vorgesetzte und Kollegen nachteilig behandelt zu werden – Karrierechancen wie auch das Arbeitsklima („Mobbing") können betroffen sein – sind Aspekte, die in diesem Zusammenhang nicht als völlig belanglos von der Hand zu weisen sind.

Im „Leinenfängerfall" stellte das Reichsgericht eine Abwägung an zwischen der Pflichtverletzung und dem, was für den Angeklagten auf dem Spiel stand. Die Erheblichkeit der Pflichtverletzung wurde als eher gering eingestuft. Im Gegensatz dazu stand die dem Angeklagten drohenden Verarmung, hätte er sich der Weisung seines Dienstherrn widersetzt. Die Situation in der Kinder- und Jugendhilfe ist aber regelmäßig anders gelagert: Die Konsequenzen, die sich an eine Insubordination anschließen, sind für den Sozialarbeiter zwar wie gezeigt unangenehm, jedoch angesichts sozialer Sicherungssysteme und rechtsstaatlichen Kündigungsschutzes kaum als existenzbedrohend einzustufen. Der Eintritt des Erfolges einer Drittverletzung wurde vom Reichsgericht im „Leinenfängerfall" als eher zufällig angesehen. Sofern ein Sozialarbeiter hingegen erkennt, dass die Entscheidung des Vorgesetzten falsch ist und zu einer schweren Schädigung oder zum Tod des betreuten Kindes führen kann, ist die Frage nach der Zumutbarkeit eindeutig zu beantworten: In Anbetracht der überschaubaren persönlichen Folgen für den Mitarbeiter des Jugendamtes bei einer Widersetzung gegen die Weisung des Vorgesetzten, ist deren Nichtbefolgung

---

888 Vergleiche *Bohnert*, ZStW 2005, 306; *Dießner*, Die Unterlassungsstrafbarkeit der Kinder- und Jugendhilfe S. 373; *Fieseler*, UJ 2001, 435.

889 RGSt 30, 25 (28).

zumutbar. Das Vorliegen einer Zwangslage ist dabei anhand der konkreten Verhältnisse für jeden Einzelfall gesondert zu prüfen.

Darüber hinaus sind überwältigende Erregungszustände, welche ein normgemäßes Verhalten als unzumutbar erscheinen lassen, im Einzelfall denkbar. So beispielsweise bei einer Sorgfaltspflichtverletzung durch Unterlassen, die sich unmittelbar an die Drohung eines Vaters anschließt, er werde die Sozialarbeiterin umbringen, wenn sie ihm sein Kind wegnehme.

Drittes Kapitel: Schlussbetrachtung

I. Zusammenfassung der Ergebnisse

Für die Frage nach der Strafbarkeit von Mitarbeitern des Jugendamtes bei innerfamiliärer Kindeswohlgefährdung in von ihnen betreuten Familien sind folgende Ergebnisse festzuhalten:

In dem Nichteinleiten von Maßnahmen und Leistungen nach den Vorschriften des SGB VIII durch einen betreuenden Sozialarbeiter ist ein Unterlassen zu sehen. Daraus ergibt sich in Sachverhalten wie den vorgestellten ein Strafbarkeitsvorwurf aufgrund fahrlässigen Unterlassens (Zweites Kapitel B. I.).

Die Anwendbarkeit des § 13 StGB ist dabei für die einschlägigen Straftatbestände der fahrlässigen Körperverletzung (§ 229 StGB) und der fahrlässigen Tötung (§ 222 StGB) nicht strittig (Zweites Kapitel B. II.).

Eine Prüfung der Strafbarkeit scheitert kaum an der Nichtersichtlichkeit der notwendigen Rettungshandlung. Innerhalb der Frage nach der Handlungsmöglichkeit sollte das Problem der Überlastung von Mitarbeitern der Kinder- und Jugendhilfe nicht thematisiert werden. Es handelt sich nicht um eine Frage des physisch-real Möglichen, sondern vielmehr um einen innerhalb der Fahrlässigkeitsprüfung zu klärenden Aspekt (Zweites Kapitel B. III.).

Der ursächliche Zusammenhang zwischen Untätigbleiben und dem darauf folgenden Erfolgseintritt ist grundsätzlich anzunehmen, wenn die rechtlich erwartete Handlung nicht hin*zu*gedacht werden kann, ohne dass der tatbestandsmäßige Erfolg mit an Sicherheit grenzender Wahrscheinlichkeit entfiele (Zweites Kapitel B. VI.).

Eine Beschützergarantenstellung von Mitarbeitern der Kinder- und Jugendhilfe kann sich aus tatsächlicher Schutzübernahme sowie Ingerenz ergeben. Eine Garantenstellung aus Gesetz im Sinne der formellen Rechtsquellenlehre ist nicht mehr vertretbar, während eine Garantenstellung aus Amtsträgerschaft lediglich einen Unterfall der Garantenstellung aus tatsächlicher Schutzübernahme darstellt (Zweites Kapitel B. V. 5.).

Für die Begründung einer Garantenstellung aus tatsächlicher Schutzübernahme ist prinzipiell das Vorliegen eines Realakts, einer Vertrauensberechtigung sowie eines tatsächlichen Vertrauens in die Schutzübernahme erforderlich. Im Bereich Kinder- und Jugendhilfe sind diesbezüglich jedoch Einschränkungen vorzunehmen, um dem verfassungsrechtlich verankerten Schutzauftrag aus Art. 6 Abs. 2 S. 2 GG gerecht zu werden. In diesem Sinne gilt es den tatsächlichen Schutzübernahmeakt des Sozialarbeiters durch die Schutz*übergabe* aufgrund des staatlichen Wächteramtes zu ersetzen. Die erforderliche Vertrauensberechtigung des gefährdeten Kindes und seiner Eltern ergibt sich zudem aus § 1 Abs. 2 S. 2 SGB VIII, Art. 6 Abs. 2 S. 2 GG. Auf das Vorliegen tatsächlichen Vertrauens gefährdeter Kinder darf es aufgrund des eindeutigen Schutzauftrages für die Kinder- und Jugendhilfe ebenfalls nicht ankommen (Zweites Kapitel B. V. 5. d) bb)).

Die Beschützergarantenstellung aus Ingerenz ist zusätzlich zur Beschützergarantenstellung aus tatsächlicher Schutzübernahme in Einzelfällen denkbar. Aufgrund der Weite der Beschützergarantenstellung aus tatsächlicher Schutzübernahme entfaltet sie jedoch kaum eigenständige Bedeutung (Zweites Kapitel B. V. 5. d. dd)).

Eine Überwachergarantenstellung wegen Verantwortlichkeit für das Verhalten der Eltern scheidet im Rahmen der Kinder- und Jugendhilfe für gewöhnlich aus (Zweites Kapitel B. V. 5. d. ee)).

Im Falle der Delegation einer Garantenstellung an einen freien Träger bleibt die ursprüngliche Garantenstellung des Sozialarbeiters bestehen (Zweites Kapitel B. V. 5. g)). Die aus der Garantenstellung entstammenden Pflichten wandeln sich jedoch zu Auswahl- und Kontrollpflichten, die so lange bestehen bleiben, bis das durch die Delegation beeinträchtigte gesetzliche Schutzniveau wiederhergestellt ist. Eine Pflicht einzugreifen besteht für die Mitarbeiter der öffentliche Kinder- und Jugendhilfe darüber hinaus bei tatsächlichen Anhaltspunkten für eine Gefährdung des Kindes (Zweites Kapitel B. V. 5. h)).

Der Unrechtstatbestand innerhalb des Fahrlässigkeitsvorwurfs sollte mittels eines generalisierenden Fahrlässigkeitsmaßstabs ausgefüllt werden. Eine Individualisierung innerhalb des objektiven Tatbestandes ist abzulehnen, sofern keine Vorsatzvariante erfüllt ist. Sonderwissen gilt es indes immer zu berücksichtigen (Zweites Kapitel B. VI. 3. a)).

Die Konkretisierung der Sorgfaltspflicht erfolgt durch Indizien. Hierbei können Rechtsnormen einen entscheidenden Einfluss ausüben. Für die Kinder- und Jugendhilfe ist vor allem die Norm des § 8a Abs. 1 SGB VIII entscheidend, welche die Gefahreinschätzung durch Mitarbeiter des Jugendamtes verbindlich vorschreibt, um aufgrund dieser Prognose eine Entscheidung treffen zu können.

Bei der Überprüfung dieser jugendamtlicher Prognoseentscheidungen durch das Strafgericht gilt es den verwaltungsrechtlich erlaubten Beurteilungsspielraum zu beachten, weshalb ex ante pflichtgemäß zustande gekommene Prognoseentscheidungen nicht ex post als pflichtwidrig beurteilt werden dürfen, sofern sich die Prognose nicht bewahrheitet. Lässt der festgestellte Sachverhalt nur eine einzige vertretbare Maßnahme zur Behebung der Gefährdung zu, so liegt bei deren Nichtdurchführung ein pflichtwidriges Verhalten vor. Gleiches gilt für einen gänzlichen Beurteilungsausfall, also die Nichterstellung einer Prognose. Als pflichtwidrig ist ferner zu beurteilen, wenn eine Prognose anhand schwerwiegend unvollständiger Tatsachen oder unter schwerwiegender unrichtiger Tatsachenbewertung erstellt wird. Ein in diesem Zusammenhang auftretender Fehler ist schwerwiegend, wenn die auf der korrekt erstellten Prognose basierende Entscheidung nicht mehr vom zugestandenen Beurteilungsspielraum gedeckt wäre, sich der Fehler also im Erfolg niedergeschlagen hat (Zweites Kapitel B. VI. 3. b)).

So genannte Verkehrsnormen haben dagegen nur einen geringen Einfluss auf den Sorgfaltspflichtsmaßstab (Zweites Kapitel B. VI. 3. c)).

Zur weiteren Konkretisierung trägt in geringerem Umfang die differenzierte Maßfigur bei. Der Begriff ist stark konkretisierungsbedürftig und dementsprechend umstritten. Das Mindestmaß an Sorgfalt ergab und ergibt sich aus dem SGB VIII in Übereinstimmung mit dem Strafgesetzbuch. Daneben ist Raum für die Ausarbeitung eines Regelwerkes, welches den Qualitätsstandard für Mitarbeiter der Kinder- und Jugendhilfe festlegt und sichert (Zweites Kapitel B. VI. 3. d)).

Des Weiteren ist eine zunehmende quantitative Arbeitsüberlastung der Mitarbeiter der Kinder- und Jugendhilfe festzustellen. Sofern eine solche Überlastung im Einzelfall gegeben ist, hat eine Überlastungsanzeige bei einem Vorgesetzten für den Sozialarbeiter strafrechtlich betrachtet entlastende Wirkung. Für negative Folgen aufgrund mangelnder Informationsgewinnung kann in diesem Fall dann kein Indiz mehr für eine Sorgfaltspflichtverletzung gesehen werden. Verschweigt ein Sozialarbeiter hingegen seinen Überlastungszustand, so liegt eine Übernahmefahrlässigkeit und damit ein Indiz für eine Sorgfaltspflichtverletzung vor (Zweites Kapitel B. VI. 3. f)).

Der Vertrauensgrundsatz spielt für die Strafbarkeit von Sozialarbeitern in der Kinder- und Jugendhilfe darüber hinaus keine Rolle (Zweites Kapitel B. VI. 3. g)).

Die objektive Vorhersehbarkeit erfordert immer eine Gesamtbetrachtung der Anzeichen des konkreten Einzelfalles. Diese können in allgemeine und spezielle das Kindeswohl gefährdende Anzeichen unterteilt werden. Für sie gelten alsdann unterschiedliche Schwellen der Verdichtung von Anzeichen, ab derer von einer Vorhersehbarkeit ausgegangen werden muss (Zweites Kapitel B. VI. 4.).

Hinsichtlich der objektiven Zurechnung des Erfolges ist festzustellen, dass für fahrlässige Unterlassungsdelikte die Risikoerhöhungslehre (Risikoverminderungslehre) einen Verstoß gegen Art. 103 Abs. 2 GG darstellt, weshalb der herrschenden Vermeidbarkeitsthese gefolgt werden sollte (Zweites Kapitel B. VII. 1.-3.). In der Kinder- und Jugendhilfearbeit gibt es Konstellationen, in denen dieser Streit für die strafrechtliche Bewertung relevant erscheint, letztendlich aber nicht zum Tragen kommt (Zweites Kapitel B. VII. 4.).

Die rechtfertigende Pflichtenkollision kann innerhalb der Rechtswidrigkeitsprüfung im Einzelfall Relevanz entfalten, ist generell aber von untergeordneter Bedeutung (Zweites Kapitel B. VIII.).

Bei der Prüfung der subjektiven Erkennbarkeit und Erfüllbarkeit der objektiven Sorgfaltspflicht stellt sich das Problem des Übernahmeverschuldens. Um ein solches bejahen zu können, muss es für den Sozialarbeiter erkennbar gewesen sein dass er mit der übernommenen Betreuung überfordert sein wird. Gleichwohl ist gerade Berufsneulingen zu empfehlen, schwierige Fälle an Kollegen mit mehr Berufserfahrung abzugeben (Zweites Kapitel B. IX. 2.).

Die Unzumutbarkeit normgemäßen Verhaltens kann wiederum im Einzelfall eine Rolle spielen, ihre grundsätzliche Bedeutung für eine Strafbarkeit von Mitarbeitern des Jugendamtes ist jedoch als unwesentlich einzustufen (Zweites Kapitel B. IX. 4.).

II. Übertragung auf den Fall „Kevin"

Die gewonnenen Ergebnisse werden abschließend auf den vierten der dargestellten Fälle, „Kevin" angewandt. Es handelt sich dabei um einen der jüngeren der dargestellten Fälle, über den eine ausführliche Dokumentation der Geschehnisse existiert. Über die Umstände des Todes von Lea-Sophie ist zum momentanen Zeitpunkt zu wenig bekannt. Für die Betrachtung der Strafbarkeit des Mitarbeiters des Jugendamtes im Fall „Kevin" spricht darüber hinaus, dass der Strafprozess noch aussteht, jedoch für die nahe Zukunft erwartet wird[890], sowie die überwiegende Anwendbarkeit der neuen Rechtslage nach dem KICK.[891]

Der Mitarbeiter des Amtes für Soziale Dienste in Bremen, nachfolgend nur „Sachbearbeiter" genannt, könnte sich aufgrund mangelnden Schutzes für das Kind Kevin, was dessen Tötung durch den Vater zur Folge hatte, wegen fahrlässiger Tötung durch Unterlassen, §§ 222, 13 StGB, strafbar gemacht haben.

In dem Nichtergreifen geeigneter Maßnahmen ist unproblematisch ein Unterlassen zu sehen. Rettungshandlungen waren über Monate und Jahre hinweg möglich gewesen, zu einem endgültigen Handeln in Form der Anrufung des Familiengerichts nach § 8a Abs. 3 S. 1 SGB VIII und §§ 1666 f. BGB kam es jedoch nicht. An der Möglichkeit dementsprechend tätig zu werden fehlte es zweifellos nicht.

Der ursächliche Zusammenhang kann ebenfalls bejaht werden. Hätte der Sachbearbeiter in obigem Sinne gehandelt, wäre der Erfolg - die Tötung des Kindes - mit an Sicherheit grenzender Wahrscheinlichkeit ausgeblieben.

Die Garantenstellung des Sachbearbeiters ergibt sich aus tatsächlicher Schutzübernahme, seit der Fall ihm übertragen wurde. Möglicherweise kann auch schon auf den Tag der Geburt, den 23.01.2004, abgestellt werden. Hierzu fehlen jedoch zum einen notwendige Anhaltspunkte, zum anderen ergibt sich in der Beurteilung der Strafbarkeit kein Unterschied.

Für den objektiven Fahrlässigkeitsvorwurf ist erforderlich, dass der Sachbearbeiter eine objektive Sorgfaltspflicht verletzt hat. Die Indizienlage spricht dabei für eine derartige Annahme. Ungeachtet dessen, dass in mehreren Situationen die Herausnahme des Kevin nach § 8a Abs. 3 S. 2 SGB VIII n. F. in Verbindung mit § 42 SGB VIII n. F. angebracht gewesen wäre[892], hätte ein Verfahren zur Entziehung des Sorgerechts eingeleitet werden müssen. Dies ergibt sich ganz

---

890 Vergleiche *Wiegand*, Kevin fast vergessen, Süddeutsche Zeitung vom 16.05.2009.

891 Das KICK trat am 01.10.2005 in Kraft, also zeitlich gesehen etwa sechs Wochen vor dem Tod von Kevins Mutter am 12.11.2005.

892 Etwa während des Aufenthaltes in der Kinderklinik vom 27.09.2004 bis 14.10.2004, als multiple Knochenbrüche festgestellt wurden. Zu diesem Zeitpunkt war dies ohne richterlichen Beschluss im SGB VIII jedoch noch nicht vorgesehen.

eindeutig aus den schweren Beeinträchtigungen für das leibliche Wohl des Kevin zusammen mit der offensichtlichen Kooperationsverweigerung des Vaters nach dem Tod der Mutter. Bereits der Bericht der Kinderklinik, in der Kevin vom 27.09.2004 bis 14.10.2004 war, dürfte dafür ausreichend sein. Er erwähnt unter anderem einen Bruch des Schädeldaches aufgrund stumpfer Gewalteinwirkung.

Insgesamt kann ein Verhalten zuwider sowohl des SGB VIII a. F. als auch zuwider des SGB VIII n. F. festgestellt werden. Alle sonstigen Indizien (etwa die Verkehrsnorm „Empfehlungen des Deutschen Städtetags"; differenzierte Maßfigur) sprechen ebenfalls für eine objektive Sorgfaltspflichtverletzung.

An der objektiven Vorhersehbarkeit des Todes durch Gewalteinwirkung bestehen angesichts der Qualität und Quantität der vorausgegangenen Misshandlungen keine Zweifel. Die Rechtswidrigkeit ist zu bejahen. Die Elemente der Schuld sind ebenfalls erfüllt.

Es ist demnach entsprechend dem vorliegenden Sachverhaltsstand von einer Strafbarkeit des Sachbearbeiters wegen fahrlässiger Tötung durch Unterlassen, §§ 222, 13 StGB, auszugehen.

III. Schlussbemerkung

Es zeigt sich, dass die Strafbarkeit eines Mitarbeiters der Kinder- und Jugendhilfe von einer großen Anzahl von Faktoren abhängig ist. Sie sind gerade Ausdruck der Komplexität der Tätigkeit des Jugendamtes. Dem ist einerseits innerhalb der Strafbarkeitsprüfung Rechnung zu tragen, andererseits gilt es jedoch auch die hohe Schutzbedürftigkeit von Kindern zu berücksichtigen.

Das Ziel, den Kinderschutz in Deutschland weiter zu verbessern, machte sich auch die Regierungskoalition aus CDU/CSU und SPD unter dem Eindruck mehrerer schwerer Fälle von Kindesmisshandlung in den letzten Jahren zueigen. Das Bundeskabinett beschloss am 21.01.2009 einen Gesetzesentwurf, wodurch die Pflichten der Kinder- und Jugendhilfe zum Teil genauer festgelegt wurden. So war unter anderem vorgesehen, Jugendamtsmitarbeiter unter bestimmten Umständen zu Hausbesuchen bei den von ihnen betreuten Familien gesetzlich zu verpflichten. Institutionen und Verbände reagierten auf den Entwurf äußerst kritisch.[893] Am 27.05.2009 wurde bekannt gegeben, dass man sich darauf verständigt habe, das Gesetz in der laufenden Legislaturperiode[894] nicht mehr zu verabschieden.[895] Als Konsequenz aus den Unsicherheiten über den endgültigen Inhalt des Gesetzes sowie über den Zeitpunkt seiner Verabschiedung erfolgte im Rahmen dieser Arbeit keine Befassung mit dem Gesetzesentwurf.[896]

Unabhängig davon ist mit der wohl herrschenden Ansicht eine Garantenstellung von Mitarbeitern des Jugendamtes aus tatsächlicher Schutzübernahme anzunehmen. Um eine Besonderheit der Kinder- und Jugendhilfe handelt es sich dabei gleichwohl nicht. In vielen Berufsgruppen arbeiten tagtäglich unzählige Menschen, denen eine Beschützer- oder Überwachergarantenstellung zukommt. Für sie gilt im Zweifel dasselbe wie für die Mitarbeiter des Jugendamtes: Es handelt sich nicht um eine dem Damoklesschwert entsprechende Bedrohung, die bei jedem geringfügigen Fehler zu einer Bestrafung führt. Vielmehr eröffnet die Garantenstellung nur den für eine Unterlassungsstrafbarkeit relevanten Personenkreis.

Hinsichtlich des Sorgfaltsmaßstabes ist letztendlich auf den oft wiederholten Satz zu rekurrieren, dass ein Arbeiten innerhalb der Grenzen des SGB VIII nicht zu einer Strafbarkeit führen kann. Mit der neuen Fassung des SGB VIII sind jene Grenzen und dabei vor allem die Mindestanforderungen an sozialarbeiterisches Tätigwerden deutlicher herausgestellt. Begrüßenswert wäre indes für die Beschäftigten in der Kinder- und Jugendhilfe ein möglichst allgemein gültiger, detaillierter Verhaltenskodex unter Zugrundelegung des SGB VIII.

Die wie bereits dargestellt steigende Anzahl an Inobhutnahmen, Herausnahmen und Sorgerechtsentziehungen gilt es indes ambivalent zu betrachten.[897] Vertritt man die Ansicht, dass das bisherige Vorgehen der Kinder- und Jugendhilfe zu unentschlossen war, dürfte dies als positive Entwicklung gesehen werden. Beruht die Steigerung hingegen auf einer Absicherungsmentalität, also

---

[893] Vergleiche etwa Deutscher Kinderschutzbund Bundesverband e.V., Stellungnahme; Evangelische Aktionsgemeinschaft für Familienfragen, Stellungnahme.

[894] Die Wahl des 17. Deutschen Bundestages findet voraussichtlich am 27.09.2009 statt.

[895] Frankfurter Allgemeine Zeitung FAZ.NET, SPD will Kinderschutzgesetz stoppen.

[896] Kabinettsbeschluss zum Entwurf eines Gesetzes zur Verbesserung des Kinderschutzes vom 21.01.2009.

[897] Die in der Einleitung aufgeworfenen kriminologischen Bedenken seien hier einmal außen vor gelassen.

der Angst vor einem Fehler, so könnte sich das plötzliche „mehr an Sicherheit" für die Kinder auch als unverhältnismäßiges Eingreifen des Staates durch die Mitarbeiter der Kinder- und Jugendhilfe entpuppen. Studien, die sich mit dem Inobhutnahme- und Sorgfaltspflichtsentziehungsverhalten der Sozialarbeiter gerade angesichts der neuen Gesetzeslage befassen, gibt es soweit ersichtlich noch nicht.

Eine Strafbarkeit von Mitarbeitern des Jugendamtes kann immer nur aus dem Zusammenspiel der wesentlichen Faktoren Garantenstellung, Sorgfaltspflichtverletzung und Vorhersehbarkeit entstehen. Gerade der objektiven Vorhersehbarkeit gilt es dabei besondere Beachtung zu schenken, da nicht jedes Anzeichen eines Missstandes sofort zu seiner Annahme im konkreten Fall führen darf. Die Überlastung eines Mitarbeiters des Jugendamtes kann ihm bei einer entsprechenden Anzeige entlastend angerechnet werden, denn nur das dem Menschen mögliche kann gefordert werden.

Das Risiko einer Strafbarkeit für Sozialarbeiter, die in der Kinder- und Jugendhilfe tätig sind, ist insgesamt als gering einzustufen. Gleichwohl müssen die Fälle, in denen sehenden Auges auf ein Kindeswohlbeeinträchtigung zugesteuert wurde, gemäß dem Strafgesetzbuch geahndet werden. In diesen Fällen darf von Seiten der Sozialwissenschaft nicht länger versucht werden, das zum Teil erschreckende Fehlverhalten als „noch fachgemäß" darzustellen. Vielmehr schadet ein solches von Furcht vor einer Strafbarkeit getragenes Verhalten dem Ruf der Profession der sozialen Arbeit.

Die Änderungen des SGB VIII durch das KICK sind in diesem Zusammenhang aufgrund ihres klarstellenden Charakters und wegen der Ausweitung der Sozialarbeiterbefugnisse als positiv zu bewerten. Maßgeblichen Einfluss auf die Verbesserungen hatte dabei die Diskussion, in die sich nunmehr auch diese Arbeit einreiht.

Schrifttum

Albrecht, Hans-Jörg: Sozialarbeit und Strafrecht. Strafbarkeitsrisiken in der Arbeit mit Problemfamilien; in: Verantwortlich handeln - Schutz und Hilfe bei Kindeswohlgefährdung. Saarbrücker Memorandum; Köln 2004, herausgegeben vom Deutschen Institut für Jugendhilfe und Familienrecht (DIJuF) e.V., S. 183–228, zitiert: *Albrecht*, Sozialarbeit und Strafrecht

Androulakis, Nikolaos: Rechtsproblematische Studien über die unechten Unterlassungsdelikte; München 1962, zitiert: *Androulakis*, Unterlassungsdelikte

Arzt, Gunther: Die Garantenstellung bei unechten Unterlassungsdelikten (1. Teil); JA 1980, 553

- Dolus Eventualis und Verzicht; in: Festschrift für Hans-Joachim Rudolphi zum 70. Geburtstag; Neuwied 2004, herausgegeben von Klaus Rogall, Ingeborg Puppe und Ulrich Stein, S. 3–13, zitiert: *Arzt* in FS-Rudolphi

Baldus, Manfred: Die Einheit der Rechtsordnung. Bedeutungen einer juristischen Formel in Rechtstheorie, Zivil- und Staatsrechtswissenschaft des 19. und 20. Jahrhunderts; Berlin 1995, zitiert: *Baldus*, Die Einheit der Rechtsordnung

Bange, Dirk: Gewalt gegen Kinder in der Geschichte; in: Kindesmisshandlung und Vernachlässigung; herausgegeben von Günther Deegener und Wilhelm Körner, Göttingen u.a. 2005, S. 13–18, zitiert: *Bange*, Gewalt gegen Kinder

Baumann, Jürgen, Ulrich Weber und *Wolfgang Mitsch*: Strafrecht Allgemeiner Teil

- 10. Auflage, Bielefeld 1995, zitiert: Bearbeiter in B/W/M, AT (10. A.)
- 11. Auflage, Bielefeld 2003, zitiert: Bearbeiter in B/W/M, AT

Beck'scher Online Kommentar VwGO: 9. Edition, Stand 01.04.2009, herausgegeben von Herbert Posser und Heinrich Amadeus Wolff, bearbeitet von Uwe Berlit, Andreas Berstermann, Günter Breunig, Stefan Brink, Christoph Brüning, Andreas Decker, Claudia Garloff, Hubertus Gersdorf, Ludger Giesberts, Andreas Hartung, Jost Hüttenbrink, Marcel Kaufmann, Christiane Kimmel, Roland Kintz, Wolfgang Kuhla, Wolfgang Kunze, Andreas Lambiris, Josef Franz Lindner, Markus Möstl, Herbert Posser, Ekkehart Reimer, Wolfgang Roth, Thomas Schmidt-Kötters, Heribert Schmitz, Joachim Suerbaum, Heinrich Amadeus Wolff und Annette Zimmermann-Kreher, zitiert: Bearbeiter in BOK VwGO

Beulke, Werner und *Gregor Bachmann*: Die „Lederspray-Entscheidung" - BGHSt 37, 106; JuS 1992, 737

Beulke, Werner und *Sabine Swoboda*: Beschützergarant Jugendamt. Zur Strafbarkeit von Mitarbeitern des Jugendamtes bei Kindestod, Kindesmisshandlung oder -missbrauch innerhalb der betreuten Familie; in: Festschrift für Karl Heinz Gössel zum 70. Geburtstag; Heidelberg 2002, herausgegeben von Dieter Dölling und Volker Erb, S. 73-98, zitiert: *Beulke/Swoboda* in FS-Gössel

Binding, Karl: Die Normen und ihre Übertretung; Band 2 erste Hälfte, 2. Auflage, Leipzig 1914, zitiert: *Binding*, Die Normen und ihre Übertretung

Binschus Wolfgang: Zur strafrechtlichen Garantenpflicht von Sozialarbeitern; Jugendhilfe 2000, 235

Blei, Hermann: Garantenpflichtbegründung beim unechten Unterlassen; in: Festschrift für Hellmuth Mayer zum 70. Geburtstag; Berlin 1966, herausgegeben von Friedrich Geerds und Wolfgang Naucke, S. 119-143, zitiert: *Blei* in FS-Mayer

- Strafrecht Allgemeiner Teil; 18. Auflage, München 1983, zitiert: *Blei*, AT

Boecker, Arne: Fünfjähriges Mädchen in Schwerin verhungert und Verdurstet; Sueddeutsche Zeitung sueddeutsche.de vom 22.11.2007, http://www.sueddeutsche.de/panorama/artikel/575/144250/, abgerufen am 15.07.2008, zitiert: Boecker, Fünfjähriges Mädchen in Schwerin verhungert und verdurstet

Bohnert, Joachim: Die Verletzung der Fürsorgepflicht und die Garantie der Sozialarbeiter; ZStW 2005, 290

Bonner Kommentar zum Grundgesetz; Loseblatt, 127. Aktualisierung, Heidelberg, Stand 02/2007, herausgegeben von Rudolf Dolzer, Klaus Vogel, Karin Graßhof, zitiert: Bearbeiter in BK

Brammsen, Joerg: Die Entstehungsvoraussetzungen der Garantenpflichten; Berlin 1986, zitiert: *Brammsen*, Die Entstehungsvoraussetzungen der Garantenpflichten

Bringewat, Peter: Kommunale Jugendhilfe und strafrechtliche Garantenhaftung; NJW 1998, 944

- Hilfeplanverfahren gem. § 36 SGB VIII und strafrechtliche Fahrlässigkeitshaftung in der Jugendhilfe; ZfJ 2000, 401

- Sozialpädagogische Familienhilfe und strafrechtliche Risiken; Stuttgart u.a. 2000, zitiert: *Bringewat*, Sozialpädagogische Familienhilfe

- Tod eines Kindes; 2. Auflage, Baden-Baden 2001, zitiert: *Bringewat*, Tod eines Kindes

- Strafrechtliche Risiken beruflichen Handelns von ASD-MitarbeiterInnen, Haftungsverteilung zwischen öffentlicher und freier Kinder- und Jugendhilfe sowie Formen und Inhalte der Dokumentation unter strafrechtlichen Aspekten. Eine Expertise im Auftrag des Projektes „Kindeswohlgefährdung und Allgemeiner Sozialer Dienst (ASD)"; 2002, http://www.dji.de/bibs/bringewat.pdf, abgerufen am 05.09.2008, zitiert: *Bringewat*, Strafrechtliche Risiken

- Schutzauftrag bei Kindeswohlgefährdung (§ 8a SGB VIII) und strafrechtlicher Garantenhaftung in der Kinder- und Jugendhilfe; ZKJ 2006, 233

- Strafrechtliche Garantenhaftung in der öffentlichen Kinder- und Jugendhilfe; FPR 2007, 12

Burgstaller, Manfred: Das Fahrlässigkeitsdelikt im Strafrecht; Wien 1974, zitiert: *Burgstaller*, Das Fahrlässigkeitsdelikt

Busch, Manfred: Kindeswohlgefährdung und Garantenstellung - (k)ein Thema der Jugendhilfe; UJ 2002, 82

Coester, Michael: Die Bedeutung des Kinder- und Jugendhilfegesetzes (KJHG) für das Familienrecht; FamRZ 1991, 253

De Mause, Lloyd: Hört ihr die Kinder weinen - eine psychogenetische Geschichte der Kindheit; Frankfurt a. M. 1977, zitiert: *De Mause*, Hört ihr die Kinder weinen

Dencker, Friedrich: Der praktische Fall. Strafrecht. Die erfolgreiche Fahrerflucht; JuS 1980, 210

- Ingerenz: Die defizitäre Tathandlung; in: Festschrift für Walter Stree und Johannes Wessels zum 70. Geburtstag; Heidelberg 1993, herausgegeben von

Wilfried Küper und Jürgen Welp, S. 159–181, zitiert: *Dencker* in FS-Stree/Wessels

Dießner, Annika: Die Unterlassungsstrafbarkeit der Kinder- und Jugendhilfe bei familiärer Kindeswohlgefährdung; Berlin 2008, zitiert: *Dießner*, Die Unterlassungsstrafbarkeit der Kinder- und Jugendhilfe

D'Heur, Jean: Verfassungsrechtliche Schutzgebote zum Wohl des Kindes und staatliche Interventionspflichten aus der Garantienorm des Art. 6 Abs. 2 Satz 2 GG; Berlin 1993, zitiert: *D'Heur*, Schutzgebote

Dolde, Klaus-Peter: Zur Verwaltungsrechtsakzessorietät von § 327 StGB – Bemerkungen zum Alkem-Urteil des LG Hanau; NJW 1988, 2329

Donner, Susanne: Das Mysterium der Geschlechterwahl; Der Spiegel Online vom 29.02.2004, http://www.spiegel.de/wissenschaft/mensch/0,1518,288233,00.html, abgerufen am 25.08.2008, zitiert: *Donner*, Das Mysterium der Geschlechterwahl

Dreier, Horst: Grundgesetz Kommentar; Band I (Art. 1–19), 2. Auflage, Tübingen 2004, bearbeitet von Hartmut Bauer, Horst Dreier, Rolf Gröschner, Georg Hermes, Werner Heun, Johannes Masing, Martin Morlok, Ingolf Pernice, Helmuth Schulze-Tielitz, Joachim Wieland, zitiert: Bearbeiter in Dreier

Ebert, Udo und *Kristian Kühl*: Kausalität und objektive Zurechnung; Jura 1979, 561

Eisenberg, Ulrich: Kriminologie; 6. Auflage, München 2005, zitiert: *Eisenberg*, Kriminologie

Engisch, Karl: Tun und Unterlassen; in: Festschrift für Wilhelm Gallas zum 70. Geburtstag; Berlin 1973, herausgegeben von Karl Lackner, Heinz Leferenz, Eberhard Schmidt, Jürgen Welp und Ernst A. Wolff, S. 163–196, zitiert: *Engisch* in FS-Gallas

Erichsen, Hans-Uwe und *Dirk Ehlers*: Allgemeines Verwaltungsrecht; 13. Auflage, Berlin 2006, zitiert: Bearbeiter in Erichsen/Ehlers

Essener Gespräche zum Thema Staat und Kirche, Band 14, Münster 1980, zitiert: Bearbeiter in Essener Gespräche

Felix, Dagmar: Einheit der Rechtsordnung. Zur verfassungsrechtlichen Relevanz einer juristischen Argumentationsfigur; Tübingen 1998, zitiert: *Felix*, Einheit der Rechtsordnung

Feuerbach, Paul Johann Anselm von und *Carl Joseph Anton Mittermaier*: Lehrbuch des gemeinen in Deutschland gültigen Peinlichen Rechts. Mit vielen Anmerkungen und Zusatzparagraphen und mit einer vergleichenden Darstellung der Fortbildung des Strafrechts durch die neuen Gesetzgebungen; 14. Auflage, Giessen 1847, zitiert: *Feuerbach/Mittermaier*, Lehrbuch des Peinlichen Rechts

Fieseler, Gerhard: Steigende fachliche Anforderungen bei knappen Ressourcen. Strafrechtliche Risiken bei Kindeswohlgefährdung; UJ 2001, 431

- Garantenpflicht - Konsequenzen für sozialpädagogisches Handeln unter Berücksichtigung berufsrechtlicher und berufsethischer Gesichtspunkte; ZfJ 2004, 172

Fischer, Thomas: Strafgesetzbuch und Nebengesetze; 56. Auflage, München 2009, zitiert: *Fischer*

Fischer, Renate und *Wolfgang Leirer*: Die Rechtswidrigkeit gewässerverunreinigenden Handelns von Amtsträgern; ZfW 1996, 349

Frankfurter Kommentar zum SGB VIII. Kinder- und Jugendhilfe; 5. Auflage, Weinheim, München 2006, bearbeitet von Johannes Münder, Jochem Balz, Dieter Kreft, Thomas Lakies, Thomas Meysen, Roland Proksch, Klaus Schäfer, Gila Schindler, Norbert Struck, Britta Tammen, Thomas Trenczek, zitiert: *Münder* u.a. in FK SGB VIII

Freund, Georg: Erfolgsdelikt und Unterlassen; Köln, München u.a. 1992, zitiert: *Freund*, Erfolgsdelikt und Unterlassen

Frister, Helmut: Strafrecht Allgemeiner Teil; 3. Auflage, München 2006, zitiert: *Frister*, AT

Fünfsinn, Helmut: Der Aufbau des fahrlässigen Verletzungsdelikts durch Unterlassen im Strafrecht; Frankfurt a. M. 1985, zitiert: *Fünfsinn*, Der Aufbau des fahrlässigen Verletzungsdelikts durch Unterlassen

Gallas, Wilhelm: Die strafrechtliche Verantwortlichkeit der am Bau Beteiligten; Heidelberg 1963, zitiert: *Gallas*, Die strafrechtliche Verantwortlichkeit der am Bau Beteiligten

Glaser, Julius: Abhandlungen aus dem oesterreichischen Strafrecht; Band 1, Wien 1858, zitiert: *Glaser*, Strafrecht

Gräff, Friederike: Ein tödlicher Rückzug; die tageszeitung taz.de vom 14.07.2008, http://www.taz.de/1/politik/deutschland/artikel/1/ein-toedlicher-rueckzug/, abgerufen am 15.07.2008, zitiert: *Gräff*, Ein tödlicher Rückzug

Greco, Luís: Das Subjektive an der objektiven Zurechnung: Zum „Problem" des Sonderwissens; ZStW 2005, 519

Gropp, Walter: Die „Pflichtenkollision": weder eine Kollision von Pflichten noch Pflichten in Kollision; in: Festschrift für Hans Joachim Hirsch zum 70. Geburtstag; Berlin 1999, herausgegeben von Thomas Weigend und Georg Küpper, S. 207–224, zitiert: *Gropp* in FS-Hirsch

- Strafrecht Allgemeiner Teil; 3. Auflage, Berlin 2005, zitiert: *Gropp*, AT

Grünwald, Gerald: Zur gesetzlichen Regelung der unechten Unterlassungsdelikte; ZStW 1958, 413

Gülde, Hermann: Der Vertrauensgrundsatz als Leitgedanke des Straßenverkehrsrechts; JW 1938, 2785

Gupta, Parul: Massenabtreibungen weiblicher Föten; Süddeutsche Zeitung Online vom 31.07.2007, http://www.sueddeutsche.de/panorama/artikel/81/125889/, abgerufen am 25.08.2008, zitiert: *Gupta*, Massenabtreibungen weiblicher Föten

Haft, Fritjof: Strafrecht Allgemeiner Teil. Eine Einführung für Anfangssemester; 9. Auflage, München 2004, zitiert: *Haft*, AT

Hefendehl, Roland: Sozialarbeit im lähmenden Bann strafrechtlicher Risiken?; RdJB 2005, 472

Hering, Sabine und *Richard Münchmeier*: Geschichte der Sozialen Arbeit; 4. Auflage, Weinheim, München 2007, zitiert: *Hering/Münchmeier*, Geschichte der Sozialen Arbeit

Herzberg, Rolf Dietrich: Die Unterlassung im Strafrecht und das Garantenprinzip; Berlin 1972, zitiert: *Herzberg*, Die Unterlassung im Strafrecht und das Garantenprinzip

- Die Schuld beim Fahrlässigkeitsdelikt; Jura 1984, 402

- Zur Garantenstellung aus vorangegangenem Tun; JZ 1986, 986

Hillenkamp, Thomas: 32 Probleme aus dem Strafrecht Allgemeiner Teil; 12. Auflage, Neuwied 2006, zitiert: *Hillenkamp*, 32 Probleme

Horn, Eckhard: Strafbares Fehlverhalten von Genehmigungs- und Aufsichtsbehörden?; NJW 1981, 1

Hoyer, Andreas: Kausalität und/oder Risikoerhöhung; in: Festschrift für Hans-Joachim Rudolphi zum 70. Geburtstag; Neuwied 2004, herausgegeben von Klaus Rogall, Ingeborg Puppe und Ulrich Stein, S. 95–105, zitiert: *Hoyer* in FS-Rudolphi

Ipsen, Jörn: Staatsrecht II. Grundrechte; 11. Auflage, Köln, München 2008, zitiert: *Ipsen*, Grundrechte

Jakobs, Günther: Strafrecht Allgemeiner Teil; 2. Auflage, Berlin 1991, zitiert: *Jakobs*, AT

Jäger, Christian: Examens-Repetitorium Strafrecht Allgemeiner Teil; 3. Auflage, Heidelberg, München, Landsberg u.a. 2007, zitiert: *Jäger*, AT

Jarass, Hans Dieter und *Bodo Pieroth*: Grundgesetz für die Bundesrepublik Deutschland; 10. Auflage, München 2009, zitiert: Bearbeiter in Jarass/ Pieroth

Jauernig, Othmar: Bürgerliches Gesetzbuch; 13. Auflage, München 2009, bearbeitet von Christian Berger, Othmar Jauernig (Hrsg.), Heinz-Peter Mansel, Astrid Stadler, Rolf Stürner und Arndt Teichmann, zitiert: Bearbeiter in Jauernig

Jescheck, Hans-Heinrich: Die Behandlung der unechten Unterlassungsdelikte in neueren Strafgesetzentwürfen; in: Festschrift für Herbert Tröndle zum 70. Geburtstag; Berlin, New York 1989, herausgegeben von Hans-Heinrich Jescheck und Theo Vogler, S. 795–816, zitiert: *Jescheck* in FS-Tröndle

Jescheck, Hans-Heinrich und *Thomas Weigend*: Lehrbuch des Strafrechts Allgemeiner Teil, 5. Auflage, Berlin 1996, zitiert: *Jescheck/Weigend*, AT

Joecks, Wolfgang: Studienkommentar Strafgesetzbuch; 8. Auflage, München 2009, zitiert: *Joecks*, Studienkommentar

Johansen, Erna Maria: Betrogene Kinder. Eine Sozialgeschichte der Kindheit; Frankfurt a. M. 1979, zitiert: *Johansen*, Betrogene Kinder

Kaufmann, Armin: Die Dogmatik der Unterlassungsdelikte; 1. Auflage, Göttingen 1959, zitiert: *Kaufmann*, Unterlassungsdelikte

- Methodische Probleme der Gleichstellung des Unterlassens mit der Begehung; JuS 1961, 173

Kaufmann, Arthur: Die Bedeutung hypothetischer Erfolgsursachen im Strafrecht; in: Festschrift für Eberhard Schmidt zum 70. Geburtstag; Göttingen 1961, herausgegeben von Paul Bockelmann und Wilhelm Gallas, S. 200–231, zitiert: *Kaufmann Arthur* in FS-Schmidt

Katz, Alfred: Staatsrecht. Grundkurs im öffentlichen Recht; 17. Auflage, Heidelberg 2007, zitiert: *Katz*, Staatsrecht

Keller, Rolf: Zur strafrechtlichen Verantwortlichkeit des Amtsträgers für fehlerhafte Genehmigungen im Umweltrecht; in: Festschrift für Kurt Rebmann zum 65. Geburtstag; München 1989, herausgegeben von Heinz Eyrich, Walter Odersky und Franz Jürgen Säcker, S. 241–257, zitiert: *Keller* in FS-Rebmann

Kindhäuser, Urs: Strafgesetzbuch Lehr- und Praxiskommentar; 3. Auflage, Baden-Baden 2006, zitiert: *Kindhäuser*, StGB-LPK

- Strafrecht Allgemeiner Teil; 3. Auflage, Baden-Baden 2008, zitiert: *Kindhäuser*, AT

Kopp, Ferdinand und *Wolf-Rüdiger Schenke*: Verwaltungsgerichtsordnung Kommentar; 15. Auflage, München 2007, zitiert: *Kopp/Schenke*

Köhler, Michael: Strafrecht Allgemeiner Teil; Berlin 1997, zitiert: *Köhler*, AT

Kretschmer, Joachim: Das Fahrlässigkeitsdelikt; Jura 2000, 267

Kunkel, Peter-Christian: Was bedeutet eine Garantenstellung für Mitarbeiter in der Jugendhilfe?; ZFSH/SGB 2001, 131

Kühl, Kristian: Strafrecht Allgemeiner Teil; 6. Auflage, München 2008, zitiert: *Kühl*, AT

Küper, Wilfried: Grundsatzfragen der „Differenzierung" zwischen Rechtfertigung und Entschuldigung; JuS 1987, 81

Kreft, Dieter: Fachlichkeit im Rechtsrahmen des SGB VIII - Kinder- und Jugendhilfe; UJ 2004, 363

Krey, Volker: Deutsches Strafrecht Allgemeiner Teil; Band 2, Stuttgart 2002, zitiert: *Krey*, AT/2

Lackner Karl und *Kristian Kühl*: Strafgesetzbuch mit Erläuterungen, 26. Auflage, München 2007, zitiert: *Lackner/Kühl*

Lehmann, M. Karl-Heinz: Verletzung der Garantenpflicht; EJ 2000, 48

Lehn, Birgitta vom: Die tödliche Ignoranz im Fall Kevin; Welt Online vom 05.06.2008, http://www.welt.de/vermischtes/article2069245/Die_toedliche_Ignoranz_im_Fall_Kevin.html, abgerufen am 27.08.2008, zitiert: *Lehn*, Die tödliche Ignoranz im Fall Kevin

Leipziger Kommentar; Erster Band, 11. Auflage, Berlin 2003, herausgegeben von Burkhard Jähnke, Heinrich Wilhelm Laufhütte und Walter Odersky, bearbeitet von Günter Gribbohm, Hans-Heinrich Jescheck, Bernd Schünemann, Friedrich-Christian Schroeder, Burkhard Jähnke, Thomas Hillenkamp, Hans Lilie, Dietlinde Albrecht und Claus Roxin, zitiert: Bearbeiter in LK

Lenckner, Theodor: Der „rechtswidrige verbindliche Befehl" im Strafrecht – nur noch ein Relikt?; in: Festschrift für Walter Stree und Johannes Wessels zum 70. Geburtstag; Heidelberg 1993, herausgegeben von Wilfried Küper und Jürgen Welp, S. 223–240, zitiert: *Lenckner* in FS-Stree/Wessels

Liszt, Franz von und *Eberhard Schmidt*: Lehrbuch des deutschen Strafrechts; 25. Auflage, Berlin 1927, zitiert: *Liszt/Schmidt*, Lehrbuch des deutschen Strafrechts

Luden, Heinrich: Abhandlungen aus dem gemeinen teutschen Strafrechte. Über d.Thatbestand d.Verbrechens nach gemeinem teutschen Rechte; Band 2, Göttingen 1840, zitiert: *Luden*, Abhandlungen aus dem gemeinen teutschen Strafrechte/2

Mäurer, Ulrich: Dokumentation über die Abläufe und Zusammenhänge im Todesfall Kevin K.; vom 31.12.2006, http://www.familienbildung.uni-bremen.de/aktuelles/maeurer20061030kevin_untersuchungsbericht_zusammenfassung.pdf, abgerufen am 30.08.2009, zitiert: *Mäurer*, Dokumentation

Maiwald, Manfred: Grundlagenprobleme der Unterlassungsdelikte; JuS 1981, 473

Mangoldt, Hermann von, Friedrich Klein und *Christian Starck*: Kommentar zum Grundgesetz; Band 1 (Präambel, Art. 1–19), 5. Auflage, München 2005, bearbeitet von Christian Starck, Gerhard Robbers, Christoph

Gusy, Michael Kemper, Gerrit Manssen, Gilbert Gornig, Otto Depenheuer, Ulrich Becker, Michael Brenner und Michael Huber, zitiert: Bearbeiter in Mangoldt/Klein/Starck

Maunz, Theodor und *Günter Dürig*: Grundgesetz Loseblatt-Kommentar; 51. Ergänzungslieferung, München, Stand 12/2007, herausgegeben von Roman Herzog, Rupert Scholz, Matthias Herdegen und Hans H. Klein, in Verbindung mit Peter Badura, Otto Depenheuer, Udo Di Fabio, Wolfgang Durner, Christoph Gröpl, Bernd Grzeszick, Christian Hillgruber, Stefan Korioth, Hanno Kube, Peter Lerche, Markus Möstl, Martin Nettesheim, Hans-Jürgen Papier, Albrecht Randelzhofer, Eberhard Schmidt-Aßmann und Arnd Uhle, zitiert: Bearbeiter in Maunz/Dürig

Maurach, Reinhart, Karl Heinz Gössel und *Heinz Zipf*: Strafrecht Allgemeiner Teil; Teilband 2, 7. Auflage, Heidelberg 1989, zitiert: Bearbeiter in Maurach/Gössel/Zipf, AT/2

Mayer, Hellmuth: Strafrecht Allgemeiner Teil; Stuttgart 1967; zitiert: *Mayer*, AT

Meyer-Goßner, Lutz: Strafprozessordnung; 51. Auflage, München 2008, zitiert: *Meyer-Goßner*

Meysen, Thomas: Kein Einfluss des Strafrechts auf die sozialpädagogische Fachlichkeit – Zugleich eine Erwiderung zu Bringewat, ZfJ 2000, 401 –; ZfJ 2001, 408

- In welcher straf- und haftungsrechtlichen Verantwortung stehen die MitarbeiterInnen des ASD bei einer Kindeswohlgefährdung? – Verantwortung wofür und gegenüber wem?; in: Handbuch Kindeswohlgefährdung nach § 1666 BGB und Allgemeiner Sozialer Dienst (ASD); http://213.133.108.158/asd/ASD_Inhalt.htm, Frage 37, Stand 01.03.2007, herausgegeben von Heinz Kindler, Susanna Lillig, Herbert Blüml, Thomas Meysen und Annegret Werner, abgerufen am 07.08.2008, zitiert: *Meysen*, Handbuch Kindeswohlgefährdung

Mörsberger, Thomas: Jetzt aber bitte nach Karlsruhe!; Info Service 1999, herausgegeben vom Landeswohlfahrtsverband Baden

- Stichwort Garantenpflicht. Erläuterungen zu einem schwierigen Rechtsbegriff; in: Mörsberger/Restemeier, Helfen mit Risiko; S. 155, zitiert: *Mörsberger*, Stichwort Garantenpflicht

- Weder Panik noch Selbstmitleid ist angebracht!; Thomas Mörsberger im Interview mit Christiane Jäger; Jugendhilfe 2000, 228

- Zur Aufgabenstellung des Jugendamtes bei Vernachlässigung, Misshandlung und sexuellem Missbrauch von Kindern und Jugendlichen; in: Verantwortlich handeln - Schutz und Hilfe bei Kindeswohlgefährdung. Saarbrücker Memorandum; Köln 2004, herausgegeben vom Deutschen Institut für Jugendhilfe und Familienrecht (DIJuF) e.V., S. 83–111, zitiert: *Mörsberger*, Zur Aufgabenstellung des Jugendamtes

- Sündenbock-Suche oder Fehleranalyse? Zu den Reaktionen auf spektakuläre Fälle von Kindesmisshandlung durch Jugendämter, Justiz und Medien; RdJB 2005, 447

- Die Angst der Helfer vor der Garantenpflicht; Landkreisnachrichten Baden-Württemberg 2007, 39 und ZVW 2006, 217

Mörsberger, Thomas und *Jürgen Restemeier*: Helfen mit Risiko. Zur Pflichtenstellung des Jugendamtes bei Kindesvernachlässigung. Dokumentation eines Strafverfahrens gegen eine Sozialarbeiterin in Osnabrück; Neuwied 1997, zitiert: Mörsberger/Restemeier, Helfen mit Risiko; sowie auch: Bearbeiter in Mörsberger/Restemeier, Helfen mit Risiko

Mrozynski, Peter: SGB VIII Kinder- und Jugendhilfe Kommentar; 5. Auflage, München 2009, zitiert: *Mrozynski*, SGB VIII

Müller, C. Wolfgang: Jugendamt - Geschichte und Aufgabe einer reformpädagogischen Einrichtung; Weinheim u.a. 1994, zitiert: *Müller C. W.*, Jugendamt

Müller, Henning Ernst: Falsche Zeugenaussage und Beteiligungslehre; Tübingen 2000, zitiert: *Müller H. E.*, Falsche Zeugenaussage und Beteiligungslehre

Münch, Ingo von: Staatsrecht; Band 2, 5. Auflage, Stuttgart 2002, zitiert: *Münch*, Staatsrecht

Münchener Kommentar zum Strafgesetzbuch

- Band 1 (§§ 1–51), München 2003, herausgegeben von Wolfgang Joecks und Klaus Miebach, bearbeitet von Kai Ambos, Gerhard Athing, Gunnar Duttge, Volker Erb, Ulrich Franke, Georg Freund, Bernhard Hardtung, Dietrich Herzberg, Wolfgang Joecks, Bernd Müssig, Henning Radtke, Guido Ruegenberg, Horst Schlehofer, Roland Schmitz und Franz Streng, zitiert: Bearbeiter in MK

- Band 2/2 (§§ 80–184f), München 2005, herausgegeben von Wolfgang Joecks, Klaus Miebach, bearbeitet von Nikolaus Bosch, Dieter Classen, Volker Erb, Karl-Heinz Groß, Sigrid Hegmann, Bernd von Heintschel-Heinegg, Olaf Hohmann, Tatjana Hörnle, Claus Kreß, Joachim Lampe, Klaus Miebach, Henning Ernst Müller, Joachim Renzikowski, Christian Ritscher, Jürgen Schäfer, Jan Steinmetz und Jan Zopfs, zitiert: Bearbeiter in MK

Naucke, Wolfgang: Über das Regreßverbot im Strafrecht; ZStW 1964, 409

Nagler, F.: Die Problematik der Begehung durch Unterlassen; GerS 1938, 1

Neue Entscheidungssammlung für Strafrecht; Loseblatt, Stand 1990, herausgegeben von Kurt Rebmann, Hans Dahs und Klaus Miebach, zitiert: NStE

Neuerer, Dietmar: Tragisches Versagen der Jugendämter; Focus Online vom 06.12.2007, http://www.focus.de/panorama/welt/kinder_aid_228500.html, abgerufen am 27.08.2008, zitiert: *Neuerer*, Tragisches Versagen der Jugendämter

Nickel, Egbert: Die Problematik der unechten Unterlassungsdelikte im Hinblick auf den Grundsatz „nullum crimen sine lege" (Art. 103 Abs. 2 GG); Berlin 1972, zitiert: *Nickel*, Die Problematik der unechten Unterlassungsdelikte

Nomos Kommentar Strafgesetzbuch; 3. Auflage, Baden-Baden 2006, herausgegeben von Urs Kindhäuser, Neumann Ulfrid und Paeffgen Hans-Ullrich, zitiert: Bearbeiter in NK StGB

Nowakowski, Friedrich: Zur Theorie der Fahrlässigkeit; JBl 1953, 506

Oberloskamp, Helga: Die Zusammenarbeit von Vormundschafts-/Familiengericht und Jugendamt; FamRZ 1992, 1241

Ogorek, Markus: Fahrlässige Tötung. Strafbarkeit von Ärzten wegen pflichtwidriger Ausgangsgewährung; JA 2004, 356

Ollmann, Rainer: Eltern, Kind und Staat in der Jugendhilfe; FamRZ 1992, 388

Oppermann, Thomas: Nach welchen rechtlichen Grundsätzen sind das öffentliche Schulwesen und die Stellung der an ihm Beteiligten zu ordnen?; in: Gutachten C zum 51. Deutschen Juristentag (1976), zitiert: *Oppermann*, Verhandlungen des Deutschen Juristentages

Ossenbühl, Fritz: Schule im Rechtsstaat; DÖV 1977, 801

- Verwaltungsrecht als Vorgabe für Zivil- und Strafrecht; DVBl 1990, 963

Otto, Harro: Kausaldiagnose und Erfolgszurechnung im Strafrecht; in: Festschrift für Reinhart Maurach zum 70. Geburtstag; Karlsruhe 1972, herausgegeben von Friedrich-Christian Schroeder und Heinz Zipf, S. 91–105, zitiert: *Otto* in FS-Maurach

- Grundkurs Strafrecht, Allgemeine Strafrechtslehre; 7. Auflage, Berlin 2004, zitiert: *Otto*, GK AT
- Vorausgegangenes Tun als Grundlage strafrechtlicher Haftung; NJW 1974, 528

Otto, Harro und *Joerg Brammsen*: Die Grundlagen der strafrechtlichen Haftung des Garanten wegen Unterlassens.

- Teil I; Jura 1985, 530
- Teil II; Jura 1985, 592
- Teil III; Jura 1985, 646

Palandt Bürgerliches Gesetzbuch; 68. Auflage, München 2009, bearbeitet von Peter Bassenge, Gerd Brudermüller, Uwe Diederichsen, Wolfgang Edenhofer, Jürgen Ellenberger, Christian Grüneberg, Hartwig Sprau, Helmut Heinrichs, Karsten Thorn und Walter Weidenkaff, zitiert: Bearbeiter in Palandt

Papenheim, Heinz-Gert: Sozialpädagogische Familienhilfe nach dem Diktat der Strafjustiz ?? – Anmerkungen zu dem Buch von Peter Bringewat „Sozialpädagogische Familienhilfe und strafrechtliche Risiken" –; http://www.sozialarbeit.de/download/files/spfh_und_strafjustiz.doc, abgerufen am 05.09.2008, zitiert: *Papenheim*, Sozialpädagogische Familienhilfe

Pawlik, Michael: Der Polizeibeamte als Garant zur Verhinderung von Straftaten; ZStW 1999, 335

Pieroth, Bodo und *Bernhard Schlink*: Grundrechte Staatsrecht II; 24. Auflage, Heidelberg 2008, zitiert: *Pieroth/Schlink*

Pfleiderer, Klaus: Die Garantenstellung aus vorangegangenem Tun; Berlin 1968, zitiert: *Pfleiderer*, Garantenstellung

Plewig, Hans-Joachim: Garantenstellung im Jugendhilfebereich - Reaktionen der Berufsgruppen: Entwicklung von Qualitätsstandards als Reaktion auf Fahrlässigkeitsvorwürfe; RdJB 2005, 486

Puppe, Ingeborg: Der Erfolg und seine kausale Erklärung im Strafrecht; ZStW 1980, 863

- Strafrecht Allgemeiner Teil im Spiegel der Rechtsprechung; Band 2, Baden-Baden 2005, zitiert: *Puppe*, AT/2

Roche Lexikon Medizin; 5. Auflage, München 2003, bearbeitet von Dagmar Reiche, zitiert: Roche Lexikon Medizin

Rogall, Klaus: Die Strafbarkeit von Amtsträgern im Umweltbereich. Forschungsbericht 10106034. Im Auftrag des Umweltbundesamtes, Berlin 1991, zitiert als: *Rogall*, Die Strafbarkeit von Amtsträgern im Umweltbereich

Roxin, Claus: Strafrecht Allgemeiner Teil

- Band I (Grundlagen), 4. Auflage, München 2006, zitiert: *Roxin*, AT/1
- Band II (Besondere Erscheinungsformen der Straftat), München 2003, zitiert: *Roxin*, AT/2
- Rechtswidrigkeit und Erfolg bei fahrlässigen Delikten; ZStW 1962, 411
- Literaturbericht. Allgemeiner Teil; ZStW 1966, 214
- Bemerkungen zum Regressverbot; in: Festschrift für Herbert Tröndle zum 70. Geburtstag; Berlin, New York 1989, herausgegeben von Hans-Heinrich Jescheck und Theo Vogler, S. 177–200, zitiert: *Roxin* in FS-Tröndle

Rudolphi, Hans-Joachim: Die Gleichstellungsproblematik der unechten Unterlassungsdelikte und der Gedanke der Ingerenz; Göttingen 1966, zitiert: *Rudolphi*, Gleichstellungsproblematik

- Primat des Strafrechts im Umweltschutz?; NStZ 1984, 193

Rühl, Ulli F. H.: Grundfragen der Verwaltungsakzessorietät; JuS 1999, 521

Sangenstedt, Christof: Garantenstellung und Garantenpflicht von Amtsträgern; Frankfurt a. M. 1989, zitiert: *Sangenstedt*, Garantenstellung

Schaffstein, Friedrich: Die Risikoerhöhung als objektives Zurechnungsprinzip im Strafrecht, insbesondere bei der Beihilfe; in: Festschrift für Richard M. Honig zum 80. Geburtstag; Göttingen 1970, herausgegeben von der Juristischen Fakultät der Georg-August-Universität Göttingen, S. 169–184, zitiert: *Schaffstein* in FS-Honig

Schall, Hero: Umweltschutz durch Strafrecht: Anspruch und Wirklichkeit; NJW 1990, 1263

Schatz, Holger: Der Pflichtwidrigkeitszusammenhang beim fahrlässigen Erfolgsdelikt und die Relevanz hypothetischer Kausalverläufe - Zum Einwand rechtmäßigen Alternativverhaltens bei fehlgeschlagener Lockerungsgewährung; NStZ 2003, 581

Schünemann, Bernd: Grund und Grenzen der unechten Unterlassungsdelikte; Göttingen 1971, zitiert: *Schünemann*, Grund und Grenzen der unechten Unterlassungsdelikte

- Zur Kritik der Ingerenzgarantenstellung; GA 1974, 231
- Moderne Tendenzen in der Dogmatik der Fahrlässigkeits- und Gefährdungsdelikte; JA 1975, 511 (Fortsetzung von JA 1975, 435–444)
- Die Unterlassungsdelikte und die strafrechtliche Verantwortlichkeit für Unterlassungen; ZStW 1984, 287
- Das systematische Verhältnis von Handlung, Tatbestand und Rechtswidrigkeit; GA 1985, 346
- Zum gegenwärtigen Stand der Dogmatik der Unterlassungsdelikte in Deutschland; in: Internationale Dogmatik der objektiven Zurechnung und der Unterlassungsdelikte. Ein spanisch-deutsches Symposium zu Ehren von Claus Roxin; Heidelberg 1995, herausgegeben von Enrique Gimbernat, Bernd Schünemann und Jürgen Wolter, S. 49–82, zitiert: *Schünemann*, Zum gegenwärtigen Stand der Dogmatik der Unterlassungsdelikte in Deutschland

Schürmann, Hannes: Unterlassungsstrafbarkeit und Gesetzlichkeitsgrundsatz; Berlin 1986, zitiert: *Schürmann*, Unterlassungsstrafbarkeit und Gesetzlichkeitsgrundsatz

Schlüchter, Ellen: Grundfälle zur Lehre von der Kausalität; JuS 1976, 793

- Zusammenhang zwischen Pflichtwidrigkeit und Erfolg bei Fahrlässigkeitstatbeständen; JA 1984, 673

Schmidhäuser, Eberhard: Fahrlässige Straftat ohne Sorgfaltspflichtverletzung; in: Festschrift für Friedrich Schaffstein zum 70. Geburtstag; Göttingen

1975, herausgegeben von Gerald Grünwald, Olaf Miehe, Hans-Joachim Rudolphi und Hans-Ludwig Schreiber, S. 129–158, zitiert: *Schmidhäuser* in FS-Schaffstein

Schmidt, Rolf: Strafrecht Allgemeiner Teil; 8. Auflage, Grasberg 2009, zitiert: *Schmidt*, AT

Schöne, Wolfgang: Unterlassene Erfolgsabwendungen und Strafgesetz. Zur gesetzlichen Regelung „unechter" Unterlassungsdelikte; Köln, München 1974, zitiert: *Schöne*, Unterlassene Erfolgsabwendungen und Strafgesetz

Schönke, Adolf und *Horst Schröder*: Strafgesetzbuch; 27. Auflage, München 2006, bearbeitet von Theodor Lenckner, Albin Eser, Walter Stree, Jörg Eisele, Günter Heine, Walter Perron, Detlev Sternberg-Lieben, zitiert: Bearbeiter in S/S

Schrapper, Christian: „... mit einem Bein im Gefängnis?" Über das Risiko, für die Folgen seiner Arbeit verantwortlich gemacht zu werden; Sozialmagazin 7/8 1996, 19

Schroeder, Friedrich-Christian: Fahrlässigkeit als Erkennbarkeit der Tatbestandsverwirklichung; JZ 1989, 776

Schröder, Horst: Die sogenannte Rückkehrpflicht bei § 142 StGB; NJW 1966, 1001

Schumann, Heribert: Strafrechtliches Handlungsunrecht und das Prinzip der Selbstverantwortung der Anderen; Tübingen 1986, zitiert: *Schumann*, Strafrechtliches Handlungsunrecht

Seebode, Manfred: Zur gesetzlichen Bestimmtheit des unechten Unterlassungsdelikts; in: Festschrift für Günter Spendel zum 70. Geburtstag; Berlin u.a. 1992, herausgegeben von Manfred Seebode, S. 317–346, zitiert: *Seebode* in FS-Spendel

Sozialgesetzbuch VIII. Kinder- und Jugendhilfe. Lehr- und Praxiskommentar; 3. Auflage, Baden-Baden 2006, bearbeitet von Peter-Christian Kunkel (Hrsg.), Wolfgang Binschus, Patrik Böcherer, Peter Bringewat, Hans-Peter Ettl, Peter Frings, Heinz-Dieter Gottlieb, Josef Kindle, Rainer Mollik, Sybille Nonninger, Jutta Opitz, Heinz-Gert Papenheim, Klaus Riekenbrauk, Walter Röchling, Christiane Schifferdecker, Ralf Steffan, Ute Vondung und Reinhard Joachim Wabnitz, zitiert: Bearbeiter in SGB VIII LPK

SGB VIII Kinder- und Jugendhilfe. Kommentar zum SGB VIII mit Schriftsatz- und Vertragsmustern; 2. Auflage, Freiburg u.a. 2008, bearbeitet von Hans-Peter Jung (Hrsg.), Elisabeth Auchter-Mainz, Ulrich Freudenberg, Uta Freudenberg, Susanne Fries, Andreas Jurgeleit, Tobias Kador, Heike Pape, Thomas Rechentin, Ronald Reichert, Jan-Robert von Renesse, Hans-Joachim Roesler, Norbert Schröder, Steffen Siefert, zitiert: Bearbeiter in SGB VIII Jung

Spendel, Günter: Zur Unterscheidung von Tun und Unterlassen; in: Festschrift für Eberhard Schmidt zum 70. Geburtstag; Göttingen 1961, herausgegeben von Paul Bockelmann und Wilhelm Gallas, S. 183–199, zitiert: *Spendel* in FS-Schmidt

Staudingers Kommentar zum Bürgerlichen Gesetzbuch mit Einführungsgesetz und Nebengesetzen/4,1638. Familienrecht. §§ 1638–1683 (Elterliche Sorge 2 - Vermögenssorge, Kindesschutz, Sorgerechtswechsel); Berlin 2004, bearbeitet von Michael Coester, Helmut Engler und Ludwig Salgo, zitiert: Bearbeiter in Staudinger

Stein, Erwin, Wilfried Joest und *Hans Dombois*: Elternrecht. Studien zu seiner rechtsphilosophischen und evangelisch-theologischen Grundlegung; Heidelberg 1958, zitiert: *Stein/Joest/Dombois*, Elternrecht

Stein, Ekkehart und *Götz Frank*: Staatsrecht; 20. Auflage, Stuttgart 2007, zitiert: *Stein/Frank*, Staatsrecht

Stratenwerth, Günter: Strafrecht Allgemeiner Teil/1; 1. Auflage, Köln, Berlin, Bonn, München 1971, zitiert: *Stratenwerth*, AT/1

- in: Festschrift für Wilhelm Gallas zum 70. Geburtstag; Berlin 1973, herausgegeben von Karl Lackner, Heinz Leferenz, Eberhard Schmidt, Jürgen Welp und Ernst A. Wolff, S. 227–240, zitiert: *Stratenwerth* in FS-Gallas

Stratenwerth, Günter und *Lothar Kuhlen*: Strafrecht Allgemeiner Teil I; 5. Auflage, Köln, München u.a. 2004, zitiert: *Stratenwerth/Kuhlen*, AT

Stree, Walter: Garantenstellung kraft Übernahme; in: Festschrift für Hellmuth Mayer zum 70. Geburtstag; Berlin 1966, herausgegeben von Friedrich Geerds und Wolfgang Naucke, S. 145–164, zitiert: *Stree* in FS-Mayer

- Ingerenzprobleme; in: Festschrift für Ulrich Klug zum 70. Geburtstag; Köln 1983, herausgegeben von Günter Kohlmann, S. 395–404, zitiert: *Stree* in FS-Klug

Struensee, Eberhard: Die Struktur der fahrlässigen Unterlassungsdelikte; JZ 1977, 217

Stübel, Christoph Carl: Ueber die Theilnahme mehrerer Personen an einem Verbrechen; Dresden 1828, zitiert: *Stübel*, Ueber die Theilnahme mehrerer Personen an einem Verbrechen

Systematischer Kommentar zum Strafgesetzbuch; Band I Allgemeiner Teil (§§ 1-37), Neuwied u.a. 2007, von Hans-Joachim Rudolphi, Eckhard Horn, Erich Samson, Hans-Ludwig Günther, Andreas Hoyer, Klaus Rogall, Ulrich Stein, Jürgen Wolter, Gereon Wolters, zitiert: Bearbeiter in SK

Tenckhoff, Jörg: Zur Anwendbarkeit des § 13 StGB auf schlichte Tätigkeitsdelikte; in: Festschrift für Günter Spendel zum 70. Geburtstag; Berlin 1992, herausgegeben von Manfred Seebode, S. 347–362, zitiert: *Tenckhoff* in FS-Spendel

Trenczek, Thomas: Garantenstellung und Fachlichkeit - Anmerkungen zur strafrechtlich aufgezwungenen aber inhaltlich notwendigen Qualitätsdiskussion in der Jugendhilfe; ZfJ 2002, 383

Tröndle, Herbert und *Thomas Fischer*: Strafgesetzbuch und Nebengesetze; 54. Auflage, München 2007, zitiert: *Tröndle/Fischer* (54. A.)

Walther, Susanne: Eigenverantwortlichkeit und strafrechtliche Zurechnung. Zur Abgrenzung der Verantwortungsbereiche von Täter und „Opfer" bei riskantem Zusammenwirken; Freiburg i. Br. 1991, zitiert: *Walther*, Eigenverantwortlichkeit und strafrechtliche Zurechnung

Wehrle, Stefan: Fahrlässige Beteiligung am Vorsatzdelikt - Regressverbot?; Basel 1986, zitiert: *Wehrle*, Fahrlässige Beteiligung am Vorsatzdelikt

Weigend, Thomas: Zum Verhaltensunrecht der fahrlässigen Straftat; in: Festschrift für Karl Heinz Gössel zum 70. Geburtstag; Heidelberg 2002, herausgegeben von Dieter Dolling und Volker Erb, S. 129–144, zitiert: *Weigend* in FS-Gössel

Wiegand, Ralf: Kevin, fast vergessen; in: Süddeutsche Zeitung vom 16.05.2009, zitiert: *Wiegand*, Kevin fast vergessen, Süddeutsche Zeitung vom 16.05.2009

Welp, Jürgen: Vorangegangenes Tun als Grundlage einer Handlungsäquivalenz der Unterlassung; Berlin 1968, zitiert: *Welp*, Vorangegangenes Tun als Grundlage

Welzel, Hans: Das Deutsche Strafrecht; 11. Auflage, Berlin 1969, zitiert: *Welzel*, Das Deutsche Strafrecht

Wessels, Johannes und Werner Beulke: Strafrecht Allgemeiner Teil; 38. Auflage, Heidelberg 2008, begründet von Johannes Wessels und fortgeführt von Werner Beulke, zitiert: *Wessels/Beulke*

Wiesner, Reinhard: Das Wächteramt des Staates und die Garantenstellung der Sozialarbeiterin/des Sozialarbeiters zur Abwehr von Gefahren für das Kindeswohl; ZfJ 2004, 161

- Die Verbesserung des Schutzes von Kindern und Jugendlichen vor Gefahren für ihr Wohl durch das Kinder- und Jugendhilfeerweiterungsgesetz (KICK); in: Kindeswohlgefährdung. Rechtliche Neuregelungen und Konsequenzen für den Schutzauftrag der Kinder- und Jugendhilfe; 2. Auflage, Weinheim, München 2007, herausgegeben von Erwin Jordan, S. 9–21, zitiert: *Wiesner*, Die Verbesserung des Schutzes von Kindern und Jugendlichen
- SGB VIII – Kinder- und Jugendhilfe Kommentar; 2. Auflage, München 2000, bearbeitet von Reinhard Wiesner, Thomas Mörsberger und Helga Oberloskamp zitiert: Bearbeiter in SGB VIII Wiesner (2. A.)
- SGB VIII – Kinder- und Jugendhilfe Kommentar; 3. Auflage, München 2006, bearbeitet von Reinhard Wiesner, Jörg M. Fegert, Thomas Mörsberger, Helga Oberloskamp und Jutta Struck, zitiert: Bearbeiter in SGB VIII Wiesner

Winkelbauer, Wolfgang: Die strafrechtliche Verantwortung von Amtsträgern im Umweltstrafrecht; NStZ 1984, 149

Wolff, Ernst Amadeus: Kausalität von Tun und Unterlassen; Heidelberg 1965, zitiert: *Wolff*, Kausalität von Tun und Unterlassen

Yamanaka, Keiichi: Die Entwicklung der japanischen Fahrlässigkeitsdogmatik im Lichte des sozialen Wandels; ZStW 1990, 929

Quellen

Constitutio Criminalis Carolina; Quelle: Die peinliche Gerichtsordnung Kaiser Karls V. und des Heiligen Römischen Reichs von 1532 (Carolina). Herausgegeben und erläutert von Friedrich-Christian Schroeder

Der Stern Online

- Schuldigensuche in Chaosbehörde; Nachricht vom 12.10.2006, http://www.stern.de/politik/panorama/:Bremer-Fall-Kevin-Schuldigensuche-Chaosbeh%F6rde/573852.html, abgerufen am 27.08.2008, zitiert: Der Stern Online, Schuldigensuche in Chaosbehörde

Deutscher Kinderschutzbund, Stellungnahme des deutschen Kinderschutzbundes zum Entwurf eines Gesetzes zur Verbesserung des Kinderschutzes (Kinderschutzgesetz) hier: Kabinettsbeschluss vom 21.01.2009; Stellungnahme vom 18.02.2009, http://www.dksb.de/upload/dksb/downloads/DKSB_Stellungnahme_KiSchuGesetz_zur_Kabinettvorlage_21.01.09.doc.pdf, abgerufen am 28.05.2009, zitiert: Deutscher Kinderschutzbund, Stellungnahme

Deutscher Städtetag: Strafrechtliche Relevanz sozialarbeiterischen Handelns – Empfehlungen zur Festlegung fachlicher Verfahrensstandards in den Jugendämtern bei akut schwerwiegender Gefährdung des Kindeswohls; ZfJ 2004, 187 sowie unter http://www.agsp.de/assets/applets/Empfehlungen_Staedtetag.pdf, abgerufen am 12.06.2008, zitiert: Deutscher Städtetag, ZfJ 2004, 187

Deutscher Verein für öffentliche und private Fürsorge e.V.: Empfehlungen des Deutschen Vereins zur Umsetzung des § 8a SGB VIII; http://www.deutscher-verein.de/05-empfehlungen/empfehlungen2006/pdf/copy7_of_eugleichbehandlungsrichtlinien.pdf, abgerufen am 12.06.2008, zitiert: Deutscher Verein für öffentliche und private Fürsorge e.V., Empfehlungen

Der Spiegel Online

- Hohe Haftstrafen für Lea-Sophies Eltern; Nachricht vom 16.07.2008, http://www.spiegel.de/panorama/justiz/0,1518,566195,00.html, abgerufen am 16.07.2008, zitiert: Der Spiegel Online, Hohe Haftstrafen für Lea-Sophies Eltern

- 200.000 Schüler werden geschlagen; Nachricht vom 22.08.2008, http://www.spiegel.de/schulspiegel/ausland/0,1518,573301,00.html, abgerufen am 25.08.2008, zitiert: Der Spiegel Online, 200.000 Schüler werden geschlagen

Evangelische Aktionsgemeinschaft für Familienfragen, Stellungnahme zum Entwurf eines Bundesgesetzes zur Verbesserung des Kinderschutzes (Bundeskinderschutzgesetz - BkiSchG); Stellungnahme vom 24.02.2009, http://www.eaf-bund.de/240.0.html, abgerufen am 28.05.2009, zitiert: Evangelische Aktionsgemeinschaft für Familienfragen, Stellungnahme

Frankfurter Allgemeine Zeitung FAZ.NET

- Leiter der „Kinderhilfe Direkt" im Gespräch mit Alfons Kaiser - „Problemfamilien sind identifizierbar", Interview vom 06.12.2007; http://www.faz.net/s/RubCD175863466D41BB9A6A93D460B81174/Doc~E5FBA26AE2FA74B06A5CCC224A3B4EFF3~ATpl~Ecommon~Scontent.html, abgerufen am 08.07.2008, zitiert: Frankfurter Allgemeine Zeitung FAZ.NET, Leiter der „Kinderhilfe Direkt" im Gespräch
- SPD will Kinderschutzgesetz stoppen, Nachricht vom 27.05.2009; http://www.faz.net/s/Rub594835B672714A1DB1A121534F010EE1/Doc~EC56D7B806BFC4768A3F35A70238D17AC~ATpl~Ecommon~Scontent.html, abgerufen am 28.05.2009, zitiert: Frankfurter Allgemeine Zeitung FAZ.NET, SPD will Kinderschutzgesetz stoppen

Kabinettsbeschluss vom 21.01.2009: Entwurf eines Gesetzes zur Verbesserung des Kinderschutzes (Kinderschutzgesetz);

http://www.dksb.de/upload/dksb/downloads/RegE_KiSchZusG.pdf, abgerufen am 28.05.2009, zitiert: Kabinettsbeschluss zum Entwurf eines Gesetzes zur Verbesserung des Kinderschutzes vom 21.01.2009.

Sachsenspiegel, Wolfenbütteler Ausgabe; entstanden 1220–1235; Quelle: http://www.sachsenspiegel-online.de

Schwabenspiegel; entstanden um 1275; Quelle: Des Schwabenspiegels Landrechtsbuch; herausgegeben von Heinrich Gottfried Philipp Gengler, 2. Auflage, Erlangen 1875

Stadt Schwerin: Pressemitteilung vom 22.11.2007; http://www.schwerin.de/www/dms/psfile/docfile/68/22_11_Chro47469f344cb1e.pdf, abgerufen am 15.07.2008, zitiert: Stadt Schwerin, Pressemitteilung

Statistisches Bundesamt Deutschland

- Pressemitteilung Nr. 254 vom 15.07.2008; http://www.destatis.de/jetspeed/portal/cms/Sites/destatis/Internet/DE/Presse/pm/2008/07/PD08__254__225.psml, abgerufen am 27.08.2008, zitiert: Statistisches Bundesamt Deutschland, Pressemitteilung Nr. 254
- Pressemitteilung Nr. 261 vom 18.07.2008; http://www.destatis.de/jetspeed/portal/cms/Sites/destatis/Internet/DE/Presse/pm/2008/07/PD08__261__225, abgerufen am 27.08.2008, zitiert: Statistisches Bundesamt Deutschland, Pressemitteilung Nr. 261

Welt Online

- Kevins Vater zeigte beim Jugendamt anderes Kind vor; Nachricht vom 13.02.2007, http://www.welt.de/hamburg/article713011/Kevins_Vater_zeigte_beim_Arzt_anderes_Kind_vor.html, abgerufen am 25.08.2008, zitiert: Welt Online, Kevins Vater zeigte beim Jugendamt anderes Kind vor
- Kokain in Haaren des Zweijährigen; Nachricht vom 09.01.2008, http://www.welt.de/welt_print/article1536224/Fall_Kevin_Kokain_in_Haaren_des_Zweijaehrigen.html, abgerufen am 29.08.2008, zitiert: Welt Online, Fall Kevin: Kokain in Haaren des Zweijährigen
- Ermittlungen gegen Jugendamt eingestellt; Nachricht vom 17.07.2008, http://www.welt.de/vermischtes/article2224145/Ermittlungen_gegen_Jugendamt_eingestellt.html, abgerufen am 27.08.2008, zitiert: Welt Online, Ermittlungen gegen Jugendamt eingestellt
- Ermittlungen gegen Jugendamt eingestellt; Nachricht vom 17.07.2008, http://www.welt.de/vermischtes/article2224145/Ermittlungen_gegen_Jugendamt_eingestellt.html, abgerufen am 27.08.2008, zitiert: Welt Online, Ermittlungen gegen Jugendamt eingestellt

FSC
www.fsc.org
MIX
Papier | Fördert
gute Waldnutzung
FSC® C083411

Kolibri 360 GmbH
Ferdinand-Jühlke-Straße 7
99095 Erfurt, Deutschland
produktsicherheit@kolibri360.de